A evolução das ciências contábeis no Brasil

Carlos Eduardo Barros Leite

A evolução das ciências contábeis no Brasil

Prezado
oordenador,

Eu espero que esta obra possa lhe
udar a compreender melhor o
esenvolvimento da educação
ontábil no Brasil!

Cumprimentos,

Carlos Eduardo B. Leite
27/12/06

TEL. 8107-1377
8611-8487

FGV EDITORA

ISBN — 85-225-0494-6

Direitos desta edição reservados à
EDITORA FGV
Praia de Botafogo, 190 — 14º andar
22250-900 — Rio de Janeiro, RJ — Brasil
Tels.: 0800-21-7777 — 21-2559-5543
Fax: 21-2559-5532
e-mail: editora@fgv.br
web site: www.editora.fgv.br

Impresso no Brasil / *Printed in Brazil*

1ª edição — 2005

EDITORAÇÃO ELETRÔNICA: FA Editoração Eletrônica

REVISÃO: Aleidis de Beltran e Mauro Pinto de Faria

CAPA: aspecto:design

Ficha catalográfica elaborada pela Biblioteca
Mario Henrique Simonsen/FGV

Leite, Carlos Eduardo Barros
A evolução das ciências contábeis no Brasil / Carlos Eduardo Barros Leite. — Rio de Janeiro : Editora FGV, 2005.
260p.

Inclui bibliografia.

1. Contabilidade — Estudo e ensino (Superior) — Brasil. 2. Contabilidade — Brasil — História. 3. Contabilidade social — Brasil. I. Fundação Getulio Vargas. II. Título.

CDD — 657.00981

Dedico este trabalho a Deus,
a minha família
e a toda a classe contábil.

"Ao acender uma lâmpada, ninguém a coloca num lugar escondido ou sob uma vasilha; ao contrário, a lâmpada é posta no candeeiro, para verem a luz os que entram."

(Lc 11, 33)

Sumário

Prefácio

A educação é um bem fundamental para o desenvolvimento de qualquer nação do mundo, porque não há notícia de um país que tenha conseguido alcançar elevados índices de qualidade de vida sem antes ter educado seu povo de modo satisfatório.

O Brasil aspira a entrar no rol dos países desenvolvidos, contudo, por uma série de fatores socioeducacionais — como, por exemplo, péssima distribuição de renda, um significativo contingente de pessoas vivendo em condições subumanas, um elevado número de analfabetos, uma reduzida quantidade de pessoas com nível superior, entre outros —, esse objetivo se torna praticamente impossível de realizar a curto prazo, porque qualquer projeto de cunho educacional só consegue atingir plenamente seus objetivos após o decurso de um longo período de tempo.

Diferentemente do que aconteceu com outros países do continente americano, como Estados Unidos e Canadá, ambos colonizados quase na mesma época que o Brasil, e cujos governantes começaram a investir na educação do povo desde o início da colonização, aqui a situação foi outra, já que apenas uma pequena parte da população — a elite — a teve como uma espécie de bem único e exclusivo.

Essa situação só começaria a mudar de forma concreta a partir de 1930, e não porque a classe dirigente deste país tivesse resolvido se tornar complacente com o restante da população, mas por uma necessidade econômica criada pelo processo de industrialização que o Brasil passou a vivenciar desde então.

Assim, a educação deixou de ser um bem supérfluo da elite para ser algo necessário à sobrevivência de qualquer cidadão brasileiro. Em conseqüência, houve um aumento tanto quantitativo quanto qualitativo na estrutura educacional até então existente, surgiram novos cursos de nível superior e foi-se progressivamente melhorando o coeficiente educacional da população.

A educação na área contábil não ficou indiferente a esse ambiente, sendo influenciada, em diversos momentos da história brasileira, por uma série de variáveis. Atualmente, a globalização, uma competição mais acirrada entre as empresas, o ambiente econômico inóspito pelo qual o país atravessa, entre outros, são fatores que exigem respostas por parte dos contadores. O ensino nesta área passa, pois, a ser vital para o desenvolvimento da profissão e também para que esta ganhe importância na sociedade.

Parte I

COLÔNIA (1500-1821)

1

Período jesuítico (1549-1759)

O descaso do reino português com a nova colônia

Nas cinco primeiras décadas subseqüentes à chegada de Cabral às terras brasileiras quase não houve atividade nos campos político, econômico e social. Até 1530, haviam sido realizadas apenas algumas poucas expedições guarda-costas, com o fim de explorar e proteger o litoral brasileiro contra a invasão de outras nações. Nesse período, residia no Brasil um pequeno número de portugueses, que buscavam estabelecer relações de amizade com os nativos para que estes os protegessem e também lhes indicassem as riquezas que a nova terra oferecia. Como inicialmente nada desse tipo fora encontrado, como ouro ou diamantes, os portugueses fundaram entrepostos comerciais no litoral para explorar o único produto de valor comercial que aqui se encontrava em abundância: o pau-brasil.

A ineficiência das expedições guarda-costas em proteger o litoral brasileiro fez, porém, com que o rei de Portugal resolvesse, em 1534, instalar o sistema de capitanias hereditárias. A colônia foi então dividida em 14 capitanias, entregues a 12 donatários.

Salvo raras exceções, e por uma série de motivos, como falta de conhecimento geográfico das terras colonizadas, arbitrariedade da divisão territorial, desconhecimento completo das terras distribuídas, falta de recursos financeiros dos donatários para investir e colonizar, a implantação das capitanias hereditárias foi um fracasso. Devido a esse insucesso e ao receio de Portugal de perder sua principal possessão ultramarina, em 1548 foi instalado um novo sistema político no Brasil: o governo geral.

A instituição desse sistema representou uma mudança significativa na posição da coroa portuguesa em relação ao Brasil, pois até então Portugal deixara para a iniciativa privada a tarefa de colonizar e explorar a nova colônia. Essa reorientação política desencadeou uma série de mudanças, que afetaram a política, a economia, a sociedade e a educação brasileiras.

Com a implantação do governo geral, iniciou-se de fato no Brasil o processo de colonização, que, apesar de uma série de contratempos, ganhou impulso com o começo da extração das lucrativas lavouras de cana-de-açúcar.

Assim, num segundo momento, após as tribulações iniciais, imigraram para o Brasil pessoas provenientes de diversas classes sociais, como agricultores, donatários, governadores-gerais, jesuítas, senhores de engenho e contratadores de diamantes.

A instauração do pacto colonial e os efeitos socioeconômicos dessa medida

No que respeita à economia, mesmo que a administração portuguesa estivesse voltada, desde os primeiros dias, para as possíveis riquezas minerais brasileiras, o verdadeiro sucesso econômico da colônia esteve por muito tempo ligado à utilização do solo. Durante os primeiros 300 anos, as atividades agrícolas em terras brasileiras estiveram divididas, de forma desigual, em dois grandes domínios: as plantações tropicais em áreas de clima quente e úmido e solos ricos da Zona da Mata nordestina e do Recôncavo Baiano, e a agricultura de subsistência, também praticada em solos florestais.

Plantações tropicais na Zona da Mata nordestina e do Recôncavo Baiano

Nessas regiões, a lavoura caracterizou-se por grandes plantações ligadas à economia aberta, com mercados consumidores distantes e atividades controladas pela metrópole.

A qualidade geográfica desses locais favoreceu o desenvolvimento da primeira região geoeconômica importante do Brasil. A grande lavoura foi responsável pelo povoamento definitivo da maior parte do território brasileiro, sendo também o principal fundamento da economia colonial.

A colônia era organizada como parte integrante da metrópole, que tinha como único fito a produção de riquezas para o mercado externo, o que prejudicava em muito o desenvolvimento econômico, social e cultural da colônia.

Essa política, conhecida como Pacto Colonial, tinha as seguintes características: fechamento das fronteiras do Brasil; monopolização do comércio; proibição da constituição de fábricas, tipografias, imprensa e de uma universidade na colônia. Com um pacto dessa natureza, a colônia ficava totalmente dependente da metrópole.

Outro fator importante, com relação à economia colonial, era a escolha do produto a explorar nas novas terras. Este tinha que ser rentável o bastante para financiar os custos do povoamento e proporcionar um lucro substancial tanto para a iniciativa particular, que corria o risco de investir nas atividades comerciais, quanto para a monarquia, que concedia as terras que seriam exploradas. Dessa forma, a grande lavoura que se estabeleceu no Brasil tinha como objetivo a monocultura em grande escala para fornecer "gêneros produzidos em quantidade ínfima na Europa, desconhecidos nela ou importados do Oriente".[1]

Além da lavoura canavieira, outros produtos também foram cultivados visando o mercado externo, como o fumo e o algodão. O cacau, o arroz e o anil também eram produzidos em grande escala, mas com menos representatividade.

É importante destacar que essa vocação agrícola — produção em grande escala voltada para o mercado externo —, iniciada na colonização, perdurou mesmo quando o ciclo da mineração já se encontrava em alta e permaneceu até os dias atuais como uma das principais atividades econômicas do país.

A princípio, a mão-de-obra utilizada nessas grandes lavouras foi a indígena, mas isso não se deu de forma pacífica, visto que os nativos eram escravizados para executarem as tarefas tidas como menos honrosas pelos portugueses. Como não se adaptavam ao regime da escravidão e a Igreja Católica exercia forte pressão contra o emprego desse tipo de mão-de-obra, os colonos tiveram que trazer os negros da África para o Brasil, para se ocuparem dos trabalhos servis recém-criados na colônia.

Esse modelo econômico baseado essencialmente na economia agroexportadora perdurou até o fim da Primeira República, em 1930, quando começou a ser suplantado pelo industrial.

[1] Canabrava, apud Holanda, 1993:198.

A agricultura de subsistência

Como os solos florestais eram menos ricos, a agricultura se disseminava, de forma descontínua, pelas zonas litorâneas e sublitorâneas. As plantações se originaram das necessidades de alimentação dos agrupamentos humanos radicados na colônia, mas situados fora das áreas de colonização mais bafejadas pelos grandes sucessos agroeconômicos.

A agricultura de subsistência praticada no Brasil tinha as seguintes características: uma lavoura do tipo itinerante baseada no cultivo de um número reduzido de produtos agrícolas; atividades executadas em pontos dispersos da colônia, afastados dos principais centros econômicos do Brasil; agricultores com poucos recursos financeiros, se comparados com os ricos senhores de canaviais e engenhos; lavoura estruturada de forma deficiente, mas para atender economicamente à maior parte da sociedade colonial.

Contudo, essa situação acabou proporcionando a ocupação efetiva da colônia, porque foi por intermédio desses agricultores humildes que se deu a colonização do interior do Brasil, diferentemente do que havia ocorrido no momento inicial, quando o processo de colonização estava todo voltado para as regiões litorâneas, principalmente do Nordeste.

Outra atividade econômica do período colonial foi a pecuária, mas sempre ocupando posição secundária e de assessoria à grande lavoura.

No que diz respeito a esse período, cabe destacar a ganância desmedida dos portugueses com relação às terras brasileiras. Havendo justificativa financeira, tudo podia ser feito na colônia, desde o aniquilamento dos nativos até a exploração desenfreada das riquezas naturais.

A vinda da Companhia de Jesus para o país: o início do processo educacional

Assim como ocorreu com as outras variáveis já abordadas, praticamente nada se fez no campo da educação nas cinco primeiras décadas após o descobrimento do Brasil. A situação só começou a mudar em 1548, quando da instituição do governo geral na colônia.

Com esse novo sistema político, teve início o processo de colonização no Brasil, estando entre os novos colonizadores os jesuítas da Companhia de Jesus. A vinda dessa companhia para a colônia, fato ocorrido em 1549, foi de fundamental importância para a educação brasileira, pois o trabalho realizado por ela não se restringiu ao período colonial, estendendo-se até a atualidade, visando principalmente a formação cultural da sociedade brasileira.

A Companhia de Jesus detinha o monopólio do ensino, em todos os níveis, tanto na colônia quanto em Portugal.

Fundada em 1534 por Inácio de Loyola, a companhia só foi oficialmente aprovada pelo papa Paulo III em 1540, quando passou a se vincular diretamente à autoridade papal. Tinha por finalidade, assim como outras ordens — como franciscanos, dominicanos, carmelitas e beneditinos —, a propagação missionária da fé e a luta contra os infiéis, os heréticos e os dissidentes do catolicismo. Para tanto, os jesuítas se espalharam pelo mundo, desde a Europa, assolada pelas heresias, até a Ásia, a África e a América. Um movimento da Igreja Católica que teve início no Concílio de Trento, quando se empreendeu a Contra-Reforma.

Mas para atender às necessidades do momento, o objetivo inicial da Companhia de Jesus teve que ser burilado, passando os jesuítas a recorrer ao uso da pedagogia como ferramenta de catecismo:

> *no início dos trabalhos logo descobrem que, diante da intolerância dos adultos, é mais segura a conquista das almas jovens, e o instrumento adequado para a tarefa seria a criação e multiplicação das escolas.*[2]

Em março de 1549, juntamente com o primeiro governador-geral, Tomé de Sousa, a Companhia de Jesus desembarcou em território brasileiro e fundou, na cidade de Salvador, a primeira escola elementar.

Outras ordens religiosas da Igreja Católica, como franciscanos, oratorianos, capuchinhos, carmelitas e beneditinos, dedicaram-se também ao ensino no Brasil, contudo, não da mesma forma e com a mesma importância dos jesuítas. Assim, "de direito, a Companhia de Jesus usufruía do monopólio conferido pela metrópole, mas, de fato, sua ação [era] complementada pela atividade de outras congregações".[3]

---

[2] Aranha, 1996:91.

[3] Almeida, 1998:125.

Os missionários da companhia tinham a missão de converter os índios brasileiros à fé católica e prestar assistência religiosa aos colonos. Para tanto, recebiam subsídios da monarquia portuguesa, bem como sesmarias, destinadas à manutenção dos estabelecimentos que viessem a fundar.

Características do modelo pedagógico jesuítico

Como era impossível catequizar os índios sem antes alfabetizá-los, os jesuítas intensificaram seu trabalho na educação elementar. Os cursos ministrados por eles agrupavam-se em:

- *studia inferiora:* a) *letras humanas*, de grau médio, com duração de três anos, constituídas por gramática, humanidades e retórica, formavam o alicerce de toda a estrutura do ensino e baseavam-se exclusivamente na literatura clássica greco-latina; e b) *filosofia e ciências (ou cursos de artes)*, também com duração de três anos, tinham por finalidade formar filósofos e ofereciam as disciplinas de lógica, introdução às ciências, cosmologia, psicologia, física, metafísica e filosofia moral;
- *studia superiora: teologia e ciências sagradas*, com duração de quatro anos, coroavam os estudos e visavam à formação de sacerdotes.

Antes do *studia inferiora*, havia o "curso elementar", cuja duração variava e que tinha por objetivo a alfabetização e a doutrinação na fé católica.

O curso elementar e o de letras humanas tinham como público-alvo as crianças e os jovens não-pertencentes à ordem dos jesuítas. Esses cursos "funcionavam, paralelamente, como um mecanismo de seleção e recrutamento de religiosos, que completavam sua formação nos cursos superiores, o de artes e o de teologia".[4]

O curso de "filosofia e ciências", também denominado "de artes", e o de "teologia e ciências sagradas" tinham como função básica a formação para o sacerdócio. Contudo, o primeiro, pelo fato de ser propedêutico aos cursos profissionais das universidades européias, era aberto também aos jovens que não iriam seguir a carreira eclesiástica. Já o segundo, por ser o único curso superior no Brasil e conferir o grau de doutor, era procurado por muitos jo-

[4] Cunha, 1980:28-29.

vens, mesmo aqueles que não tinham a pretensão de se tornar religiosos. A maioria dos escolhidos para freqüentar tal curso, porém, era constituída de membros de famílias ricas. Esse curso foi o único de nível superior existente no Brasil até 1808.

Uma crítica freqüente à ideologia presente na pedagogia jesuítica dizia respeito ao fato de esta não suscitar interesse pelo estudo dos problemas coloniais e, conseqüentemente, não contribuir para a edificação da nova pátria que se erigia.

Os educandos pertenciam, basicamente, às seguintes classes sociais: nativos, negros e colonos.

Os indígenas não-escravos eram educados pelos jesuítas em suas aldeias. Seus filhos estudavam em escolas elementares, onde aprendiam a ler, escrever, contar e falar português. Com isso, o idioma português foi se expandindo por toda colônia, em substituição às línguas nativas. Além dessa educação básica e da catequese, os índios eram também iniciados na cultura portuguesa, tarefa na qual os jesuítas recebiam a ajuda dos filhos dos colonos. Devido a todas essas intervenções, os jesuítas foram os principais responsáveis pela deterioração da cultura indígena.

Com relação à educação ministrada à população negra no Brasil pode-se destacar, basicamente, três características: a) a grande maioria dos negros não recebia qualquer tipo de educação; b) em alguns poucos engenhos, os negros recebiam uma educação básica, dirigida para os trabalhos forçados; e c) os filhos dos escravos negros pertencentes a fazendas jesuítas recebiam, tal como acontecia com as demais raças estabelecidas no país, uma educação baseada no *ratio studiorum*. Dessa forma, em tais fazendas, os filhos dos negros sofriam dois tipos de violência: o fato de já nascerem escravos e a submissão a um processo brutal de aculturação gerado pela visão cristã do mundo.

Ao reduzido número de negros que recebiam algum tipo de instrução nas fazendas jesuítas não era facultado o direito à educação de níveis médio e superior, porque seus senhores não os adquiriam para enviá-los a escolas e fazer deles bacharéis ou sacerdotes. Só lhes eram ensinadas as primeiras letras, com um objetivo intrínseco: a catequização.

Os colonos, classe dominante na colônia, recebiam uma educação, segundo as condições da época, de boa qualidade.

As diretrizes educacionais dos jesuítas: a manutenção do status quo

A educação ministrada nos colégios jesuítas tinha, basicamente, três funções: formar padres para a atividade missionária; formar quadros para o aparelho repressivo (oficiais da Justiça, da Fazenda e da administração); e ilustrar as classes dominantes no local, quer filhos de proprietários de terra e de minas, quer filhos de mercadores metropolitanos aqui residentes.

A consecução desses objetivos tão distintos era garantida pelo currículo desses colégios, pelas ideologias e pelas práticas letradas comuns à cultura das classes dominantes, às diversas especialidades da burocracia estatal e à organização da própria ordem religiosa que as ensinava.

Na nova sociedade colonial que se formava, o *status* social que a educação proporcionava começou a ser objeto de cobiça dos jovens da época.

No geral, diferentemente do que ocorrera nos Estados Unidos, onde a escola era dirigida para a maioria da população, o sistema educacional estabelecido pelos jesuítas estava orientado, sobretudo, para a camada dominante — os nobres e seus descendentes que residiam no Brasil, os filhos dos senhores de engenho, os futuros sacerdotes etc. —, no intuito de promover a articulação entre os interesses da metrópole e as atividades coloniais.

Havia, pois, duas diretrizes educacionais. Uma voltada para a formação cultural dos indígenas, através da alfabetização e da catequização, que era o objetivo inicial da pedagogia jesuítica; e outra dirigida para a formação da elite colonial.

Como os jesuítas recebiam subsídios da metrópole e sua ordem era praticamente a única que tinha um sistema de ensino em condições de atender às necessidades da colônia, coube a eles a tarefa de educar os colonos, juntamente com os indígenas. Contudo, o ensino de melhor qualidade foi direcionado para as elites coloniais do sexo masculino, em detrimento de índios, negros e mulheres, que recebiam educação de nível elementar. Por isso, o que ocorreu de fato foi que: a) os descendentes dos colonizadores passaram a ser instruídos, enquanto os indígenas eram apenas catequizados; b) os negros, mestiços e índios, ou seja, a maior parte da população colonial, receberam apenas uma educação do tipo profissional, "sempre muito elementar diante das técnicas rudimentares de trabalho";[5] e c) a educação feminina se restringiu a boas maneiras e a prendas domésticas.

---

[5] Ribeiro, 1998:26.

Outra questão importante na colônia era a educação superior livre, já que até a chegada de d. João VI ao Brasil, em 1808, quem quisesse cursar um curso superior laico devia ir para a Europa. Como salienta Anísio Teixeira, "até os começos do século XIX, a universidade do Brasil foi a Universidade de Coimbra, onde iam estudar os brasileiros, depois dos cursos no Brasil nos reais colégios dos jesuítas".[6]

Na Europa, as duas universidades mais procuradas eram a de Coimbra, em Portugal, e a de Montpellier, na França. Os brasileiros provenientes de colégios jesuítas que iam estudar em Coimbra tinham duas facilidades: a transferência entre as instituições, visto que ambas estavam sob administração dos jesuítas, e o fato de o brasileiro "não [ser] um estrangeiro, mas um português nascido no Brasil, que poderia mesmo se fazer professor da universidade".[7]

Contudo, essa estratégia não foi eficaz, pois "a história nos ensina que o contrário foi o que aconteceu. Muitos dos próceres da Inconfidência e da Independência foram bons alunos de Coimbra e de Lisboa, mas eram ainda melhores alunos das inspirações políticas dos seus conterrâneos".[8]

Apenas um pequeno número de brasileiros — a elite colonial — teve a oportunidade de estudar em Coimbra. E isso por uma questão social: "os ingressantes nestes cursos eram, via de regra, brancos oriundos das elites socioeconômicas da colônia. A presença de pardos era pequena em proporção à de brancos, e os negros não tinham qualquer possibilidade de acesso".[9]

Enquanto no Brasil os primeiros cursos superiores só foram criados em 1808 e a primeira universidade só surgiu em 1920, na América espanhola a primeira universidade foi fundada em São Domingos em 1538. E vários países latino-americanos, como México, Peru, Chile e Argentina, entre outros, tiveram suas universidades — que chegaram a atingir um total de 27 — antes mesmo que o Brasil dispusesse de um curso de nível superior laico.

Os jesuítas permaneceram como os principais educadores no Brasil durante 210 anos, até 1759, quando foram expulsos tanto de Portugal, quanto de todas as colônias portuguesas, por decisão de Sebastião José de Carvalho, o marquês de Pombal, primeiro-ministro de Portugal de 1750 a 1777.

---

[6] Teixeira, 1989:65.
[7] Ibid.
[8] Pinto, 1986:18.
[9] Santos, 1998:239.

Praticamente toda a burguesia e a classe dirigente da colônia se formaram nos colégios jesuítas, onde a estrutura do ensino era predominantemente clássica, valorizava-se a literatura e a retórica e desprezava-se o estudo das ciências e de atividades manuais. A expulsão da companhia, que pareceu um importante avanço para a educação brasileira, na verdade foi justamente o contrário, já que a medida destruiu o sistema educacional vigente, sem que outro tomasse o seu lugar.

2

Período pombalino (1760-1807)

A reforma do reino português

Em 1750, d. José II nomeou como seu principal assessor Sebastião José de Carvalho, o marquês de Pombal. A partir de sua posse, Pombal iniciou uma série de reformas políticas, econômicas e culturais.

No âmbito político, a finalidade da reforma foi o fortalecimento do Estado, mediante o poder absoluto do rei, visto que, até Pombal, Portugal era um Estado eclesiástico que devia obediência à Igreja. Para obter êxito em suas metas reformistas, ele não hesitou sequer em confrontar-se com parcelas da nobreza e do clero.

No âmbito da economia, o objetivo primordial de Pombal foi livrar Portugal da extrema dependência da Inglaterra e, conseqüentemente, fortalecer e desenvolver economicamente o reino.

De acordo com Cunha, eram três os principais objetivos da nova política econômica:

- incentivar as manufaturas na metrópole;
- estimular a acumulação de capital público e privado;
- substituir as ideologias orientadas para uma sociedade feudal por outras, orientadas para uma sociedade de cunho capitalista.[10]

A posse de Pombal coincide com o início da decadência da mineração no Brasil. Naquele momento, a extração de minério era a principal fonte de riqueza da monarquia portuguesa. Com o intuito de manter os lucros proveni-

---

[10] Cunha, 1980:39-40.

entes de tal atividade, o marquês tomou uma série de medidas para fortalecer ainda mais o controle exercido sobre a colônia. Foram elas:

- a transferência da capital da colônia da Bahia para o Rio de Janeiro;
- a extinção das capitanias hereditárias;
- a instituição da Derrama (cobrança compulsória de uma cota mínima anual de metais preciosos);
- a criação das companhias de comércio do Grão-Pará, Maranhão, Pernambuco e Paraíba;
- a expulsão dos jesuítas.

No âmbito da cultura, a reforma pombalina promoveu várias mudanças estruturais, como a remodelação da Universidade de Coimbra, a expulsão dos jesuítas e a criação das aulas régias, entre outras.

De todos esses atos, a expulsão dos jesuítas foi o que teve maior efeito no sistema de ensino do reino português. Segundo Cunha, Pombal tomou essa atitude, principalmente, por duas razões: para reafirmar o poder absoluto do Estado sobre a Igreja (a educação devia servir aos interesses do Estado e não aos interesses da fé) e por influência ideológica do movimento iluminista.[11]

A educação portuguesa, depois do monopólio educacional dos jesuítas, que se estendera por mais de dois séculos (com início em 1555), encontrava-se em decadência intelectual acentuada, se comparada com outras potências européias.

Os jesuítas foram considerados culpados por essa decadência e também, conseqüentemente, pelas dificuldades econômicas por que passavam os portugueses e que repercutiam tanto na metrópole quanto na colônia.

A pedagogia jesuítica — com predominância clássica, que valorizava a retórica e a literatura — estava ultrapassada e não atendia às necessidades educacionais do período, que valorizava as ciências.

A nova ideologia instituiu novas diretrizes educacionais para a formação do novo estudante português. O sistema educacional deveria ter por funções:

- propiciar aos estudantes conhecimentos de comércio e da arte dos negócios;
- estimular o interesse dos estudantes por cursos de nível superior;

---

[11] Cunha, 1980:42.

- aprimorar o uso da língua portuguesa;
- diversificar o conteúdo da grade curricular, incluindo disciplinas de natureza científica;
- fazer com que os conhecimentos ministrados fossem os mais práticos possíveis, ou seja, estivessem voltados para a resolução dos problemas práticos da vida.

Essa nova concepção educacional deu origem ao ensino público em Portugal. "Não mais aquele financiado pelo Estado, mas que formava o indivíduo para a Igreja, e sim o financiado pelo e para o Estado."[12]

A Universidade de Coimbra, também sob a direção da Companhia de Jesus, era uma das instituições mais atrasadas da Europa. Com a expulsão dos jesuítas, foi possível fazer a reforma necessária para transformá-la numa universidade moderna, em sintonia com os principais centros europeus, como França, Inglaterra e Espanha. Os dois principais pontos dessa reforma foram os seguintes:

- incrementar as faculdades de Matemática e de Filosofia, para que chegassem ao nível das quatros faculdades maiores já existentes — Teologia, Cânones, Direito e Medicina;
- basear o conhecimento da natureza na observação, em vez de deduzi-lo do pensamento dos sábios antigos, transformando essa atividade na mais importante não só da Faculdade de Filosofia, mas também das de Direito e Medicina.

"Aula do Commercio": a origem dos cursos comerciais

A reorientação da política educacional portuguesa significou também uma importante contribuição ao ensino comercial e, em conseqüência, aos estudos da área contábil. Isto porque, de acordo com a nova concepção de ensino português, o estudante, além de outras habilidades, deveria ter conhecimentos de comércio para completar sua formação.

Assim, em função das reformas promovidas por Pombal, surgiu em Portugal, mais precisamente em Lisboa, a *Aula do Commercio*:

---

[12] Ribeiro, 1998:34.

> *Foi (...) precisamente em Lisboa que, a partir do ano de 1759, passara a funcionar a modesta, porém milagrosa, Aula do Commercio, fonte emanadora do surto de desenvolvimento e de riqueza comercial e econômica que se fizeram sentir, a partir da segunda metade do século XVIII, em Portugal e no Brasil; sendo fácil verificar que tal decisivo acontecimento ocorreu ao tempo em que o Marquês de Pombal não passava de simples Sebastião José de Carvalho e Mello e Conde de Oeiras.*[13]

Esse curso foi criado com o intuito de corrigir a formação técnica deficiente dos profissionais desse ramo, quando comparados com os comerciantes de outros importantes países da Europa.

> *A crônica da época registra a inferioridade dos comerciantes portugueses diante de seus concorrentes ou parceiros ingleses e franceses. Mostra tangível dessa fraqueza era a prática de contratação de estrangeiros para funções contábeis e administrativas das empresas comerciais.*[14]

Essa deficiência pode ser facilmente comprovada observando-se os sucessivos fracassos comerciais e administrativos de Portugal na gestão de suas posses. Se, por um lado, o reino português era extremamente hábil no tocante à expansão marítima e comercial, por outro, era totalmente incompetente no que se referia à administração econômico-financeira de suas riquezas.

A criação da aula de comércio em Portugal teve reflexos diretos nas questões socioeconômicas do país. Como os comerciantes portugueses tornaram-se verdadeiros homens de negócio, foram os principais responsáveis pela expansão das atividades econômicas e pela melhora das condições sociais portuguesas, o que pode ser comprovado por uma série de fatores, como "[a] expansão dos lucros, [a] formação de prósperas empresas, [o] surgimento de sólidas fortunas — tudo isso facilitando a reabilitação econômica e financeira de Portugal, a mobilidade social ascendente".[15]

---

[13] Mendonça, 1982:13.
[14] Castro, apud Mendonça, 1982:8.
[15] Queiroz, apud Mendonça, 1982:12.

A instituição desse tipo de estudo foi de fundamental importância para o desenvolvimento das nações capitalistas atuais. Segundo Castro:

> *Torna-se difícil isolar do contexto histórico a contribuição da Aula do Commercio para a evolução de Portugal. Não obstante, é interessante notar que cerca de meio século depois reaparece uma forte preocupação em recriá-las no Brasil. Talvez seja apropriado arrolar a Aula do Commercio como uma das iniciativas de grande impacto sobre o processo de transformação social e econômica de um país.*[16]

A expulsão dos jesuítas: a fragmentação do sistema educacional brasileiro

Depois de mais de 210 anos influenciando a colônia nos aspectos religioso, social e político, a Companhia de Jesus deixou as terras brasileiras por ordem do marquês de Pombal.

O sistema educacional brasileiro, que já era deficiente e ineficaz no objetivo de educar a população, sofreu um duro golpe com as transformações políticas, econômicas e culturais que ocorriam em Portugal. A expulsão da Companhia de Jesus prejudicou ainda mais o ensino ministrado na colônia, porque praticamente todos os colégios pertenciam aos jesuítas.

Enquanto em Portugal a expulsão dos jesuítas fez parte de um projeto de reconstrução cultural que resultou na criação de um moderno e popular sistema público de ensino, no Brasil significou "a supressão pura e simples do sistema que havia. Nenhuma reforma cultural, nenhuma reforma educacional; parece que a sociedade brasileira tinha mais com que se preocupar e se ocupar".[17]

Essa situação teve início em 1759, quando Pombal mandou prender alguns jesuítas, seqüestrou seus bens e os expulsou tanto da metrópole quanto das colônias portuguesas. Segundo Cunha, só no Brasil foram expulsos mais de 500 religiosos.[18]

Com a expulsão, foram fechados todos os colégios da companhia, que compreendiam: 25 residências, 36 missões e 17 colégios e seminários maiores,

---

[16] Castro, apud Mendonça, 1982:9.
[17] Xavier, 1994:49.
[18] P. Cunha, apud Holanda, 1993:43.

além de número não determinado de seminários menores e "escolas de ler e escrever".[19]

Após a adoção dessa política radical, outros países europeus, como a França — em 1764 — e a Espanha — em 1767 —, seguiram o mesmo caminho; e em 1773 a companhia foi também abolida pelo papa Clemente XIV.

Contudo, a pedagogia dos jesuítas "parecia satisfazer integralmente às exigências elementares da sociedade daquele tempo, de estrutura agrícola e escravocrata, em que o estudo, quando não era um luxo de espírito, para o grupo feudal e aristocrático, não passava de um meio de classificação social para os mestiços e para a burguesia mercantil das cidades".[20]

Depois da saída dos jesuítas, por um longo período — pelos 130 anos seguintes, desde 1759 até o início da República, em 1889 — nenhum outro órgão ou instituição assumiu de forma preponderante o ensino secundário e superior no Brasil. No lugar dos cursos de humanidade (equivalente ao nível médio), foi criado em 1772 o sistema de "aulas régias", que se caracterizava por disciplinas isoladas e independentes — grego, hebraico, filosofia, teologia, retórica e poética, desenho e figura, aritmética, geometria e francês. Mas esse novo sistema não tinha uma estrutura condizente com as necessidades educacionais da colônia, visto que lhe faltava o principal agente condutor do processo: o professor devidamente qualificado, tanto técnica quanto pedagogicamente.

O único ponto positivo das aulas régias foi a introdução de novas matérias, até então ignoradas pela pedagogia jesuítica, tais como as línguas vivas, a matemática, a física e as ciências naturais.

Para substituir os cursos de filosofia e ciências e de teologia e ciências sagradas — ambos equivalentes ao ensino superior — não foi criado qualquer outro, ou seja, a colônia brasileira ficou, de 1759 até 1808 — data em que foi introduzido o primeiro curso superior laico no Brasil —, sem nenhum curso de nível superior. Os estudantes que quisessem cursar tal nível de ensino deviam procurar as universidades européias.

Essa atitude de desinteresse pela educação no Brasil tinha a ver com a política de endurecimento da relação metrópole-colônia promovida por Pom-

---

19 Cunha, 1980:52.
20 Azevedo, 1976:62.

bal. A colônia passara a ser vista apenas como um meio de enriquecer os cofres da monarquia portuguesa. O único e exclusivo interesse da metrópole era recolher mais recursos do Brasil, principalmente minérios.

A situação educacional brasileira só começaria a melhorar com a chegada da família real portuguesa em 1808, e apenas no início do século XX — na Primeira República — seria possível criar uma estrutura educacional, ou seja, praticamente 150 anos após o desmantelamento da estrutura pedagógica dos jesuítas.

3

Período joanino (1808-1821)

A chegada da família real ao Brasil: o início do processo emancipatório

Com a invasão da França por Napoleão em 1808, a nobreza portuguesa abandonou a metrópole e se instalou no Rio de Janeiro, que passou a ser a nova capital do reino português. A chegada da família real causou um choque cultural e estrutural nas principais cidades brasileiras, sobretudo no Rio de Janeiro.

> *Com a vinda de D. João VI e cerca de 15 mil pessoas chegadas com a família real, a velha cidade, "uma grande aldeia de 45 mil almas", que dormia no marasmo, desperta para uma vida nova, sacudida do inesperado acontecimento e erguida de súbito à categoria de capital do Império português. A cidade colonial, de ruas estreitas e tortuosas, transforma-se com o esplendor da corte e o impulso de seu comércio e, pela atração dos novos encantos da vida urbana, torna-se o centro da vida intelectual do país, para onde convergem brasileiros vindos de quase todas as províncias.*[21]

Até 1808, praticamente não havia liberdade na colônia nos campos cultural, econômico e político-ideológico, pois estavam proibidos no Brasil escolas, jornais, circulação de livros, associações, discussão de idéias, bibliotecas, fábricas, agremiações políticas e qualquer outra forma de movimento cultural ou de produção livre de bens, sendo as opiniões controladas pela Inquisição peninsular.

---

[21] Azevedo, 1976:68-69.

O estabelecimento da corte portuguesa em terras brasileiras e as conseqüências deste fato foram o embrião do desenvolvimento que se sucedeu no Brasil, tanto na agricultura quanto na indústria. A partir de então houve a expansão da lavoura cafeeira por terras fluminenses e mineiras e a instalação da indústria siderúrgica em Minas e São Paulo.

Seis dias após sua chegada, d. João VI abriu os portos do Brasil às nações amigas, medida que criou condições para que a colônia comercializasse com outras nações de forma independente, quebrando, dessa forma, após três séculos, as principais diretrizes do pacto colonial.

Ainda em 1808 outras importantes medidas foram tomadas, como a concessão do alvará de liberdade para o estabelecimento de fábricas na colônia, a reorganização do ministério, a criação do Banco do Brasil.

Mas dois anos depois, em 1810, foram assinados com a Inglaterra o Tratado de Comércio e Navegação e o de Aliança e Amizade, com os quais teve início a dependência econômica do Brasil com a Inglaterra, visto que a principal característica dos tratados eram as baixas alíquotas de importação sobre os produtos provenientes da Inglaterra. Isso inibiu a industrialização brasileira, já que os produtos ingleses eram mais baratos e de melhor qualidade. Além disso, pela ótica inglesa, o Brasil tinha que ser um mercado consumidor de produtos e não um mercado produtor concorrente. Por isso os ingleses, além de exigirem do governo joanino a concessão de privilégios alfandegários, dificultavam ao máximo a importação de máquinas pelo Brasil.

Em 1820, pressões populares por parte dos portugueses e o medo de ser destituído do trono em virtude da Revolução Constitucionalista fizeram com que d. João regressasse a Portugal e deixasse no comando do Brasil seu filho d. Pedro.

Esse regresso a Portugal contribuiu para a independência do Brasil. O reino português queria o retorno da política colonialista no Brasil, o que, em face do desenvolvimento adquirido, não tinha mais condições de ser aceito pelos colonos. Portugal também queria que o Brasil perdesse sua posição de vice-reino, adquirida quando da estada da família real em terras brasileiras, fechasse seus portos para as outras nações e só negociasse com Portugal, ou seja, a volta do monopólio comercial. Esse ambiente inóspito entre a corte portuguesa e a parte progressista da elite colonial foi o que desencadeou, em 1822, a independência do Brasil.

A instituição dos primeiros cursos de nível superior laicos no Brasil

Diferentemente do que aconteceu com os demais países da América, o interesse do Estado português na colônia brasileira restringia-se, única e exclusivamente, à obtenção de riquezas comerciais. Mas com a vinda da família real para o Brasil, houve um renascimento da educação de nível superior, desta feita laica, basicamente por dois motivos:

- o escasso número de pessoas com educação de nível superior na colônia, pelo fato de não haver cursos desse nível no Brasil e apenas uma pequena parcela da elite ter condições de estudar em universidades européias. Com a vinda da corte portuguesa para a colônia e sua instalação, era preciso formar profissionais para atender às necessidades do novo Estado que se formava;
- o bloqueio do continente europeu promovido pelos franceses deixou os filhos da aristocracia sem acesso às universidades de Coimbra e Montpellier, obrigando-os a estudar tais cursos na própria colônia.

Ironicamente, o "novo" ensino superior no Brasil sofreu a influência do modelo francês ou "napoleônico". A estruturação desse modelo teve início em 1793, na França, sob o comando de Napoleão (movido pela ideologia da Revolução Francesa), que executou uma ampla e diversificada reforma institucional com a finalidade de consolidar o regime burguês. E um dos itens dessa reforma foi a reestruturação das instituições de ensino.

A justificativa para a adoção de tal modelo no Brasil foi que os governantes portugueses atribuíam a eficácia de Napoleão e suas grandes conquistas no continente europeu à reforma instituída no sistema de ensino francês. Como salientou Cunha:

> *Se a classe dominante lusitana retirou-se diante das tropas napoleônicas, havia muito abria os braços para o pensamento educacional da burguesia francesa.*[22]

Sob a influência francesa, o ensino superior brasileiro foi estruturado da seguinte maneira:

---

[22] Cunha, 1988a:16.

- *aulas e cadeiras ou cátedras* — estas foram as primeiras unidades de ensino superior no Brasil. Eram unidades simples, que podiam ser agrupadas em cursos, nos quais um professor lecionava para seus alunos em lugares improvisados — hospitais, órgãos do Estado ou até em sua própria residência. Essa estrutura incipiente justificava-se pela pressa que d. João VI tinha em institucionalizar o ensino superior, ao menor custo possível, para poder prover de profissionais especializados determinadas áreas estratégicas — militar, saúde pública, tributária etc. — para a colônia;
- *escolas, academias e faculdades* — surgiram alguns anos depois, com uma organização burocrática — funcionários não-docentes, meios de ensino e local próprio — mais elaborada. Compunham-se de um conjunto de cadeiras ou cátedras interligadas.

Em 1832, dessas cadeiras se originaram as faculdades de Medicina do Rio de Janeiro e da Bahia. Também nesse ano foi criado um curso superior de agricultura no Rio de Janeiro, em uma fazenda na lagoa Rodrigo de Freitas, onde hoje se situa o Jardim Botânico. A finalidade desse curso era prestar ajuda aos agricultores, seja mediante o cultivo de novas espécies, seja por meio da utilização das melhores técnicas agrícolas, com o intuito de aumentar as exportações para os mercados europeus a preços competitivos.

Ainda em 1808 havia sido criada uma cadeira de "economia política" no Rio de Janeiro, sob a direção de José da Silva Lisboa, o visconde de Cairu. Ele era professor de filosofia racional e moral na Bahia, deputado e secretário da Mesa da Inspeção da Agricultura e do Comércio naquela capitania. A criação dessa cadeira foi o embrião do ensino superior voltado para a área comercial, instaurado em 1810 com a "Aula de Comércio da corte".[23] Um século depois, tal curso se desmembrou, entre outros, no atual curso de ciências contábeis.

O curso superior de engenharia teve origem no ensino militar, uma vez que os diplomados pela Real Academia Militar (fundada em 1808), além de estudarem a respeito das atividades bélicas, estudavam também assuntos da área de engenharia. Somente em 1874 o curso passou a ser totalmente ministrado em estabelecimentos não-militares e orientado para objetivos não-militares.

Em 1823 foi criado, no Rio de Janeiro, o primeiro curso jurídico do Brasil, com o objetivo de suprir os quadros da burocracia estatal, como ad-

[23] Costa, 1995:70.

vogados, magistrados, deputados, senadores, cargos diplomáticos e outros funcionários do Estado. Os concluintes dos cursos jurídicos graduavam-se bacharéis e os que defendiam teses públicas recebiam o título de doutor.

Além dos cursos já citados, foram criados também os seguintes:

- em 1816, o de *belas-artes*, ministrado pela Escola Real de Ciências, Artes e Ofícios;
- em 1817, o de *química*, por uma cátedra na Bahia, e o de *história*, por uma cátedra em Ouro Preto, Minas Gerais;
- em 1818, o de *música*, ministrado por uma cátedra na Bahia, e o de *desenho*, por uma cátedra em Ouro Preto;
- em 1841, outro de *música*, ministrado pelo Conservatório de Música do Rio de Janeiro;
- em 1889, o de *matemática superior*, por uma cátedra em Pernambuco.

Os cursos superiores de desenho, história e música tinham a função de formar profissionais para a produção de bens simbólicos para o consumo das classes dominantes. Já o bacharel em direito, além da atividade cotidiana de elaborar, discutir e interpretar as leis, tinha "a tarefa principal de formular e renovar as ideologias que legitimavam as relações de dominação mantidas e dissimuladas pelo aparato jurídico".[24]

Assim como os cursos já citados, os demais tinham por atribuição não só suprir a falta de técnicos para satisfazer às necessidades da colônia, que estava no início de um processo de transição de uma sociedade totalmente rural para uma urbana e industrial, como melhorar a organização da economia agrícola.

Esse modelo de ensino superior, baseado em instituições isoladas, iria influenciar, negativamente, o desenvolvimento da educação superior no Brasil até os dias atuais, como se poderá observar no decorrer deste trabalho.

A vinda da corte real para o Brasil acarretou relevantes modificações na política, na economia e na cultura da colônia. Além da institucionalização do ensino superior laico, foram criadas outras instituições culturais importantes, como a Biblioteca Real, em 1814, e o Museu Nacional no Rio de Janeiro, em 1818. A fundação da Biblioteca Real foi fundamental para o desenvolvimento

[24] Cunha, 1980:63.

cultural porque, à exceção dos livros mantidos nos conventos, quase não havia livrarias, e as raras existentes eram pequenas e inexpressivas. Contudo, o desenvolvimento cultural teve três importantes limitações:

- ficou restrito a poucas cidades, como o Rio de Janeiro e Salvador;
- só beneficiou o ensino de nível superior;
- teve duração limitada, de 1808 a 1821.

Parte II

IMPÉRIO (1822-1888)

4

Período imperial (1822-1888)

A independência política do Brasil

No dia 7 de setembro de 1822, o Brasil tornou-se um país independente, d. Pedro I assumiu como imperador e foi adotada a monarquia constitucional como forma de governo. Contudo, com a independência não houve qualquer mudança na estrutura social brasileira.

> *Na verdade a independência não traz nenhuma alteração na estrutura social, constituída pelos grandes proprietários rurais (cujos interesses ficaram fortalecidos), pelo segmento dos homens livres não-proprietários e por um enorme contingente de escravos.*[25]

Em 25 de março de 1824 foi outorgada a primeira Constituição brasileira, que determinava a existência de quatro poderes, a saber: Poder Executivo, Poder Legislativo, Poder Judiciário e o Poder Moderador. A Constituição estabeleceu também uma monarquia unitária e hereditária e garantiu o direito à liberdade religiosa.

Desde a abertura dos portos, em 1808, e especialmente a partir dos tratados de 1810, a balança comercial brasileira vinha sendo deficitária. Essa situação se agravou após a independência devido à inabilidade econômica do imperador, que contraiu empréstimos externos e investiu em setores nos quais o retorno do capital não era compensador.

Os problemas enfrentados pelo imperador foram se avolumando — grave crise econômico-financeira, um progressivo desgaste político perante a sociedade, necessidade de retornar a Portugal para reassumir o trono que havia

---

[25] Aranha, 1996:189.

deixado em 1808 —, e em 7 de abril de 1831, d. Pedro I acabou abdicando em favor de seu filho, d. Pedro de Alcântara, na época com apenas cinco anos de idade.

Só em 1840 a Assembléia Nacional aprovaria a maioridade de Pedro de Alcântara, apesar dos seus 15 anos incompletos, e este subiria ao trono como imperador, com o título de d. Pedro II.

Em 1865, Brasil, Argentina e Uruguai, motivados por rivalidades regionais, formaram a Tríplice Aliança e entraram em guerra contra o Paraguai. A guerra fortaleceu o Exército, fez com que a escravidão passasse a ser contestada e contribuiu para um aumento considerável da dívida externa.

A manutenção da dependência econômica

Mesmo politicamente independente, do ponto de vista econômico o Brasil continuou dependendo das nações européias, sobretudo da Inglaterra, porque o país preservou as diretrizes econômicas do período colonial, que privilegiava o fornecimento de produtos agrícolas às nações européias de acordo com os interesses e as necessidades dessas nações.

A Revolução Industrial, que teve início na segunda metade do século XVIII e se consolidou a partir do século XIX, veio apenas reafirmar e acentuar essas diretrizes econômicas. Os países periféricos — principalmente da América Latina e da África — serviam única e exclusivamente para fornecer produtos agrícolas e matérias-primas para a industrialização da Europa e para importar dos países europeus os produtos industrializados de que necessitavam.

Dessa forma, em boa parte do período imperial,[26] o Brasil manteve a estrutura colonial, que se baseava na plantação monocultora de produtos tropicais — café, cana-de-açúcar, fumo, erva-mate, arroz, cacau, madeiras e borracha —, nos grandes latifúndios, no uso da mão-de-obra escrava como força de trabalho, e numa elite de maioria branca, que comandava todo esse processo. Nessa conjuntura, o café sobrepujou o açúcar em importância, sendo o produto agrícola brasileiro de maior destaque durante o século XIX e início do século XX.

---

[26] A situação só começaria a mudar, de forma lenta e gradual, a partir do terceiro quartel do século XIX.

No âmbito da agricultura eram muitos os problemas: a) a grande lavoura continuava estruturada de forma tradicional na maior parte do país; b) as técnicas de produção empregadas nas lavouras permaneciam inalteradas há muitas gerações; c) privilegiava-se o uso extensivo do trabalho braçal em detrimento do maquinário; d) depredava-se os recursos naturais; e) tendia-se à conquista extensiva de vastos espaços; f) empregava-se mão-de-obra escrava como força de trabalho; e g) o instrumental de trabalho reduzia-se ao machado, à enxada e à foice.

Assim, ao contrário do que ocorria em outros países, como os Estados Unidos, por exemplo, a produção agrária do Brasil era pouco eficiente. Essa situação constituía um paradoxo, na medida em que ocorria num país essencialmente agrícola, como o Brasil, que, portanto, deveria promover investimentos e pesquisas com o objetivo de criar novas tecnologias para o desenvolvimento de sua agricultura.

Com a queda das exportações de açúcar, o café foi o produto escolhido para substituir a lavoura de cana-de-açúcar e sustentar a economia do país. Essa substituição se deu gradualmente e da seguinte maneira: até o terceiro quartel do século XIX, a área mais importante da produção cafeeira do país e a base econômica do Império foi o vale do Paraíba.

Para manter esse modelo econômico em funcionamento era necessário recorrer à mão-de-obra escrava, entretanto, havia uma nítida incompatibilidade entre o uso dessa força de trabalho e a expansão do sistema capitalista mundial, porque:

> *na empresa nacional de então, como em qualquer empresa capitalista ou tendente a esse padrão, a participação da mão-de-obra precisa conformar-se às exigências da produção de lucro. Isso exige larga flexibilidade na ordenação dos "fatores" e, em conseqüência, na organização do empreendimento. Isto é, o capital, a terra, a técnica e a mão-de-obra precisam ser combinados em função das flutuações ou exigências da oferta e da procura. No regime de mercado, a empresa deve ajustar-se, tão pronto quanto possível, seja à oferta dos fatores, seja à procura de mercadorias, isto é, de produtos acabados. Por isso, os processos típicos do sistema capitalista impõem que todos os fatores, inclusive a mão-de-obra, se conformem progressivamente à racionalidade inerente à produção do lucro. Nesse sentido, a transfor-*

> *mação do trabalhador escravo em trabalhador livre é uma necessidade; o trabalhador deixa de ser meio de produção.*[27]

Sob a liderança da Inglaterra, vários movimentos abolicionistas se uniram com o intuito de eliminar o trabalho escravo no mundo. Nesse contexto de pressões externas e internas, foi assinada pela princesa Isabel, em 13 de maio de 1888, a Lei Áurea, que libertou os escravos ainda cativos. Essa lei produziu uma série de efeitos tanto na esfera econômica, quanto na política e na social.

Na econômica, o Brasil desenvolveu-se, essencialmente por dois motivos: o crescimento da industrialização e a vinda de imigrantes europeus. O estímulo governamental à vinda desses imigrantes deveu-se à impossibilidade de usar tanto o trabalho escravo, quanto o dos indivíduos livres do país, o que fez com que se optasse pelo emprego dessa força de trabalho como a principal mão-de-obra nas grandes lavouras brasileiras.

No século XIX, várias correntes de imigrantes europeus se deslocaram para o Brasil à procura de trabalho, destacando-se entre elas a de italianos. A influência italiana não se restringiu à agricultura, repercutiu em outras atividades econômicas e sociais, como no comércio, na indústria, na expansão das vias férreas, no desenvolvimento dos mercados de capitais e nas manifestações culturais.

Em 22 de junho de 1850, em decorrência da expansão econômica ocorrida no período, a Lei nº 556 instituiu o Código Comercial Brasileiro. O principal destaque do código no que diz respeito à área contábil foi obrigar os comerciantes a:

- seguir uma ordem uniforme de contabilidade e escrituração, e ter livros para esses fins;
- fazer anualmente um balanço geral de seu ativo e passivo, compreendendo todos os bens de raiz móveis e semoventes, mercadorias, dinheiro, papéis de crédito e quaisquer outras espécies de valores, além de todas as dívidas e obrigações passivas, datando-o e assinando-o;
- lançar no Diário, com individuação e clareza, todas as suas operações de comércio, letras e outros papéis de crédito "que passar, aceitar, afiançar, ou

[27] Ianni, apud Holanda, 1985c:298.

endossar e, em geral, tudo quanto receber a despender de sua alheia conta, seja por que título for, sendo suficiente que as parcelas de despesas domésticas se lancem englobadas na data em que forem extraídas do caixa". Os comerciantes de retalho deveriam lançar diariamente no Diário a soma total de suas vendas a dinheiro e, em assento separado, a soma total das vendas fiadas no mesmo dia.

A elaboração desse código foi um dos elementos motivadores para o desenvolvimento da contabilidade no país, pois ele institui a obrigatoriedade da escrituração contábil e da elaboração anual da demonstração do balanço geral, composto dos bens, direitos e obrigações das empresas comerciais:

> *A instituição do Código Comercial no Brasil foi coincidente com um novo período de desenvolvimento contábil em nível mundial. Em 1839, foi instituída a primeira cátedra de contabilidade na Itália, na cidade de Pavia. Em 1840, Villa havia publicado uma obra que marcou um novo período da história da contabilidade. Poucos anos mais tarde, Cerboni iniciou uma nova corrente doutrinária com a instituição do personalismo. Como no Brasil não existia a obrigatoriedade da adoção de um determinado padrão de normas e procedimentos para a contabilidade, os práticos contábeis brasileiros puderam experimentar as mais variadas tendências doutrinárias para a execução de suas atividades.*[28]

O código se originou da necessidade de regulamentar as primeiras sociedades anônimas que começaram a surgir no Brasil a partir do primeiro surto industrial, ocorrido na segunda metade do século XIX.

Com a decadência do Império no final do século XIX, os republicanos assumiram a hegemonia política no país. Porém, apesar dos avanços sociais e econômicos — proporcionados pelo café e pelo início da industrialização —, esse novo grupo político se defrontou com um grave problema social. O fim da escravidão e o emprego da mão-de-obra livre como a principal e única base de trabalho na nova estrutura social que se formava — ao contrário do que havia ocorrido na sociedade colonial, onde o escravo era a base da mão-de-

[28] Martins, 1996:205-206.

obra — colocaram os ex-escravos numa situação muito difícil, porque nem como trabalhadores livres eram mais utilizados, já que os imigrantes constituíam uma força de trabalho muito mais eficiente.

Em conseqüência de as autoridades públicas não elaborarem diretrizes para esse grupo social de ex-escravos, eles acabaram sendo relegados pela sociedade a segundo plano, devido, principalmente, à concepção que a elite fazia deles. Os efeitos negativos dessa política de exclusão social são sentidos no país até hoje e podem ser medidos em uma série de índices socioeconômicos, como o de pobreza, o de analfabetismo, o de desemprego e outros, nos quais figuram em muito maior número pessoas de origem negra, ou seja, os descendentes desses escravos.

A educação no Império: inoperante e elitista

Após a proclamação da independência, o setor da educação, assim como outros setores da sociedade, quase não sofreu qualquer alteração, visto que o ensino continuou a ser ministrado do mesmo modo que no período do Brasil Colônia: "Se nos primeiros *trezentos anos* de nossa vida colonial não tivemos 'sistema' escolar (sobretudo após a expulsão dos jesuítas — 1759), a situação não mudou muito depois da proclamação da independência (1822)".[29]

O sistema escolar do Império resumiu-se à criação do Colégio Pedro II para o nível médio de ensino, à manutenção das escolas superiores instituídas por d. João VI e a um escasso número de escolas superiores profissionais. Assim, pode-se concluir que "era uma cabeça sem corpo e um corpo sem pernas (ensino médio e elementar)".[30]

Em plena época de mudanças sociais, políticas, econômicas e educacionais, promovidas principalmente por movimentos ocorridos na Europa, como o Iluminismo, a Revolução Industrial e a Revolução Francesa, a educação brasileira permanecia praticamente inalterada. Isso retardou em mais de um século o início do despertar econômico e social brasileiro.

A educação, no período imperial, continuou contribuindo para a manutenção de uma pequena elite "letrada", em detrimento da grande massa da

[29] Lima, 197-:109-110.
[30] Ibid., p. 110.

população, principalmente dos escravos, que viviam sem o mínimo em termos educacionais. Essa situação deteriorou a imagem das atividades manuais e técnicas (que eram executadas pelos escravos) e exaltou as atividades públicas, administrativas e políticas (que eram exercidas pela elite).

Assim, a independência política do Brasil de nada adiantou para acabar com o fosso existente entre uma classe dirigente de letrados e eruditos e uma enorme massa de analfabetos, que viviam ao relento. Pelo contrário, o contraste entre a quase ausência de educação popular e o desenvolvimento da formação das elites estabeleceu uma acentuada desigualdade entre a cultura da classe dirigida, de nível extremamente baixo, e a da classe dirigente, onde "figuravam homens de cultura requintada e que, segundo ainda, em 1890, observava Max Leclerc, não destoaria entre as elites das mais cultas sociedades européias".[31]

Em 1823, quando da elaboração da primeira Constituição brasileira, a educação foi um dos temas destacados pelos constituintes. "Mas fica-se somente nos debates; todo mundo conhece a situação lamentável da instrução pública, mas nada se faz em seu benefício."[32]

A respeito da educação, a Constituição determinava:

- a criação de escolas de primeiras letras em todas as cidades, vilas e lugarejos (art. 1º);
- a criação de escolas para meninas nas cidades e vilas mais populosas (art. 11);
- a gratuidade da instrução primária a todos os cidadãos (art. 179).

O Brasil foi um dos primeiros países do mundo a estabelecer, em lei, a gratuidade do ensino elementar. Mas, na prática, eram raras as escolas públicas destinadas a atender as classes menos favorecidas. Como a classe política era composta única e exclusivamente pela elite, e os filhos desta começavam a estudar apenas no ensino médio e superior — porque, como não havia a exigência de conclusão do curso primário para se ter acesso a outros níveis, a elite educava seus filhos com preceptores —, os parcos recursos destinados à educação eram canalizados quase que exclusivamente para esses dois níveis de ensino, beneficiando dessa forma a classe dominante.

[31] Azevedo, 1976:82.
[32] Carneiro e Carneiro, 1996:9.

Em 1823, na tentativa de suprir a falta de professores nas escolas primárias, foi instituído o método Lancaster, ou do "ensino mútuo", no qual um aluno treinado (decurião) ensinava um grupo de 10 alunos (decúria), sob a rígida vigilância de um inspetor. O método, de origem inglesa, tinha como finalidade a extensão do ensino, já que "consistia em transformar em mestres os discípulos que apresentavam melhor rendimento (decuriões), [ficando] cada um deles (...) encarregado de ministrar aulas para outros dez colegas (decúria), atendendo, assim, de forma precária uma formação necessária".[33]

A adoção desse método apenas demonstrou o descaso das autoridades brasileiras com a educação do país. Na Europa, ele já havia sido abandonado por ter se provado ineficaz. No Brasil, porém, foi amplamente difundido por 15 anos, a despeito dos péssimos resultados obtidos. Insistia-se em acreditar na possibilidade de resolver com ele, de maneira fácil e econômica, o grave problema educacional. A insistência no erro denota o desinteresse e a incompetência dos responsáveis pela educação popular no Império.

Em 1826, foram instituídos quatro graus de instrução: pedagogias (escolas primárias), liceus, ginásios e academias. E, em 1827, foi proposta a criação de pedagogias em todas as cidades e vilas e previsto o exame de seleção de professores para que fossem nomeados. Os liceus foram as únicas escolas públicas de ensino médio que surgiram em várias capitais de províncias. Eles se originaram da reunião de diversas aulas avulsas ministradas por professores em um determinado prédio.

Juntamente com a rede pública, começaram a surgir os colégios particulares, em sua maioria dirigidos por ordens religiosas da Igreja Católica. Mas houve uma importante diferença quanto ao número de unidades entre esses dois tipos de entidades, já que a "rede particular avolum[ou]-se tanto desde então que, em certa altura (década de 50), cheg[ou] a representar quase 90% dos estabelecimentos de nível secundário".[34]

A lei de 1827 propondo a criação de escolas em todas as cidades e vilas foi a única referente ao ensino elementar até 1946. Assim, após vários anos de desinteresse do poder público pela educação, essa lei surgiu como uma espécie de abertura para uma nova estrutura educacional. Contudo,

---

[33] Grinspun, apud Alves e Villardi, 1997:28.

[34] Lima, 197-:108.

dois pontos devem ser destacados a respeito dessa lei: era elitista e não foi cumprida.

A lei só serviu para manter o *status quo* da sociedade imperial, já que a instrução primária — estruturada de forma inadequada em termos pedagógicos — não atendia em sua rede escolar a décima parte da população em idade escolar.

Em 1834, um ato adicional à Constituição descentralizou a educação no país, passando, a partir de então, as províncias a ser responsáveis pelo ensino primário e secundário, e a administração nacional pelo ensino primário e médio no município da corte (Rio de Janeiro) e pelo superior no restante do país. A partir desse ato, cada província podia conduzir a educação fundamental e média como bem entendesse, o que, em geral, causou uma deterioração ainda maior na qualidade do ensino.

Em 1837 foi fundado o Colégio D. Pedro II, no município da corte, com duas finalidades: a de servir de padrão para o ensino secundário do país e a de realizar exames parcelados para conferir o grau de bacharel. O Pedro II era o único colégio que podia realizar esse exame, indispensável ao acesso aos cursos superiores em todo o território nacional. Essa exclusividade desmotivou ainda mais a criação de instituições secundárias bem estruturadas. Como informa Otaíza Romanelli:

> *se levar em conta que nem liceus provinciais, nem colégios particulares podiam conferir o grau de bacharel — privilégio do Colégio Pedro II e requisito para inscrição nos cursos superiores — pode-se imaginar quanto desinteresse havia nas províncias pela organização séria do ensino.*[35]

Assim, a educação média ficou composta por instituições genuinamente propedêuticas, porque as disciplinas lecionadas por tais colégios tinham o único intuito de agilizar o acesso ao ensino superior.

As diretrizes educacionais do Império: educação profissional versus educação elitista

Além do ensino secundário literário, havia também o ensino secundário profissionalizante, composto pelo ensino técnico comercial, agrícola e indus-

[35] Romanelli, 1998:40.

trial, cuja finalidade era formar os profissionais indispensáveis ao desenvolvimento da sociedade brasileira. Contudo, numa sociedade ainda baseada no modelo colonial, onde predominava uma agricultura rudimentar, indústrias quase que inexistentes e um comércio incipiente, essas escolas tiveram pouca demanda e muito menos importância na estrutura educacional brasileira do período imperial.

As raras instituições fundadas para esses fins, como o Liceu de Artes e Ofícios (do Rio de Janeiro) para o ramo industrial; o Instituto Comercial (do Rio de Janeiro) e o Curso Comercial (de Pernambuco) para o ramo comercial; e o Imperial Instituto Fluminense de Agricultura (do Rio de Janeiro) e outros similares (da Bahia, de Pernambuco, de Sergipe e do Rio Grande do Norte) para o ramo agrícola, tinham um número reduzido de estudantes se comparados com os cursos secundários literários. Segundo Fernando de Azevedo: "para pouco mais de uma centena de alunos, esparsos por pequenas escolas comerciais e agrícolas, atingia, no mesmo ano de 1864, cerca de 8.600 o número de alunos que freqüentavam as aulas e os estabelecimentos públicos e particulares de instrução secundária".[36]

Essa importante desproporção baseava-se numa visão preconceituosa que se tinha tanto do ensino elementar quanto do profissional. A classe dominante rejeitava esse tipo de ensino prático e utilitário, pois considerava que "o trabalho da terra, como a atividade mecânica e industrial, parecia reservado aos ignorantes e incapazes".[37]

Já o ensino secundário literário conferia uma espécie de enobrecimento, pois era o único que podia conduzir os alunos ao ensino superior e, conseqüentemente, promover sua ascensão social. Por isso, durante todo o período imperial, o ensino secundário literário assumiu a primazia entre a elite, sendo considerado uma educação de classe e de valor no sistema educacional brasileiro, em detrimento de outras modalidades, como o ensino primário, que era escasso e mal organizado, e o ensino técnico, quase inexistente e desprestigiado.

Quanto ao ensino superior, sob a responsabilidade exclusiva do poder central desde o Ato Adicional de 1834, pouco foi feito no Império, mantendo-

---

[36] Azevedo, 1976:84.
[37] Ibid.

se apenas o que fora criado no período joanino. Durante todo o Império foi discutida no Congresso a criação da primeira universidade, mas nada foi feito.

> *A discussão do projeto de universidade é bem um índice revelador do confuso pensamento dos constituintes sobre a instituição universitária. Perderam-se em interesses provincianos, bairristas, cada qual querendo localizar a universidade em sua província à custa de argumentos retóricos com pouco ou nenhuma relevância para o problema universitário como tal.*[38]

Com isso, os cursos superiores continuaram sendo ministrados em instituições isoladas, e a primeira universidade brasileira só foi criada na Primeira República, em 1920, no Rio de Janeiro.

Como ocorrera no período do Brasil Colônia, na monarquia a educação superior manteve suas características elitistas e restritivas, sendo a imensa maioria dos estudantes "homens, brancos, jovens, oriundos dos setores que dominavam a vida socioeconômica do país".[39]

Em 1856, o Decreto nº 1.763, de 14 de maio, determinou algo importante para a educação contábil brasileira: a Aula de Comércio da corte, fundada no período joanino, mais especificamente em 1809, foi reestruturada para transformar-se no Instituto Comercial do Rio de Janeiro. Com isso, o curso passou a ter a duração de dois anos, sendo as aulas distribuídas pelas seguintes cadeiras: contabilidade e escrituração mercantil, e geografia e estatística comercial (1º ano); direito mercantil e economia política, com aplicação especial ao comércio e à indústria (2º ano). Havia ainda aulas de caligrafia e desenho linear, que podiam ser lecionadas em ambos os anos.

Para adequar o curso aos demais cursos de nível superior do país, sua carga horária foi alterada em duas outras ocasiões: em 1861, passou a ter três anos de duração e, em 1863, foi estendido a quatro anos. Mas mesmo após sofrer essas modificações, o curso promovido pelo Instituto Comercial do Rio de Janeiro não conseguia atrair os jovens brasileiros, como informa Canabrava:

> *Tais iniciativas não atraíram expressiva freqüência, seja porque estão vazadas no contexto elitista da organização educacional do país, seja*

---

38 Sucupira, apud Fávero, 1996:55-56.

39 Santos, 1998:242.

> *pelas dimensões ainda exíguas das camadas médias da população. Todavia, o empenho continuado para a reformulação está a indicar o idealismo dos dirigentes do Império, no sentido de preservar o ensino comercial na capital do país. Comprova também o interesse apoucado que despertava o fato de que apenas 21 alunos integravam o corpo discente das Aulas de Comércio da Corte.*[40]

Dada a escassa demanda pelo curso, em 1879 ele foi extinto, sob a alegação de contenção de despesas. Nesse período, o Brasil era um país estritamente agrícola. Toda a economia girava em torno da exportação de gêneros cultivados em extensas lavouras, mas pouca ou quase nenhuma importância se dava aos cursos superiores de agricultura, que padeciam de falta de recursos financeiros, professores capacitados, alunos e pesquisas voltadas para a melhoria da eficiência na agricultura. Esse comportamento anormal, em se tratando de um país agrícola, devia-se ao fato de haver consenso na época de que, para a execução de serviços na área da agricultura, não era necessária especialização teórica e, sim, conhecimento rudimentar da terra.

Se a situação dos cursos superiores de agricultura era lastimável, os de medicina e direito, por outro lado, atraíam a atenção e a cobiça da classe dominante, o que acabava promovendo o esvaziamento, na grande lavoura, dos seus melhores dirigentes, visto que estes se transferiam para o serviço público, onde lhes eram proporcionadas excelentes oportunidades de atingir os altos escalões do funcionalismo.

Naquela época, assim como de certa forma acontece até hoje, a diplomação num curso jurídico era tida pelos menos afortunados como uma oportunidade de ascensão social e pela classe dirigente como uma forma de manutenção do poder, já que seus filhos garantiam os cargos mais importantes no período imperial.

Assim, a herança educacional do Império para a República foi:

- uma rede escolar de ensino primário em estado precário, com um corpo docente predominantemente leigo e incapaz;
- um reduzido número de escolas públicas secundárias para atender à população menos favorecida e uma rede particular de ensino, freqüentada ex-

---

[40] Canabrava, 1985:26.

clusivamente pelos filhos das classes dominantes, e que ministrava um ensino literário e propedêutico completamente desvinculado das necessidades do país;

- um sistema educacional voltado quase exclusivamente para a educação dos meninos, em detrimento das meninas. Elas só tinham a oportunidade de estudar na rede oficial se cursassem as escolas normais, criadas em número reduzido e esparso por todo o território brasileiro — Niterói em 1835, Bahia em 1836, Ceará em 1845, São Paulo em 1846 e Rio de Janeiro em 1880;
- a prevalência irracional do número de estudantes que optavam pelo ensino secundário literário em relação aos do ensino técnico;
- um sistema de ensino superior deficiente, com reduzido número de instituições isoladas e nenhuma universidade, o que beneficiava a elite do país.

A rejeição ao trabalho manual — muito difundida na sociedade brasileira, tanto entre a classe dominante, que considerava vis as profissões manuais e práticas, quanto entre os menos favorecidos, que preferiam viver na subsistência a trabalhar para alguém e se sentirem como escravos — só começaria a mudar com a imigração européia, principalmente com a dos italianos, iniciada no segundo quartel do século XIX. Isso decorreu da ascensão social e econômica de tais imigrantes, que iniciaram suas atividades executando os serviços antes desprezados pela maioria da população brasileira.

A vinda desses imigrantes provocou mudanças fundamentais na estrutura da sociedade brasileira e que se refletiram, inevitavelmente, no desenvolvimento da educação no período republicano.

Parte III

REPÚBLICA (1889-)

5

Primeira República (1889-1929)

A queda do Império e o surgimento da República

A crise do Império brasileiro levou importantes setores da sociedade a uma conclusão: a monarquia precisava ser superada para que se pudesse instaurar um outro regime político, mais adequado aos problemas da época.

Essa concepção resultou no fim do Império em 15 de novembro de 1889, quando o marechal Deodoro da Fonseca assumiu o comando das tropas e proclamou a República. Foi então constituído um governo provisório, sob a responsabilidade de Deodoro, e, em 1891, inspirando-se na Constituição norte-americana, foi promulgada a primeira Constituição republicana brasileira, que promoveu, entre outras, as seguintes transformações: a) extinguiu o Poder Moderador; b) terminou com o voto censitário; c) aboliu os títulos de nobreza; d) instituiu a federalização; e e) promoveu uma participação popular maior no controle da vida política do país.

Com a renúncia de Deodoro, em 1891, assumiu a presidência seu vice, o marechal Floriano Peixoto, que ficou no cargo até 1894. Peixoto deu início à era "café-com-leite", na qual as elites políticas de dois estados — São Paulo e Minas Gerais —, seguidas posteriormente pela do Rio Grande do Sul, assumiram a hegemonia política no país, agindo de acordo com os seus interesses econômicos, apoiados sobretudo no poderio do café.

No âmbito das políticas regionais, os "coronéis" continuaram no poder. Essas pessoas, que detinham o poder econômico e o prestígio social nas regiões que dominavam, provinham da Guarda Nacional, instaurada no período imperial, logo após a independência, com a finalidade de defender a Constituição; promover a unidade nacional, através da manutenção da ordem e da prevenção de revoltas, e promover o policiamento regional e local.

Nesse período, havia vários graus de "coronéis", desde o pequeno coronel que dominava cerca de 200 eleitores até o grande coronel, o mandão nacional, com outros "coronéis" abaixo dele, e que dominava uma extensa área territorial. Era dessa forma que a elite do país conseguia manter o *status quo*, tendo representantes tanto na esfera federal quanto na regional. Com o crescimento demográfico, a urbanização e a industrialização, os coronéis foram progressivamente perdendo a influência até que, no final da Primeira República, praticamente não tinham mais o mesmo poder político.

A vinda de imigrantes europeus, iniciada no período imperial, também continuou ocorrendo na Primeira República. O fato de esses imigrantes terem vindo para o Brasil e não para outros países da América e da Oceania se deu, basicamente, por dois motivos: a) a existência de amplas áreas livres na Região Sul do país, onde o clima se assemelhava ao da Europa e havia a possibilidade de se constituir pequenos núcleos familiares em pequenas propriedades policultoras; e b) a expansão do café, ocorrida principalmente no Oeste Paulista.

Nesse período ingressaram no Brasil imigrantes de diversas nacionalidades: italianos, portugueses, espanhóis, alemães, austríacos, japoneses, russos, sírio-libaneses, poloneses, tchecos, lituanos, húngaros, suíços etc. Sua vinda trouxe uma série de benefícios para o país, visto que, além da vontade de trabalhar e enriquecer, eles também tinham uma formação cultural e profissional superior aos habitantes do Brasil.

Brasil: um país essencialmente agrícola

A República pouco alterou a estrutura da economia brasileira, pois esta continuava baseada na agricultura e voltada para a exportação de produtos agrícolas e a importação de produtos industrializados.

Na agricultura, dois produtos se destacaram na Primeira República: a borracha e o café. Em meados do século XIX, o uso da borracha como matéria-prima estendeu-se por toda a Europa e para os Estados Unidos. O Brasil atendeu de imediato à necessidade desse produto no mercado internacional.

Na década de 1850, a borracha era o sexto produto no cômputo global das exportações brasileiras. Contudo, com a demanda crescente do produto no mercado externo, a Região Amazônica foi aumentando progressivamente a extração da borracha até que, na última década do século XIX e nos primeiros anos do século XX, esta chegou ao seu período áureo, assumindo o segundo lugar na pauta das exportações brasileiras (com 28,2%), atrás apenas do café, o que tornou o Brasil o maior exportador mundial dessa matéria-prima, com média acima de 50% da produção global.

Por tudo isso, havia na Amazônia grande entusiasmo com a borracha, pois:

> *Conta-se que, em Belém ou Manaus, acendiam-se charutos com notas de quinhentos mil-réis, que se tomava champanha como água, que qualquer dor de dente era curada na Europa. Fantasias ou não, o que se pode extrair dessas estórias é que, realmente, os lucros eram altos e fáceis, que a confiança no futuro era ilimitada e que uma grande euforia dominava a região.*[41]

Mas o aumento cada vez maior da demanda internacional desse produto e a falta de condições estruturais para que a Região Amazônica a atendesse fizeram com que, no início do século XX, surgisse um forte concorrente para a borracha brasileira: a borracha artificial proveniente do Oriente, cuja produção acabou superando, em 1913, a da borracha silvestre amazônica no mercado externo. A partir de então, por sua extrema dependência desse produto, a região entrou em grave crise financeira.

Outro produto agrícola brasileiro de destaque era o café. A lavoura cafeeira — a mais importante da economia brasileira — havia sido o sustentáculo da economia imperial e continuou a exercer esse papel na Primeira República. O Oeste Paulista foi a região que mais se destacou nesse período, pois era o maior centro produtor de café do país. Juntamente com a grande lavoura que ali se instalou, houve a vinda de milhares de imigrantes, principalmente italianos, para a região, e a melhoria urbana e no sistema de comunicação.

A consolidação da indústria: o início do processo de transição econômico-social

A indústria iniciou tardiamente seu processo de consolidação, mas nas décadas seguintes suplantaria a agricultura em importância na economia brasileira.

Esse processo, porém, encontrava-se em dessintonia com as principais economias do mundo, pois, enquanto na Europa, particularmente na Inglater-

---

[41] Prado e Capelato, apud Fausto, 1997:300.

ra, o capitalismo industrial se instalara a partir do último quartel do século XVIII, no Brasil apenas engatinhava, de forma lenta e gradual, nas últimas décadas do século XIX, ritmo que se manteve até 1930. Ou seja, em comparação com a Inglaterra, o Brasil estava mais de um século atrasado. Por isso o país ficou à parte das principais transformações econômicas ocorridas no cenário mundial, visto que não pertencia ao rol dos países desenvolvidos.

A apatia do Brasil no cenário mundial decorria, basicamente, de dois fatores:

- o país tinha uma enorme extensão territorial, mas a explorava de forma ineficaz, porque dependia de algumas poucas regiões, como o vale do Paraíba e, posteriormente, o Oeste Paulista (zona cafeicultora); o litoral nordestino e a cidade de Campos, no Rio de Janeiro (zona açucareira), e a Floresta Amazônica (zona dos seringais), nas quais circulava toda a economia do país;
- como toda a economia do país centrava-se na agricultura, a industrialização e a comercialização de produtos manufaturados ficaram relegadas a segundo plano, o que impossibilitava a participação do Brasil de forma mais proativa no mercado capitalista internacional.

O modelo econômico adotado pelo país só beneficiava a elite, em detrimento do restante da população, o que pode ser verificado por uma série de índices, como a má distribuição de renda, a baixa qualidade de vida e o número elevado de analfabetos no país.

Os países que adotaram o modelo econômico do tipo industrial desde o século XIX obtiveram índices de desenvolvimento bem diferentes dos verificados no Brasil. Depreende-se, pois, que a industrialização beneficiou a população como um todo, onde foi mais rapidamente implantada.

O desenvolvimento da indústria no Brasil se deu, como já mencionado, de forma tardia e foi promovido por um conjunto de fatores, como:

- a expansão da lavoura cafeeira;
- a imigração européia;
- a expansão do mercado interno, em virtude do aumento do poder aquisitivo da população;
- a elevação das tarifas aduaneiras, que protegeu as indústrias locais e aumentou a receita do Estado.

Mas mesmo instalado o processo de industrialização, o Brasil estava inteiramente à margem da segunda Revolução Industrial, porque, enquanto as grandes potências capitalistas já tinham uma indústria pesada e produziam em série, a indústria brasileira, até o fim da Primeira República, caracterizava-se pelo trabalho manual, quase artesanal, com pouca ou nenhuma maquinaria para a fabricação de produtos de melhor acabamento. Ou seja, a industrialização no Brasil ainda tinha traços da primeira Revolução Industrial, ocorrida na Inglaterra a partir do segundo quartel do século XVIII.

O país só produzia o essencial para o consumo interno, já que não dispunha de capital para desenvolver uma indústria mais pesada, como a de máquinas, armas, veículos etc. Esse período ficou conhecido como uma fase transitória entre uma economia do tipo agrário-comercial para uma urbano-industrial.

Com a industrialização, mesmo incipiente, as cidades foram ganhando importância e, conseqüentemente, começaram a atrair parte da população que antes vivia na zona rural, trabalhando nas grandes lavouras. A urbanização das grandes cidades e o desenvolvimento consistente da indústria ocorrido no período promoveram o surgimento de novas camadas sociais, diferentemente do que ocorrera nas épocas colonial e imperial.

Pode-se concluir que, nesse período, foram lançadas as bases para o processo de modernização que se seguiria no país. Cabe destacar que, para a instalação desse novo ambiente, foi de fundamental importância a vinda dos imigrantes, principalmente os de origem européia, pois sua força de trabalho e os relevantes investimentos que aqui realizaram foram peças primordiais para que o país deixasse de ser essencialmente agrícola.

A dualidade do sistema educacional brasileiro

A rede escolar herdada do Império pela República era o retrato da sociedade injusta daquela época, na qual o ensino secundário e superior eram freqüentados apenas pela classe dirigente.

Como a formação no ensino elementar não era um pré-requisito para a continuação dos estudos e poucas escolas particulares destinavam-se a esse nível de ensino, as famílias da elite contratavam preceptores e educavam seus filhos em casa.

A vinda dos imigrantes europeus, iniciada na segunda metade do século XIX, para as lavouras de café prejudicou o desenvolvimento educacional da população local, porque "os libertos e quase todo o resto da classe trabalhadora nativa estavam despreparados para competir e, como à elite não interessava destinar parte dos seus ganhos à melhoria do capital humano nativo, a maioria deles viu-se marginalizada pelo fluxo imigrante".[42] Mas, no estado de São Paulo, onde se instalou a maioria desses imigrantes, sua vinda propiciou o desenvolvimento do sistema educacional em todas as suas modalidades.

Vários foram os fatores motivadores, no período republicano, do desenvolvimento e aperfeiçoamento da rede educacional, como: a) a adoção do regime republicano e a instituição do federalismo; b) a urbanização; e c) o surgimento de novas classes sociais.

Essas mudanças, proporcionadas pela República, acabaram resultando na procura da educação como meio de ascensão social, independentemente da classe econômica a que o indivíduo pertencesse. Os latifundiários queriam filhos doutores, não só porque esta era a formação desejável para o bom desempenho de atividades políticas e para aumentar o prestígio familiar, mas também para atenuar possíveis situações de empobrecimento. Os trabalhadores urbanos e os colonos, por sua vez, viam na escolarização dos filhos um meio de estes terem mais chances de obter uma ocupação burocrática.

A Constituição de 24 de fevereiro de 1891 estipulou o ensino leigo nas escolas públicas, em oposição ao ensino religioso; atribuiu a responsabilidade pelo ensino primário e normal aos estados, e determinou que o ensino secundário — que, no período imperial, era de responsabilidade dos estados, segundo o Ato Adicional de 1834 — e o superior ficassem sob a jurisdição da União.

A manutenção da estrutura descentralizada do ensino, que, aliás, provinha do Ato Adicional de 1834, com poucas alterações promovidas pela Constituição de 1891, manteve o *status quo*, ou seja, o sistema dual de ensino. Enquanto a educação elementar continuava a receber menos recursos, o secundário, privilégio das classes dominantes, permanecia acadêmico e propedêutico, voltado única e exclusivamente para a preparação para os cursos de nível superior.

Essa dualidade do ensino mantida pela Constituição de 1891, com um tipo de ensino voltado para a elite — o secundário e o superior — e outro para

[42] Dean, apud Fausto, 1997:252-253.

a população humilde — as escolas do "povo", que se consubstanciavam no ensino primário e no técnico-profissional —, manteve inalterada a estrutura básica da sociedade que vinha desde a época colonial.

O objetivo dessa descentralização era proporcionar o máximo de autonomia às federações, mas isso cerceou a União de investir na educação elementar dos estados. A conseqüência, tanto da falta de condições dos estados para investir, quanto da impossibilidade constitucional de o governo federal apoiar a educação popular, foi um país com extrema desigualdade educacional, repleto de analfabetos, e com apenas uma pequena parcela da população letrada.

A questão do analfabetismo foi objeto de discussão durante toda a Primeira República, pois considerava-se que os problemas do país só poderiam ser resolvidos estendendo a escola ao povo. A situação era tão grave que, após um século de independência, pesava sobre o país uma quota de 80% de analfabetos.

A concepção elitista da educação começa a ser questionada

Para tentar solucionar a grave crise do sistema de ensino, surgiu um movimento de "entusiasmo pela educação" e seus idealizadores passaram a pressionar as autoridades públicas para que assumissem suas responsabilidades no tocante à educação. Merecem destaque as seguintes realizações:

- criação da primeira universidade oficial brasileira em 1920 e da Universidade de Minas Gerais em 1927;
- reorganização da escola secundária e superior em 1925;
- reestruturação do ensino de nível técnico-profissional em 1926;
- uma série de reformas no ensino primário e normal nas escolas de âmbito estadual.

O ensino secundário na Primeira República era seletivo, em face da escassez de estabelecimentos destinados a atender a uma parte insignificante da população, e preparatório, porque as matérias que compunham a grade curricular tinham por função preparar os alunos para o ensino superior. Esse grau de ensino servia como instrumento de manutenção do *status* social elevado e destinava-se a jovens das classes sociais mais favorecidas. A manutenção de uma pequena rede de escolas secundárias públicas justificava-se pelo fato de não ser do interesse da classe dominante que esse nível de ensino se disseminasse para o restante da população e, com isso, baixasse o padrão de ensino.

Mas as transformações socioeconômicas que tiveram início nesse período fizeram com que essa situação começasse a ser questionada por diferentes correntes da sociedade brasileira, como a agrário-comercial e a urbano-industrial.

Ao contrário do ensino médio, o técnico-profissional era visto, na época, como uma educação voltada para o atendimento quase que exclusivo dos menos desfavorecidos, ou seja, do povo.

O descaso das autoridades públicas com os cursos profissionais

Havia quatro tipos de cursos profissionais: o industrial, o agrícola, o comercial e o normal.

Em 1909, a área industrial foi beneficiada com a criação de escolas de aprendizes artífices em várias capitais do país. Essas escolas estavam subordinadas ao Ministério da Agricultura, Indústria e Comércio e tinham por finalidade ministrar o ensino profissional primário gratuito para a formação de operários e contramestres. Seu público-alvo eram as crianças mais humildes.

Tornando a situação ainda mais difícil, não havia qualquer tipo de articulação entre o ensino profissional e os outros níveis de ensino. Essa falta de articulação do ensino profissional, nos seus graus elementares, com os demais níveis e ramos de ensino, especialmente com o ensino secundário — reduto da formação humanista e, portanto, aristocrático —, impedia qualquer possibilidade de desenvolvimento ou de aceitação daquele tipo de ensino por parte da sociedade. Isso ocorria em função do preconceito que os formadores de opinião tinham em relação à funcionalidade do ensino profissional.

Essa situação tinha motivação basicamente de natureza social — fruto de raízes histórico-sociais. Por isso, somente alterações de natureza também social poderiam provocar mudanças de fato. Além disso, a intensificação do processo de industrialização, que talvez pudesse acelerar e privilegiar o crescimento da rede escolar técnico-profissional, não passava de uma aspiração.

O ensino agronômico era, entre todos, o mais desprestigiado, tanto pelo governo quanto pela população. Uma falta de interesse estranha num país como o Brasil, predominantemente agrícola, onde praticamente toda a economia girava em torno de produtos exportáveis como o café.

Excetuando-se o Decreto nº 8.139, de 20 de outubro de 1910, no qual o ensino agronômico foi dividido em 11 tipos: superior, ensino médio, ensino prático, aprendizados agrícolas, ensino primário agrícola, escolas especiais de agricultura, escolas domésticas agrícolas, cursos ambulantes, curso conexo com o ensino agrícola, consultas agrícolas e conferências agrícolas, pouco se fez para desenvolver essa modalidade de educação profissional no país.

O governo federal editou normas referentes ao ensino comercial em três momentos — 1905, 1923 e 1926 —, mas como não criou qualquer instituição pública para esse fim, as normas só se aplicaram às instituições privadas que ministravam tais cursos.

Surgem as primeiras academias do comércio

Em 30 de março de 1891, em Juiz de Fora, sob a coordenação de Francisco Baptista de Oliveira, foi fundada a primeira academia de comércio do país, com um curso de nível superior. No entanto, a Sociedade Anônima Academia de Comércio só começou efetivamente a funcionar em julho de 1894.

Sua estruturação e a organização de seus cursos foram influenciados pela Escola de Altos Estudos Comerciais de Paris, porque Francisco Baptista de Oliveira, antes de fundar a academia, visitou vários estabelecimentos de ensino comercial na Europa, entre os quais o mais importante na época era essa escola francesa. A academia ministrava dois cursos: um preparatório e outro superior. O preparatório, de dois anos, tinha a seguinte composição curricular:

Quadro 1

Grade curricular do curso preparatório da Academia de Comércio de Juiz de Fora

Anos	Disciplinas
Primeiro	Português, francês, geografia geral, caligrafia e desenho.
Segundo	Português, francês, alemão, álgebra, geografia, física e química (elementos), geografia geral, história geral, caligrafia e desenho.

O curso superior, de três anos, cujo objetivo era formar negociantes, banqueiros, diretores e empregados de estabelecimentos industriais e comerciais, conferia aos seus graduados o título de bacharel em ciências econômicas e tinha a seguinte grade curricular:

Quadro 2

Grade curricular do curso superior da Academia de Comércio de Juiz de Fora

Anos	Disciplinas
Primeiro	Português, francês, alemão, inglês, contabilidade, matemáticas aplicadas à economia política, física, química, história natural, geografia comercial, história do comércio, caligrafia e desenho.
Segundo	Francês, alemão, inglês, italiano, contabilidade, matemáticas aplicadas à economia política, estudo das mercadorias, geografia comercial, história do comércio, direito e desenho.
Terceiro	Francês, alemão, inglês, italiano, contabilidade, matemáticas aplicadas à economia política, estudo das mercadorias, análise no laboratório, geografia, estudo de transportes e material comercial, direito e desenho.

Os diplomas expedidos pela Sociedade Anônima Academia de Comércio de Juiz de Fora só foram reconhecidos pelo governo federal em 1905, por força do Decreto nº 1.339. Contudo, ambos os cursos tiveram curta duração, em face da extinção da academia alguns anos depois. Atualmente, a academia é representada pela Faculdade de Ciências Econômicas da Universidade Federal de Juiz de Fora.

Enquanto o Brasil dava os primeiros passos rumo à institucionalização dos primeiros cursos comerciais de nível superior, na Europa e até mesmo nas Américas — Estados Unidos e Argentina[43] —, esses cursos se encontravam em plena expansão.

O desenvolvimento dessa modalidade de ensino nos países do continente europeu devia-se, principalmente, à segunda Revolução Industrial, que se alastrou, no decorrer do século XIX, por várias outras nações além daquelas onde a primeira havia ocorrido. Assim, "na Europa era grande o entusiasmo pelo ensino comercial, nos últimos 30 anos do século [XIX], com a criação em diversos países de escolas especializadas".[44] As nações européias que mais se destacaram nesse tipo de ensino foram Alemanha, Itália, Portugal, Bélgica, Áustria, Holanda, Grécia, Espanha, Suíça, Suécia, Noruega, Rússia, Romênia, Turquia e França, país que tinha o melhor curso comercial do mundo, ministrado pela Escola de Altos Estudos Comerciais de Paris.

O Brasil, em descompasso com os principais acontecimentos econômicos do mundo capitalista, participava apenas como intermediário do processo de industrialização, sendo um simples fornecedor de produtos agrícolas e importador de produtos industrializados. Somente no início do século XX, e ainda assim de forma tímida, é que os estudos na área do comércio começaram a ter certa importância, com a criação de uma série de escolas dessa modalidade nos principais centros urbanos do país.

Em 1902, foram criadas duas importantes instituições de ensino comercial: a Escola Prática de Comércio de São Paulo, que em 1907 passou a se chamar Escola de Comércio Álvares Penteado, e a Academia de Comércio do Rio de Janeiro.

Com essas duas instituições davam-se os primeiros passos para a instalação de um bom número de cursos de nível médio e superior no país, como os cursos superiores de economia, administração, atuária, estatística, marketing, além, é claro, de cursos técnicos em contabilidade e do curso superior de ciências contábeis, criado algumas décadas depois, mais precisamente em 1945.

Em 9 de janeiro de 1905, pelo Decreto nº 1.339, a Academia de Comércio do Rio de Janeiro e a Escola Prática de Comércio de São Paulo foram

---

[43] Nos Estados Unidos havia centenas de cursos comerciais e na Argentina, as primeiras escolas do gênero haviam sido fundadas em 1872.

[44] Bastos, 1982:21.

declaradas instituições de utilidade pública, passando os diplomas conferidos por estas duas instituições a ser oficiais. Curiosamente, já funcionava nessa época a Escola Prática de Comércio do Pará, mas o decreto não faz qualquer menção a ela. Somente em 23 de agosto de 1923, o Decreto nº 4.724-A equipararia várias escolas de comércio à Academia de Comércio do Rio de Janeiro.

A Academia de Comércio do Rio de Janeiro ministrava dois cursos: um geral e outro superior. O geral, com duração de dois anos, visava preparar o estudante para o exercício das funções de guarda-livros, perito judicial e funcionário da Fazenda. O superior, com três anos de duração, era denominado Faculdade de Ciências Econômicas e habilitava seus graduados a serem agentes consulares, funcionários do Ministério das Relações Exteriores, atuários de companhias de seguros e chefes de contabilidade de estabelecimentos bancários e grandes empresas comerciais.

Mas mesmo estando este curso voltado para o atendimento de uma clientela especializada e elitista, na prática a situação era bem diferente, pois "desde suas origens, foi o ensino comercial especialmente endereçado a uma clientela modesta, em geral de empregados do comércio, razão pela qual as suas escolas sempre optaram mais pelo regime de aulas noturnas".[45]

O curso geral servia de preparatório para o curso superior e tinha a seguinte grade curricular: português, francês, inglês, aritmética, álgebra, geometria, geografia, história, ciências naturais, noções de direito civil e comercial, legislação fazendária e aduaneira, prática jurídica comercial, caligrafia, estenografia, desenho e escrituração mercantil.

No curso superior, a grade curricular era a seguinte: geografia comercial, estatística, história do comércio e da indústria, tecnologia industrial e mercantil, direito comercial e marítimo, economia política, ciência das finanças, contabilidade do Estado, direito internacional, diplomacia, história dos tratados, correspondência diplomática, alemão, italiano, espanhol, matemática superior, contabilidade mercantil comparada e banco modelo. "A predominância das línguas vivas, das cadeiras aplicadas à atividade comercial e das matérias consulares (direito comercial, geografia comercial, história do comércio,

[45] Werebe, 1970:165.

contabilidade mercantil etc.) fez com que seu principal objetivo fosse a preparação quase exclusiva de funcionários consulares."[46]

Em 1908, a Escola de Comércio Álvares Penteado criou o Curso Superior de Ciências Comerciais.

Os estrangeiros, principalmente os italianos, tiveram grande influência no desenvolvimento da profissão contábil no Brasil, e isso sobretudo por dois motivos:

- o progresso promovido pela vinda desses imigrantes, e que propiciou o aparecimento das primeiras indústrias e bancos, tendo reflexos diretos na área contábil, tanto em termos educacionais quanto profissionais, como comprovam alguns estudiosos:

  > *Entre nós, o ensino comercial jamais foi prestigiado, nem socialmente bem valorizado. Não poderia ter sido outra a sua acolhida, principalmente até as primeiras décadas desse século* [XX], *numa sociedade com pretensões aristocráticas, em que, por conseguinte, as atividades e profissões mercantis sempre foram depreciadas e consideradas inferiores. Tanto assim que o comércio deve o seu desenvolvimento aos estrangeiros que se instalaram no país.*[47]

  > *Noutros tempos, o nosso comércio era rudimentar, a nossa indústria nula, o nosso movimento bancário proporcional à intensidade da nossa vida econômica. A contabilidade, por esses fatos, não exigia maior desenvolvimento, e os profissionais, nesta esfera acanhada, contentavam-se com conhecimentos superficiais da matéria. Hoje, não. Essa atividade febril do nosso comércio, essa miríade de chaminés a indicar a força produtora das nossas indústrias, e os negócios bancários na proporção desse movimento assombroso, isso tudo exige uma contabilidade mais apurada e, conseqüentemente, uma preparação mais sólida dos nossos profissionais.*[48]

- a adoção da escola contábil italiana nos cursos comerciais brasileiros.

Na época, a contabilidade italiana destacava-se no cenário mundial e vários professores contribuíram para a introdução desse método de ensino no Bra-

---

[46] Nagle, 1976:1977.
[47] Werebe, 1970:166.
[48] D'Auria, 1920:58 (grafia atualizada).

sil, entre os quais Francisco D'Auria, Frederico Hermann Júnior, Horácio Berlinck, Américo Oswaldo Campiglia, Milton Improta e Antenor da Silva Negrine.

A influência da escola italiana não se resumiu apenas ao ensino de contabilidade, pois se refletiu também na formulação da legislação contábil do país, especialmente no que diz respeito ao Decreto-lei nº 2.627, de 1940, que instituiu a Lei das Sociedades por Ações.

Em meados do século XX, essa escola começaria a perder prestígio para a escola contábil norte-americana:

> *Uma das razões (entre as várias existentes) que no campo profissional propiciou a mudança da Escola Italiana para a Escola Americana foi a entrada das empresas de auditoria anglo-americanas que acompanhavam as multinacionais recém-chegadas ao Brasil. Essas empresas, detentoras de manuais de procedimentos de auditoria em grupos empresariais, investiam em treinamento, forneciam profissionais de alto nível para elaboração de normas contábeis em nível de governo, influenciavam as empresas menores (e possivelmente até legisladores) com os novos procedimentos contábeis. Tudo isso contribuiu para a inversão do rumo contábil no Brasil.*[49]

Na década de 1970, a influência da escola norte-americana se estendeu tanto ao ensino quanto à legislação contábil brasileira. A primeira ocorreu quando a Faculdade de Administração e Economia da USP começou a adotar o método de ensino contábil norte-americano em substituição ao italiano; a segunda se consubstanciou na Lei nº 6.404/76, inspirada na legislação em vigor nos Estados Unidos.

A estruturação dos cursos comerciais

Até 1926, não havia um regulamento geral para o ensino comercial. As regulamentações expedidas limitavam-se a dispor sobre as escolas já existentes. Com o Decreto nº 17.329, de 28 de maio desse ano, a situação mudou, pois, a partir de então, passou a haver um conjunto de normas regulamentando o ensino técnico comercial, entre as quais se destacam as seguintes:

- as escolas de ensino técnico comercial reconhecidas oficialmente pelo governo federal deviam ministrar, em caráter obrigatório, o curso geral, que

[49] Marion, 1996:37.

seria de nível secundário e conferiria o diploma de contador aos seus concluintes;

- os concluintes do curso geral só podiam ingressar nas faculdades de ciências econômicas, estando-lhes vedado o ingresso em outras instituições superiores;
- a instituição do curso superior era de caráter facultativo;
- os estabelecimentos educacionais, caso desejassem, poderiam manter cursos de especialização para determinadas profissões, como atuária, consular, perícia contábil etc.

Esse decreto diferenciou e, de certa forma, privilegiou o curso técnico comercial em comparação com os demais cursos técnicos existentes no período. "A legislação sobre a escola técnico-comercial apresenta, dessa forma, algumas particularidades quando comparada à da técnico-industrial e técnico agrícola. Ao contrário destas, a escola técnico-comercial mereceu, embora tardiamente, uma regulamentação do governo federal."[50]

Pelo mesmo decreto, o curso geral teve sua duração estendida para quatro anos, passando a ter no currículo matérias propedêuticas e técnicas. Seu programa sofreu influência positivista, já que havia uma predominância de cadeiras científicas em detrimento das literárias

Quadro 3

Grade curricular do curso geral de 1926

Anos	Cadeiras
Primeiro	Instrução moral e cívica, português, francês, inglês, matemática, contabilidade, geografia política e econômica, aula de caligrafia e datilografia.
Segundo	Português, francês, inglês, matemática, contabilidade comercial, geografia do Brasil, história geral do Brasil, aula de desenho geométrico e datilografia.
Terceiro	Português, francês, inglês, contabilidade agrícola e industrial, álgebras, desenho a mão livre aplicado ao comércio, noções de física, química e história natural, e aula de mecanografia.
Quarto	Matemáticas aplicadas; contabilidade bancária e de companhias de seguros; contabilidade pública; complementos de física, química e história natural aplicados ao comércio; noções de direito constitucional, civil e comercial; legislação fazendária e aduaneira e prática jurídico-comercial; noções de merceologia e tecnologia merceológica; aula prática de comércio; aula de estenografia; métodos de classificação de papéis e sistemas de fichas.

[50] Nagle, 1978:276.

O regulamento de 1926 proporcionou uma série de mudanças positivas, apesar de também suscitar algumas críticas, principalmente no que dizia respeito ao elevado número de matérias na composição curricular do curso geral, cujas 22 matérias, com suas subdivisões, davam um total de aproximadamente 35, para serem ministradas em quatro anos. Segundo Nagle, "o total já provocava sério problema, agravado pelo número de professores necessários para lecionar cada uma das especialidades".[51]

Para se matricular no curso geral, o candidato tinha que se submeter a um exame de admissão em que constavam as seguintes matérias: português, aritmética prática, elementos de geografia física e de cosmografia, noções gerais de história do Brasil, instrução moral e cívica, desenho e morfologia geométrica. Só ficava isento do exame o candidato que apresentasse um certificado de aprovação nessas matérias de um estabelecimento oficial ou equiparado.

O mesmo decreto criava ainda um curso superior de administração e finanças, com três anos de duração, que conferia aos seus diplomados graduação em ciências econômico-comerciais. O programa do curso compunha-se das seguintes cadeiras:

Quadro 4

Grade curricular do Curso Superior de Administração e Finanças

Anos	Cadeiras
Primeiro	Alemão, italiano ou espanhol; matemáticas aplicadas às operações comerciais; geografia comercial e geografia humana; tecnologia industrial e mercantil; contabilidade administrativa, agrícola e industrial.
Segundo	Alemão, italiano ou espanhol; obrigações de direito civil, comercial e marítimo; economia política; ciências das finanças; história do comércio, da agricultura e da indústria; direito constitucional e administrativo; ciência da administração.
Terceiro	Alemão, italiano ou espanhol; contabilidade mercantil comparada e banco-modelo; direito internacional, diplomacia, história dos tratados e correspondência consular e diplomática; direito industrial e legislação operária; psicologia aplicada ao comércio; noções de arte decorativa.

[51] Nagle, 1976:180.

Mesmo tendo recebido maior destaque que as outras áreas da educação técnico-profissional, o Curso Superior de Ciências Econômicas e Comerciais não despertou o interesse da maior parte da elite brasileira:

> *De uma forma ou de outra, a verdade é que o ensino das ciências econômicas e comerciais experimentou razoável desenvolvimento: aumentam as instituições escolares desse tipo, cresce o número das escolas fiscalizadas, amplia-se a ação governamental no sentido de subvencioná-las e já se inicia um processo de pressionamento no sentido de regulamentar a profissão de contador. Não obstante tais sinais de desenvolvimento, parece que "o Regime de 1905 e a reforma de 1926 nenhum interesse despertaram nos meios intelectuais brasileiros; com efeito, vivíamos naquela época aferrados a estreito individualismo político e econômico, predominando no comércio a noção de que a alma do negócio era o segredo". E "na atividade pública raríssimos eram os cargos recrutados por concurso e, assim, quase nenhum valor poderia apresentar o diploma de bacharel ou doutor em ciências econômicas, nem tampouco o de graduado em ciências econômicas e comerciais".*[52]

Com relação à área contábil, alguns fatos ocorridos no período merecem destaque:

- Em janeiro de 1912 circulou a primeira edição da *Revista Brasileira de Contabilidade* — *RBC*. Dessa data até 1920 a revista foi editada por uma sociedade anônima. Depois de nove anos sem ser publicada, em 1929 retornou à circulação e, em 1932, por problemas financeiros e pelo falecimento de alguns de seus diretores, deixou novamente de ser editada. Passados 39 anos, em 1971, sob a direção do Conselho Federal de Contabilidade, teve início a fase atual da *RBC*. A finalidade da revista, durante todos esses anos, tem sido a publicação de artigos técnicos que contribuam para o desenvolvimento da classe contábil.
- Em 1924, de 14 a 22 de julho, foi realizado, na cidade do Rio de Janeiro, o 1º Congresso Brasileiro de Contabilidade. Liderada, entre outros, pelo se-

[52] Nagle, 1976:180.

nador João Lyra, por João Morais Júnior, Ubaldo Lobo, João Luiz dos Santos, Francisco D'Auria e Cornélio Marcondes da Luz, foi nesse congresso que se instalou a grande campanha para a regulamentação da profissão de contador e para a reforma do ensino comercial. A reforma se concretizou mediante o Decreto nº 20.158, de 1931, enquanto a regulamentação da profissão só veio a ocorrer em 1946, por força do Decreto-lei nº 9.295.

- Após este primeiro congresso, outros foram realizados sobre uma grande variedade de temas, mas somente a partir de 1946 isso passou a ocorrer sob a responsabilidade do Conselho Federal de Contabilidade (CFC).
- Em 25 de abril de 1926, vários representantes da classe contábil prestaram homenagem ao senador João Lyra por seu aniversário, instituindo o Dia do Contabilista, comemorado desde então nesse dia. João Lyra, patrono dos contabilistas brasileiros, foi contador do Ministério da Fazenda e senador da República.
- Em 1927, Francisco D'Auria lançou no Brasil a idéia de instituir um registro geral dos contabilistas, com a finalidade de selecionar profissionais capazes de desempenhar as atividades de um contabilista. Esse registro geral deu origem, alguns anos mais tarde, ao sistema CFC/CRCs.

A estruturação da educação de nível superior

Apenas no século XIX foram criados os primeiros cursos superiores laicos no Brasil, estruturados na forma de faculdades isoladas. Isso prejudicou, e muito, a disseminação de valores culturais no Brasil, porque uma das funções primordiais da universidade é justamente cultivar e transmitir a cultura de um país.

Como até aquele momento não havia sido criada nenhuma instituição desse porte, mas apenas escolas profissionais superiores, o Brasil perdeu a chance de ter um órgão matriz da cultura nacional. "Como se poderia elaborar a cultura nacional apenas com escolas de direito, medicina e engenharia? Foi isso que tentou o Brasil, como se fosse possível uma cultura de simples ciências aplicadas, sem as bases em que ela tem de se apoiar."[53]

[53] Teixeira, 1989:74-75.

Antes da instituição da primeira universidade oficial brasileira, foram criadas três universidades estaduais. Mesmo sendo o ensino superior, de acordo com a Constituição de 1891, de responsabilidade da União, os estados, valendo-se de um tipo de governo federalista, criaram as primeiras instituições universitárias do Brasil.

Em 1909, o governo do Amazonas, motivado pelo *boom* da borracha, criou uma universidade em Manaus. Mas quando ocorreu a crise da borracha, a falta de recursos não atingiu apenas a economia da região, também afetou a Universidade de Manaus, que, em 1926, se desintegrou em três estabelecimentos isolados: a Faculdade de Engenharia, a Faculdade de Medicina e a Faculdade de Direito.

Em 1911, uma sociedade civil fundou uma universidade no estado de São Paulo, mas alguns anos depois esta foi extinta sem deixar qualquer instituto isolado.

Ainda nesse ano, o governo estadual do Paraná, com a colaboração de alguns professores, criou uma universidade no estado, mas, seguindo o mesmo caminho das outras, a Universidade do Paraná foi dissolvida em 1915, dela resultando três faculdades isoladas: de direito, engenharia e medicina.

Em 1920, Epitácio Pessoa criou a primeira universidade oficial brasileira, com a denominação Universidade do Rio de Janeiro. Ela nasceu da fusão de três faculdades isoladas existentes na cidade: direito, medicina e politécnica. Dezessete anos depois, em 1937, seu nome foi alterado para Universidade do Brasil e, em 1965, novamente trocado para Universidade Federal do Rio de Janeiro.

A falta de uma universidade no Brasil até o século XX pode ser justificada por vários fatores, tais como:

- ao contrário do colonizador espanhol, o português não encontrou nas terras do Brasil povos indígenas com cultura complexa, contra a qual fosse necessário travar uma luta no campo da ideologia para conquistar a ambicionada hegemonia. Os missionários religiosos, em especial os jesuítas, realizaram a tarefa de "converter" os índios sem prescindir, como no caso hispano-americano, do apoio das armas;
- Portugal dispunha de um pequeno quadro universitário, integrado pela Universidade de Coimbra e, mais tarde, pelo Colégio de Évora e pelo de Lisboa. A criação de universidades no Brasil empobrecia perigosamente a

metrópole. A Espanha, ao contrário, dispunha, já no século XVI, de oito universidades, uma das quais — a de Salamanca — com cerca de 6 mil estudantes e 60 cátedras, o que revela seu grande porte para a época;

- o envio de um maior número de estudantes de nível superior a Portugal, para serem socializados na submissão à metrópole, foi sempre um expediente utilizado pelos governantes portugueses.

Como se pode ver a seguir, com a criação da primeira universidade o governo federal privilegiou determinadas faculdades — direito, medicina e politécnica — em detrimento da Faculdade de Ciências Econômico-Comerciais:

> *Mesmo quando se deu a criação da Universidade do Rio de Janeiro, ou quando foi reorganizada, o governo federal não aproveitou a oportunidade para incluir uma instituição para a formação profissional nessa direção. A preferência foi, num primeiro momento, para a oficialização de uma Faculdade de Direito, que resultou da fusão de duas faculdades livres e, num segundo momento, a preferência foi para acrescentar, à estrutura existente, as Faculdades de Farmácia e Odontologia, quando, desde o início, existia também uma Academia de Comércio, que gozava de grande prestígio.*[54]

Mesmo com as mudanças que se processavam no seio da economia e da sociedade brasileiras, como o início da passagem do país de agrário a industrial, por exemplo, a elite não atribuiu ao curso superior na área econômico-comercial a importância que lhe era devida, porque:

> *As preferências da mocidade e das famílias voltaram-se todas ainda para as faculdades de direito e de medicina, mantendo-se as de engenharia com uma freqüência inferior de estudantes, já pelo caráter mais "técnico" dessas escolas, já pelas poucas perspectivas que se abriam, nas condições econômicas e industriais da nação, às atividades de engenheiro, já ainda talvez por não conferirem elas o título de doutor que expediam as de medicina e a tradição estendeu aos bacharéis em direito.*[55]

[54] Nagle, 1976:180-181.
[55] Azevedo, 1976:143-144.

Assim, o que ocorria, era um sem-número de bacharéis de direito desempenhando inúmeras atividades fora de sua especialização, o que sem dúvida acabou por prejudicar o desenvolvimento do país, pela falta de técnicos em outras áreas de atuação.

Seguindo a mesma técnica de aglutinação da Universidade do Rio de Janeiro, no dia 7 de setembro de 1927 foi criada a Universidade de Minas Gerais, mediante a justaposição das seguintes faculdades: engenharia, direito, medicina, odontologia e farmácia.

Mas muitas eram as críticas à forma de implantação das universidades no Brasil e ao resultado prático dessa iniciativa para a educação superior do país. As principais críticas tiveram como base os seguintes pontos:

- as universidades criadas eram mais nominais do que reais; instituídas por decreto, elas apenas estabeleciam vínculos administrativos entre as faculdades isoladas já existentes;
- as novas universidades não ofereciam novas alternativas ao ensino superior, quer no que dizia respeito ao seu funcionamento, quer quanto a seus objetivos;
- as universidades não dispunham de uma estrutura capaz de promover a integração entre o ensino e a pesquisa;
- os cursos universitários continuavam tendo uma orientação meramente profissional;
- a estrutura de poder era apoiada na cátedra;
- o caráter elitista do ensino nesse nível permanecia;
- as universidades, assim como as instituições isoladas de nível superior, continuavam alheias às necessidades da maior parte da população brasileira, não incentivando, portanto, o desenvolvimento da ciência e da tecnologia.

A criação da Universidade de São Paulo, em 1934, constituiu uma exceção nesse modelo de aglutinação, porque foi a primeira instituição do gênero no país a inovar no tocante a objetivos e a sua forma organizacional. "Em termos científicos, a USP notabilizou-se como centro de pesquisa em diversas áreas do saber."[56]

---

[56] Oliven, 1993:74-75.

As reformas educacionais

Na Primeira República, houve quatro reformas educacionais em nível federal. A primeira foi a Reforma Benjamin Constant, em 1890.

Nesse período, o sistema de ensino brasileiro estava sob a influência da filosofia positivista, iniciada pelo francês Auguste Comte (1798-1857). Comte partiu do pressuposto de que a humanidade — e o próprio homem, na sua trajetória pessoal — passa por diversos estágios até alcançar o estado positivo, que se caracteriza pela maturidade do espírito humano.

Esse movimento, contudo, não obteve o resultado esperado, quando da elaboração da estrutura pedagógica de ensino no Brasil. A Reforma Benjamin Constant tinha os seguintes objetivos:

- tornar os diversos níveis de ensino "formadores" e não apenas preparadores de alunos para o ensino de nível superior. "Para que este aspecto fosse conseguido no ensino secundário, por exemplo, foi criado o *exame de madureza*, destinado a verificar se o aluno tinha a cultura intelectual necessária ao término do curso";[57]
- fundamentar a formação do educando na ciência, substituindo, dessa forma, a predominância literária de "tradição humanista clássica, responsável pelo academismo dominante no ensino brasileiro", pela científica.

A reforma sofreu uma série de críticas tanto por parte dos positivistas quanto dos tradicionalistas. A mais preponderante era não respeitar o modelo pedagógico de Comte no que se referia à idade de introdução aos estudos científicos. O que de fato ocorreu foi o acréscimo de matérias científicas às tradicionais, tornando o ensino enciclopédico.

A classe dirigente, composta essencialmente de fazendeiros do café, era também contrária à manutenção dessa reforma, argumentando que ela poderia significar uma ruptura com os valores pregados por esse tipo de sociedade e ia de encontro aos seus interesses.

A segunda reforma empreendida na Primeira República foi a de Rivadávia Corrêa, em 1911. Seus principais pontos foram os seguintes:

- liberdade de ensino e de freqüência (orientação positivista);

---

[57] Ribeiro, 1998:69.

- abolição do diploma, substituído por um certificado de assistência e aproveitamento;
- instituição do "exame de admissão";
- surgimento do livre-docente.

Em face dos resultados pouco satisfatórios dessa reforma para a educação nacional, apenas quatro anos mais tarde foi feita a terceira reforma, que também recebeu o nome de seu autor, Carlos Maximiliano. Seus principais pontos foram:

- restauração do regime de estabelecimentos oficiais e equiparados;
- manutenção da destituição do privilégio dos diplomas do Colégio Pedro II e dos que lhe eram equiparados;
- manutenção do exame de admissão, mas com o novo nome de exame vestibular;
- manutenção do grau de livre-docente;
- manutenção da freqüência livre nos estabelecimentos de ensino superior;
- instituição do professor catedrático.

Dez anos depois dessa, em 1925, ocorreu a última reforma do ensino da Primeira República, a Rocha Vaz, cujo objetivo era reforçar o controle do Estado, particularmente do governo federal, sobre o aparelho escolar, a fim de assumir o controle ideológico das crises políticas e sociais que acabaram resultando na revolução que pôs fim ao regime em 1930.

De modo geral, pode-se concluir que essas reformas tolheram a principal função do ensino secundário, que era formar o educando nos aspectos fundamentais e gerais da vida, independentemente da profissão que ele escolhesse no futuro. Isso se deveu, principalmente, à introdução dos exames vestibulares, pois, a partir de então, o ensino secundário tornou-se um curso com um único fim: preparar o estudante para o ingresso numa escola de nível superior.

Na década de 1920 foram realizadas diversas reformas importantes na educação de abrangência estadual, como:

- a de Lourenço Filho no Ceará em 1923;
- a de Anísio Teixeira na Bahia em 1925;

- a de Francisco Campos e Maria Casassanta em Minas Gerais em 1927;
- a de Fernando de Azevedo no Distrito Federal (na época, o Rio de Janeiro) em 1928;
- a de Carneiro Leão em Pernambuco também em 1928.

Essas reformas foram eficazes e propiciaram uma série de bons resultados na educação primária, como: a) ampliação da rede escolar, com a criação de novas instituições; b) melhoria das condições de funcionamento da rede escolar existente; e c) criação de novos órgãos técnicos, com o intuito de melhorar a administração da rede escolar.

Todas as reformas objetivaram, basicamente, o combate ao analfabetismo, o aperfeiçoamento dos currículos e dos métodos de ensino-aprendizagem, a formação mais adequada do corpo docente e a melhor estruturação da rede escolar.

A herança educacional da Primeira República

Na prática, porém, apesar desses esforços isolados, em termos educacionais pouco adiantou se passar do período imperial para a Primeira República, porque certas questões cruciais para a resolução dos problemas enfrentados pela educação continuaram a ser tratadas de forma secundária pelas autoridades públicas, como, por exemplo:

- *a dualidade dos sistemas educacionais*, que se refletia em dois tipos de educação — uma para o pobre, consubstanciada no ensino primário, normal e técnico-profissional, e outra para o rico, dirigida ao ensino secundário e superior;
- *a valorização irracional de determinados cursos superiores em detrimento de outros* — cursos como o de medicina e de direito eram apreciados por importantes setores da sociedade brasileira porque proporcionavam a uma pequena camada da população privilégios na vida pública e privada, ou seja, oportunidades de ascensão social. A busca desmedida por tais cursos era irracional em virtude de o país necessitar, além de médicos e advogados, de outros tipos de profissionais para poder atingir o nível dos demais países desenvolvidos. Cursos como o de economia e comércio, prestigiados nos países industrializados, no Brasil não despertavam qualquer interesse na elite;

- *as restrições impostas à mulher no tocante ao acesso educacional*, pois estas continuavam sendo relegadas quase exclusivamente às escolas normais, freqüentadas praticamente apenas por mulheres, enquanto o ensino secundário e superior destinavam-se sobretudo à população masculina;
- *problemas de ordem administrativa e pedagógica*, como ausência de órgãos administrativos educacionais tanto na esfera federal (Ministério da Educação) quanto na estadual (secretarias de Educação); a inexistência de uma diretriz nacional para a educação; a pequena disseminação da escola primária entre a população de origem humilde, ocasionando índices alarmantes de analfabetismo; e a criação de universidades mediante a mera reunião de institutos isolados em torno de uma reitoria.

Essa situação lamentável só começaria a mudar, mesmo que de forma tímida, a partir de 1920, quando se iniciaram alguns movimentos educacionais, como o "entusiasmo pela educação" e o "otimismo pedagógico". Foi então que começaram a se formar os primeiros educadores de fato, profissionais da história da educação brasileira.

Mas a natureza tipicamente agrária da economia brasileira e as correlações de forças políticas sofreriam mudanças nos anos seguintes, o que repercutiria na estrutura do ensino brasileiro.

6

Segunda República (1930-1936)

Vargas assume o poder: consolida-se o processo de industrialização do país

Em novembro de 1930, por meio de um golpe político, Getúlio Vargas assumiu a presidência da República. O golpe resultou do descontentamento de vários setores da sociedade com a política do "café-com-leite", que privilegiava a classe aristocrática em detrimento das demais classes sociais.

A queda na exportação de produtos agrícolas, como algodão, cacau, borracha e, principalmente, café, afetou diretamente os trabalhadores rurais, fazendo com que milhares de desempregados do campo migrassem para os centros urbanos, o que aumentou o número de desocupados nas grandes cidades.

As novas classes sociais que se formavam, especialmente a dos operários, exigiam maior participação política e melhores condições econômicas e sociais. Parte do Exército, que contava com o apoio da maioria da classe média, também se encontrava descontente com a influência política que as oligarquias exerciam sobre o Estado.

Assim, o enfraquecimento político e econômico dos cafeicultores criou a oportunidade para que outros setores da sociedade assumissem a hegemonia econômica, política e social.

De 1930 a 1934, o Governo Provisório instalado fechou o Congresso e promoveu a elaboração de uma nova Constituição. Nas eleições para a Assembléia Constituinte realizadas em maio de 1933, houve duas importantes inovações: a representação classista e o voto secreto. Em julho de 1934, a Constituição liberal-democrática foi promulgada contendo novidades políticas e sociais. No final do Governo Provisório, em 1934, Getúlio Vargas foi eleito, indiretamente, presidente da República para um mandato que seria exercido até maio de 1938. Em novembro de 1937, porém, Vargas deu um golpe e instituiu a ditadura do Estado Novo.

No que diz respeito ao aspecto econômico, o período representou o declínio hegemônico da sociedade oligárquica agroexportadora e a inserção do Brasil no capitalismo industrial, haja vista que até aquele momento o Brasil fazia parte do capitalismo industrial apenas de forma periférica.

Com a elevação dos lucros na lavoura cafeeira, no início do século XX houve um aumento considerável na plantação de café, mas como a demanda mundial do produto não aumentou na mesma proporção, a oferta em demasia provocou o declínio do preço da saca do café no mercado internacional.

A crise mundial de 1929 agravou a situação, porque caiu a demanda internacional de toda espécie de produtos, inclusive o café. Como a economia brasileira dependia quase exclusivamente desse produto, entrou em crise, pois não conseguia exportar seu principal bem e, portanto, não tinha capacidade de acumular o capital necessário para importar os produtos industrializados de que necessitava.

Mas o incipiente processo de industrialização que vinha ocorrendo desde o último quartel do século XIX, fez com que, progressivamente, o Brasil conseguisse superar a crise e, surpreendentemente, tirar proveito dela.

Dois foram os principais fatores que permitiram a expansão inicial da indústria no país: a) o reinvestimento do lucro obtido na lavoura cafeeira no setor industrial, e b) a ampliação crescente do mercado interno, proporcionado sobretudo pela vinda dos imigrantes.

A conseqüência mais benéfica desses fatos foi a modernização do país, mediante seu ingresso no capitalismo industrial. Porém, o crescimento industrial daí para a frente não se deu por uma ampla substituição de importações, ou pela implantação de muitos ramos industriais novos, e sim pela industrialização extensiva, pelo desenvolvimento ou da estrutura já montada ou da complementar a ela.

Outra característica da época foi a necessidade de investimentos de maior vulto no setor industrial. Ao contrário do que ocorria antes, quando as indústrias eram predominantemente familiares, a partir da Segunda República, tornou-se necessária a participação estatal e do capital multinacional para atender às crescentes demandas do mercado interno por produtos que as pequenas indústrias até então existentes não tinham condições de produzir, como automóveis e caminhões, derivados de petróleo, produtos farmacêuticos, eletrodomésticos e materiais de comunicação.

A Revolução de 1930 foi fundamental para o rompimento da estrutura arcaica em que o país se encontrava e para o surgimento da fase contemporânea. A década de 1930 representou uma ruptura da ordem precedente tanto na política, quanto na economia e nas relações sociais. Na política porque, a partir de então, houve um processo de reestruturação com o intuito de reafirmar o poder do Estado e de nacionalizar os problemas, mediante o esvaziamento do regionalismo e a desarticulação do poder das oligarquias, representadas principalmente pelos fazendeiros do café dos estados de São Paulo e Minas Gerais. Na economia, a ruptura se deu através da mudança da classe dominante, à qual ascenderam representantes do capitalismo industrial. Isso tudo deu margem à estratificação social, principalmente devido à criação das novas profissões que esse tipo de modelo econômico demandava.

O Manifesto dos Pioneiros

Os vários movimentos educacionais surgidos na Primeira República, a partir da década de 1920, se estenderam à Segunda, sob a liderança de educadores de peso como Fernando de Azevedo, Anísio Teixeira, Lourenço Filho, entre outros. Influenciados por Dewey e Durkheim, eles pregavam que a educação era dever do Estado e que este deveria propiciá-la a todos os níveis sociais.

Opunham-se à educação voltada apenas para as elites, como ocorria no Brasil até aquele momento, principalmente no que se referia ao ensino secundário e superior, e também combatiam o monopólio educacional da Igreja Católica, defendendo a laicidade do ensino e atribuindo unicamente ao Estado a responsabilidade pela promoção da educação laica e pública.

Em 1932, num período de muita discussão acerca das questões educacionais, Fernando de Azevedo e mais 26 educadores assinaram e publicaram um documento denominado Manifesto dos Pioneiros da Educação Nova. O objetivo do manifesto era adequar o país às novas necessidades do capitalismo industrial, já atuante desde o início do século XIX nas grandes nações burguesas. As principais questões abordadas no documento eram as seguintes:

- era dever do Estado promover uma educação pública, gratuita e laica, sem qualquer influência religosa, acessível a todas as classes sociais e a ambos os sexos, e que não fosse usada como privilégio por determinadas classes sociais em detrimento de outras;
- os problemas educacionais deviam ser tratados no âmbito nacional, cabendo à União estabelecer um programa de estruturação da educação em todo o país — como de fato ocorreu com a Reforma Francisco Campos —, ao contrário das reformas parciais que vinham ocorrendo desde a promulgação do Ato Adicional de 1834 e, por extensão, da entrada em vigor da Constituição de 1891;
- era preciso instaurar uma escola básica única, em vez do sistema dual de ensino até então vigente, que beneficiava os ricos em detrimento dos pobres;
- os cursos superiores deviam ser mais diversificados, a fim de atender às necessidades de desenvolvimento do país, o que só se verificaria com a ampliação dos estudos de outras ciências além das já estudadas até o momento.

A industrialização do país tornou necessária uma maior diversificação dos cursos superiores, que não podiam ficar restritos aos cursos tradicionais de medicina, direito e engenharia. Por influência do manifesto, 13 anos depois, em 1945, surgiria, entre outros, o Curso Superior de Ciências Contábeis e Atuariais.

O Manifesto dos Pioneiros foi um marco na educação brasileira, visto que permitiu a tomada de consciência da defasagem existente entre a educação que o país proporcionava e as exigências que o desenvolvimento impunha. Numa sociedade essencialmente agrária como a do Brasil desde sua colonização até o início do século XX, parecia não haver necessidade de estender a educação a toda população, mas num país que se propõe a levar adiante um processo de industrialização, a educação tornava-se, certamente, o principal pilar de sustentação desse processo. O Brasil começou a tomar consciência disso tardiamente e estava pelo menos com um século de atraso em relação às grandes potências mundiais.

A Reforma Francisco Campos

Em 1930, o Decreto nº 19.402 criou o Ministério da Educação e Saúde Pública, que teve Francisco Campos como seu primeiro ministro.

Segundo Lima, só em 1930 o país se tornou uma nação independente com verdadeiro espírito nacional, já que até então não havia um órgão de tal importância para tratar dos dois mais graves problemas da imensa população marginalizada do país: a saúde pública e o analfabetismo.[58]

Entre 1931 e 1932, Francisco Campos conseguiu que fosse promulgada uma série de decretos — a Reforma Francisco Campos — de grande importância para a história da legislação do ensino brasileiro:

- Decreto nº 19.850, de 11-4-1931, que criou o Conselho Nacional de Educação;
- Decreto nº 19.851, de 11-4-1931, que institui o Estatuto das Universidades Brasileiras, dispôs sobre a organização do ensino superior no Brasil e adotou o regime universitário;
- Decreto nº 19.852, de 11-4-1931, que dispôs sobre a organização da Universidade do Rio de Janeiro;
- Decreto nº 19.890, de 18-4-1931, que dispôs sobre a organização do ensino secundário;
- Decreto nº 20.158, de 30-7-1931, que organizou o ensino comercial, regulamentou a profissão de contador e deu outras providências;
- Decreto nº 21.241, de 14-4-1932, que consolidou as disposições sobre a organização do ensino secundário.

Esta foi a primeira reforma, de âmbito nacional, que tratou da estruturação da rede educacional. Até então, todas as ações pertinentes à educação haviam sido executadas de forma descentralizada; primeiro pelas províncias, no período imperial (Ato Adicional de 1834) e, posteriormente, pelos estados (Constituição de 1891), na Primeira República.

A reforma resultou da pressão exercida por vários educadores para que o governo federal atuasse de maneira mais objetiva, a fim de solucionar os graves problemas educacionais por que passava o país. Apesar dos avanços obtidos, porém, a reforma teve algumas falhas, como:

- descaso pela educação primária e pela formação de professores;
- falta de legislação específica para os cursos industriais;

58 Lima, 197-:122-123.

- desarticulação entre o curso secundário e os cursos técnico-profissionais;
- manutenção do sistema dual de ensino.

Instituição do Estatuto das Universidades Brasileiras

O Estatuto das Universidades Brasileiras, instituído pelo Decreto nº 19.851, e que dispôs sobre a organização do ensino superior brasileiro e a adoção do regime universitário, vigeu por 30 anos, até a aprovação da Lei de Diretrizes e Bases (LDB) em 1961.

Desde a criação da Universidade do Rio de Janeiro, em 1920, até a instituição desse estatuto em 1931, passaram-se 11 anos sem que se estabelecesse qualquer tipo de padrão organizacional que servisse de referência para as novas universidades que viessem a ser criadas.

O estatuto exigia, como requisito para a fundação de uma universidade, a incorporação de pelo menos três institutos de ensino superior — direito, medicina e engenharia —, ou, em lugar de um deles, uma faculdade de educação, ciências e letras. Admitia dois tipos de instituições de ensino superior: o instituto isolado e a universidade, que poderia ser oficial (mantida pelo governo federal ou pelos governos estaduais), ou livre (mantida por fundações ou pela iniciativa privada).

A universidade seria assim organizada:

- a faculdade (de medicina, direito, engenharia etc.) deveria ser a célula do ensino superior;
- a universidade seria composta de faculdades, que podiam ter autonomia jurídica;
- a faculdade seria composta de cátedras, cada uma correspondendo a certa área do saber. A reunião de certas cátedras compunha a série e a seqüência destas, o curso;
- a cátedra deveria ter como professor catedrático um titular vitalício, somente substituído por morte, afastamento ou jubilação (aposentadoria);
- ao catedrático estariam vinculados os professores assistentes, os livre-docentes e os auxiliares, aos quais cabiam as tarefas docentes das disciplinas ou das turmas que resultassem da subdivisão da cátedra. Os auxiliares de ensino deviam ser indicados pelo próprio catedrático, pois seriam pessoas de sua confiança.

Segundo o art. 1º desse decreto, o ensino universitário tinha a seguinte finalidade: "elevar o nível da cultura geral; estimular a investigação científica em quaisquer domínios dos conhecimentos humanos; habilitar ao exercício de atividades que requerem preparo técnico e científico superior; concorrer, enfim, pela educação do indivíduo e da coletividade, pela harmonia de objetivos entre professores e estudantes e pelo aproveitamento de todas as atividades universitárias, para a grandeza da Nação e para o aperfeiçoamento da Humanidade".

Entretanto, as universidades brasileiras não cumpriram, nem vêm cumprindo, por uma série de motivos, seus objetivos de forma eficaz. Isso se deve principalmente ao fato de essas instituições, em sua grande maioria, perseguirem apenas uma de suas finalidades, que é a formação profissional, em detrimento da investigação científica.

As metas do Decreto nº 19.851 podem ser assim resumidas:

- o ensino superior seria organizado em universidades e, excepcionalmente, em institutos isolados;
- além da função de ensinar e de estender o conhecimento à comunidade, a universidade deveria criar novos conhecimentos, através de pesquisas científicas;
- a universidade deveria fazer chegar à sociedade os frutos do seu trabalho, principalmente através da extensão universitária;
- a universidade deveria estar apta a atender às necessidades técnicas, científicas e culturais do ambiente de que fazia parte.

Organização da Universidade do Rio de Janeiro

O Decreto nº 19.852 dispôs sobre a organização da Universidade do Rio de Janeiro. Nessa oportunidade, foram incorporadas aos três cursos já existentes a Escola de Minas, as faculdades de Farmácia e Odontologia, a Escola de Belas-Artes, o Instituto Nacional de Música e a Faculdade de Educação, Ciências e Letras.

Mas, apesar da reorganização dessa universidade, foi a USP, a Universidade de São Paulo, a primeira a cumprir as finalidades prescritas no Estatuto das Universidades Brasileiras, principalmente no tocante à pesquisa científica.

Em 1937, a agora Universidade do Brasil já possuía uma infra-estrutura bem maior, se comparada com a da sua criação em 1920, pois contava com sete faculdades, oito escolas, um museu, 14 institutos, um hospital, um colégio e uma escola.

Organização do ensino secundário

O Decreto nº 19.890 dispôs sobre a organização do ensino secundário, que foi posteriormente consolidada pelo Decreto nº 21.241. O objetivo era transformar o ensino secundário num curso que permitisse aos seus concluintes atuar em todos os setores de atividade nacionais. Praticamente a única função desse curso até então era a propedêutica, a preparação dos jovens para os exames de ingresso no ensino superior. A reformulação surtiu bons efeitos, pois criou um ambiente completamente novo e estimulante para a educação secundária. O Decreto nº 19.890 dividiu o curso secundário em dois ciclos:

- o fundamental, com cinco anos de duração e cuja conclusão era um pré-requisito para o ingresso num curso de nível superior, tinha a seguinte grade curricular:

Quadro 5

Grade curricular do 1º ciclo do curso secundário

Séries	Disciplinas*
Primeira	Português, francês, história, geografia, matemática, desenho e música (canto orfeônico).
Segunda	Português, francês, inglês, história, geografia, matemática, desenho e música (canto orfeônico).
Terceira	Português, francês, inglês, história, geografia, matemática, ciências físicas e naturais, física, química, história natural, desenho e música (canto orfeônico).
Quarta	Português, francês, inglês, latim, história, geografia, matemática e ciências físicas e naturais, física, química, história natural e desenho.
Quinta	Português, latim, história, geografia, matemática, ciências físicas e naturais, física, química, história natural e desenho.

* O alemão era uma disciplina facultativa.

- o complementar, com duração de dois anos, era exigido como pré-requisito para o ingresso em determinado curso de nível superior. Sua grade curricular variava conforme o curso superior almejado, sendo uma para os postulantes aos cursos de direito, outra para os postulantes ao curso de medicina, odontologia e farmácia e outra ainda para os postulantes aos cursos de engenharia e arquitetura.

Quadro 6

Grade curricular do 2º ciclo do curso secundário para o curso de direito

Séries	Disciplinas
Primeira	Latim, literatura, história, noções de economia e estatística, biologia geral, psicologia e lógica.
Segunda	Latim, literatura, geografia, higiene, sociologia e história da filosofia.

Quadro 7

Grade curricular do 2º ciclo do curso secundário para os cursos de medicina, odontologia e farmácia

Séries	Disciplinas
Primeira	Alemão, inglês, física, química, história natural, psicologia e lógica.
Segunda	Alemão, inglês, física, química, história natural e sociologia.

Quadro 8

Grade curricular do 2º ciclo do curso secundário para os cursos de engenharia e arquitetura

Séries	Disciplinas
Primeira	Matemática, física, química, história natural, geofísica e cosmografia, psicologia e lógica.
Segunda	Matemática, física, química, história natural, sociologia e desenho.

Com tais grades curriculares, o ensino secundário continuava orientado para a formação de uma pequena camada da população brasileira, constituída basicamente pela elite.

Essa reforma também recebeu críticas pelo fato de não ter criado qualquer tipo de articulação entre o ensino secundário e o técnico-profissional, de modo a possibilitar aos estudantes desses cursos de nível médio o ingresso direto em qualquer escola de ensino superior. Apenas os concluintes do curso secundário tinham esse privilégio. A única exceção era o curso superior de finanças, no qual só tinham o direito de ingressar os alunos provenientes dos cursos para atuários e peritos-contadores.

Organização do ensino comercial e regulamentação da profissão de contador

O Decreto nº 20.158, de 30 de julho de 1931, seguindo as orientações do 1º Congresso Brasileiro de Contabilidade, organizou o ensino comercial, regulamentou a profissão de contador — mediante o registro obrigatório dos guarda-livros e dos contadores na Superintendência do Ensino Comercial — e deu outras providências.

Das várias modalidades de cursos profissionais, o comercial foi o único a ser estruturado pela Reforma Francisco Campos, um privilégio em relação aos demais ramos do ensino técnico. O curso comercial, apesar de ter um número menor de alunos do que os cursos secundários, no ramo do ensino técnico-profissional era o que apresentava o maior grau de desenvolvimento e se encontrava em acentuada expansão:

Tabela 1

Nº de instituições e de alunos dos cursos comerciais, 1905-1930

Anos	Nº de instituições	Nº de alunos
1905	2	343
1926	11	1.865
1930	145	15.500

Fonte: Werebe, 1970:165.

A partir do Decreto nº 20.158, o ensino comercial ganhou uma nova estrutura.

Curso propedêutico

Para ser admitido nesse curso, o postulante devia passar num exame, do qual constavam as seguintes disciplinas: português, francês, aritmética e geografia. O curso propedêutico tinha a duração de três anos, concedia um certificado de conclusão e seus concluintes podiam ingressar diretamente em qualquer curso técnico. Tinha a seguinte grade curricular:

Quadro 9

Grade curricular do curso propedêutico do ensino comercial

Anos	Disciplinas
Primeiro	Português, francês, inglês, matemática, geografia e história da civilização.
Segundo	Português, francês, inglês, matemática e história do Brasil.
Terceiro	Português, francês, inglês, matemática, física, química, história natural e caligrafia.

Cursos técnicos

- Curso para secretários. Tinha a duração de um ano e era um curso profissionalizante de caráter terminal. Concluí-lo não assegurava ao aluno o direito de ingressar em qualquer curso de nível superior, apenas lhe concedia o diploma de secretário.
- Curso para guarda-livros. Com duração de dois anos, também era um curso profissionalizante terminal, já que concluí-lo não possibilitava ao aluno o ingresso em curso superior de administração e finanças, apenas o diploma de guarda-livros. Sua grade curricular tinha a seguinte composição:

Quadro 10

Grade curricular do curso de guarda-livros do ensino comercial

Anos	Disciplinas
Primeiro	Contabilidade (noções preliminares), matemática comercial, noções de direito comercial, estenografia, legislação fiscal e mecanografia.
Segundo	Contabilidade mercantil, matemática comercial, legislação fiscal, técnica comercial e processos de propaganda, estenografia e mecanografia.

- Curso para administradores-vendedores. Tinha duração de dois anos e era um curso profissionalizante terminal, pois os alunos que o concluíam não garantiam o direito de ingressar em qualquer curso de nível superior.
- Curso para atuários. Com duração de três anos, concedia aos concluintes o direito de ingressar no curso superior de administração e finanças.
- Curso para peritos-contadores. Tinha duração de três anos e, como o para atuários, permitia também a seus concluintes o acesso ao curso superior de administração e finanças. Concedia o diploma de perito-contador e sua grade curricular obedecia à seguinte composição:

Quadro 11

Grade curricular do curso para peritos-contadores do ensino comercial

Anos	Disciplinas
Primeiro	Contabilidade (noções preliminares), matemática comercial, noções de direito constitucional e civil, legislação fiscal, estenografia e mecanografia.
Segundo	Contabilidade mercantil, matemática financeira, noções de direito comercial terrestre, merceologia e tecnologia merceológica, técnica comercial e processos de propaganda, economia política e finanças.
Terceiro	Contabilidade industrial e agrícola; contabilidade bancária; história do comércio, indústria e agricultura; prática do processo civil e comercial; seminário econômico e estatística.

Alguns anos depois, o curso de perito-contador, através do Decreto nº 1.535, de 23 de agosto de 1939, recebeu a nova denominação de "contador".

Curso superior de administração e finanças

Esse curso, com duração de três anos, só recebia alunos que tivessem concluído os cursos para atuários e para peritos-contadores. Sua grade curricular tinha a seguinte composição:

Quadro 12

Grade curricular do curso superior de administração e finanças do ensino comercial

Anos	Disciplinas
Primeiro	Contabilidade de transportes, matemática financeira, geografia econômica, direito constitucional e civil, e economia política.
Segundo	Contabilidade pública, finanças e economia bancária, direito internacional comercial, ciências da administração, legislação consular, psicologia lógica e ética.
Terceiro	Direito administrativo, política comercial e regimento aduaneiro comparado, história econômica da América e fontes da riqueza nacional, direito industrial e operário, direito internacional, diplomacia, história dos tratados, correspondência consular e diplomática, e sociologia.

Os alunos que concluíam o curso recebiam o diploma de bacharel em ciências econômicas, e o título de doutor em ciências econômicas, caso defendessem tese perante a respectiva congregação. Por uma série de paradoxos, o curso acabou não prosperando, porque:

> *Embora fosse um Curso de Administração e Finanças, o diploma conferido era o de Bacharel em Economia, exigindo-se, ainda, do corpo discente o diploma de Perito-Contador ou Atuário. Conclui-se, por conseguinte, que, na prática, era um dispositivo que transformava legalmente Peritos-Contadores em Economistas, pela via da Administração e Finanças. Sem nenhuma base lógica ou científica, naquele tempo só poderia ser Economista quem fosse Perito-Contador ou Atuário, o que se constituía num privilégio inaplicável, que, inclusive, não prosperou, dado que o Curso de Administração e Finanças não despertava nenhum interesse nos que se destinavam às carreiras comerciais.*[59]

Assim sendo, passados apenas 14 anos, o curso de administração e finanças seria extinto e, em seu lugar, surgiriam dois outros cursos: o de ciências econômicas e o de ciências contábeis e atuariais.

Curso complementar de auxiliar de comércio

Para ser admitido nesse curso, o postulante devia passar por um exame de admissão no qual constavam as seguintes disciplinas: português, francês, aritmética e geografia. O curso tinha duração de dois anos e concedia a seus concluintes o acesso a cursos técnicos e um certificado. Mas era um curso profissionalizante de caráter terminal. Atendia, de modo geral, a estudantes provenientes do período noturno que pretendiam estar capacitados a executar as novas funções que surgiam no mercado de trabalho.

Em 1932, o Decreto nº 21.033 estabeleceu novas condições de registro para contadores e guarda-livros. A partir de então, só estaria habilitado profissionalmente quem concluísse os cursos regulares para esse fim.

Devido a essa reforma, os cursos comerciais puderam atender, com melhor qualidade, às necessidades do país. Porém, mesmo assim, houve uma série de críticas sobre a estruturação desses cursos, a saber:

---

[59] Andrade, 1995:26.

- excesso de fiscalização e controle, que acabavam por tornar rígida e inelástica a estrutura dessa modalidade de ensino;
- exigência de conhecimentos em disciplinas (como o francês, por exemplo) que não eram ministradas nas escolas de ensino primário para se prestar o exame de admissão aos cursos propedêutico e de auxiliar de comércio;
- falta de articulação entre o ensino primário e o ensino profissional;
- organização de um sistema fechado, sem articulação com os outros ramos do ensino médio;
- certos cursos profissionalizantes de nível médio — para secretários, guarda-livros, administradores-vendedores — não possibilitarem o acesso ao curso superior de finanças ou a qualquer outro curso de nível superior.

Apesar de a Reforma Francisco Campos ter propiciado grandes avanços educacionais, assim como as anteriores ainda privilegiava os interesses da elite, em detrimento dos da maioria da população. Segundo Otaíza Romanelli, a reforma contribuiu para que a estrutura do ensino se tornasse ultrapassada em certos pontos, visto que:

- não conseguiu abolir a velha concepção liberal-aristocrática da educação voltada para as carreiras liberais;
- não se deteve na implantação efetiva de um ensino técnico e científico;
- implantou uma estrutura de ensino altamente seletiva.[60]

Todas essas falhas decorriam do ambiente de transição política, econômica e social em que o país se encontrava, onde havia "uma política educacional baseada numa concepção ideológica autoritária no que respeitava o controle da expansão do ensino, mas, ao mesmo tempo, aristocrática, no que concernia ao ensino secundário e aos cuidados com determinadas carreiras de nível superior".[61]

Constituição de 1934: surge uma nova esperança no meio educacional

A Constituição de 1934, diferentemente da Constituição do período imperial (1824) e daquela da Primeira República (1891), foi inovadora com

---

[60] Romanelli, 1998:141-142.
[61] Ibid.

relação à educação, visto que buscou refletir as necessidades da nova ordem social que se instalava no país, onde a estrutura oligárquica perdia prestígio político e social e a concepção capitalista industrial assumia a hegemonia na sociedade brasileira.

Refletindo a influência de vários grupos da sociedade, entre eles o dos pioneiros da educação nova, a Constituição de 1934 estabeleceu o seguinte no campo educacional:

- atribuiu à União a tarefa de fixar as diretrizes e as bases da educação nacional;
- criou o Conselho Nacional de Educação, em nível federal, e os conselhos estaduais de educação;
- concedeu gratuidade ao ensino primário, inclusive para adultos;
- obrigou a União e os municípios a despenderem 10% de suas receitas de impostos com a educação, e os estados e o Distrito Federal a lhe destinarem 20%.

Essa Constituição, contudo, tão inovadora no tocante à educação nacional, só permaneceu três anos em vigor, sendo substituída por outra, retrógrada, se considerados os avanços já conquistados. Mesmo assim, deixou no país uma semente que, alguns anos mais tarde, se desenvolveria, como se poderá observar nos períodos posteriores.

A educação como base para o desenvolvimento do país

A partir da Segunda República fica evidente a relação de dependência entre a instrução da população e as necessidades econômicas do capitalismo industrial. Enquanto a economia se voltava basicamente para a exportação de produtos agrícolas, como ocorreu durante todo o período colonial e, depois da independência, no período imperial e na Primeira República, a educação foi praticamente relegada a segundo plano, pois não havia uma finalidade específica para o seu uso numa economia essencialmente agrícola. Os poucos que se educavam — os filhos das classes dirigentes — o faziam mais para adquirir um bem supérfluo que lhes proporcionaria ascensão social, do que para utilizá-la de forma prática na resolução dos problemas sociais.

Quando se iniciou a passagem da economia agrícola para a industrial, tornou-se necessária uma mão-de-obra mais qualificada. Isso, porém, era um recurso escasso na sociedade brasileira. Ao contrário das grandes potências industriais, como Inglaterra, França e Estados Unidos, que vinham investindo na instrução de suas populações desde o final do século XVIII, o Brasil apenas começou a se preocupar com essa questão de modo mais objetivo a partir do segundo quartel do século XX.

Assim, até esse período da história brasileira, as escolas primárias foram relegadas pelas autoridades públicas, o curso secundário era extremamente elitista, os cursos profissionais, com a exceção do curso comercial, atendiam aos menos favorecidos e os poucos cursos superiores existentes privilegiavam as carreiras liberais em detrimento do estudo de outras áreas da ciência.

Com a Revolução de 1930 e a expansão do setor industrial, teve início um processo de mudança no âmbito educacional, mas restrito apenas às regiões onde ocorria o surto industrial. Portanto, o desenvolvimento da rede escolar e a conseqüente democratização do ensino que o sucedeu surgiram em decorrência das necessidades do setor industrial e não como uma tomada de consciência da parte da classe dirigente. A educação, nesse caso, funcionou como um pré-requisito ou como uma matéria-prima para que o país tivesse condições de se modernizar e competir com as nações mais desenvolvidas.

7

Estado Novo (1937-1945)

A burguesia industrial se consolida no poder

Em 1937, por meio de um golpe ditatorial articulado por Getúlio Vargas, foi instalado o período denominado Estado Novo. Nesse mesmo ano, em 10 de novembro, foi outorgada uma nova Constituição, que se caracterizou pelo fortalecimento da centralização administrativa e pelas atribuições conferidas ao chefe do Poder Executivo.

Com a adoção do novo regime, o governo central deu início a uma política de repressão a todos os que lhe fizessem oposição, como liberais, comunistas, socialistas e integralistas.

É muito difícil analisar as conseqüências desse governo para a sociedade como um todo, porque:

- para uns, significou um golpe de morte nos interesses latifundiários e o favorecimento dos interesses da burguesia industrial;
- para outros, favoreceu as camadas populares, com um amplo programa de previdência social e sindicalismo;
- para outros ainda, representou a união de forças do setor moderno com o setor arcaico e o capital internacional, contra os interesses das classes trabalhadoras.

A crise da economia internacional de 1929 alterou as bases econômicas do Brasil. O país era produtor de gêneros agrícolas — café, cana-de-açúcar, borracha, algodão, cacau etc. — para exportação. Com a retração da demanda externa de tais produtos, foi necessário criar outros meios para a acumulação de capital. Começaram então a surgir indústrias para produzir no país produtos antes importados dos grandes centros industriais. Com a instauração do

Estado Novo, esse processo de substituição de importações se intensificou, porque o Estado assumiu o desenvolvimento da indústria como a principal meta do governo.

Para estruturar e padronizar as atividades contábeis das grandes empresas, o governo promulgou em 1940 o Decreto-lei nº 2.627, instituindo a primeira Lei de Sociedades por Ações do Brasil. A elaboração dessa lei — influenciada pelas escolas contábeis européias, principalmente a italiana — foi de suma importância para o desenvolvimento da contabilidade, visto que até aquele momento não havia normas contábeis padronizadas no país.

Os principais procedimentos contábeis estabelecidos por essa lei foram a elaboração de regras para a avaliação de ativos e para a apuração e distribuição de lucros, e a criação de reservas e de padrões para a publicação do balanço e da demonstração de lucros e perdas. A partir da promulgação da lei, "os contabilistas passaram a ter um instrumento basilar para suas atividades. Ao longo de vários anos, esta legislação influenciou o ensino e a prática contábil no Brasil".[62]

Com a maior estruturação do setor industrial, ocorrida entre as décadas de 1940 e 50, as empresas passaram a necessitar cada vez mais de mão-de-obra para ocupar tanto os cargos de produção, quanto os resultantes do aumento da burocracia administrativa. Isto porque haviam surgido novos setores especializados na estrutura privada, como estoque, comercial, recursos humanos, financeiro etc.

Enquanto as indústrias eram predominantemente familiares e de pequeno porte, essas funções eram exercidas por um contingente reduzido de pessoas; com o crescimento, houve a necessidade de criar novos cargos e, conseqüentemente, de pessoal para ocupá-los. A mulher, que até então vivia à margem da sociedade no que dizia respeito tanto à educação quanto às atividades profissionais, a partir desse novo modelo econômico teve seu papel remodelado. Como salienta Luiz Antônio Cunha, "com seus orçamentos pressionados pela inflação, as camadas médias começaram a redefinir o papel da mulher como trabalhadora, valorizando seu trabalho na economia extradoméstica".[63]

Dessa forma, as mulheres, principalmente aquelas que residiam nos grandes centros urbanos do país, passaram a exercer uma série de atividades

---

[62] Martins, 1996:207.
[63] Cunha, 1989a:46.

paradomésticas em diversos setores da economia, como magistério, administração pública, bancos, comércio e serviços.

O aumento considerável de trabalhadores nas regiões urbanas do país obrigou o governo a criar uma série de mecanismos para protegê-los. Assim, no dia 1º de maio de 1943 entrou em vigor a Consolidação das Leis do Trabalho (CLT), cujos objetivos eram basicamente dois: conter politicamente o progressivo avanço dos movimentos operários e garantir condições sociais mínimas aos trabalhadores. Além da CLT, também foram adotados o imposto sindical, uma legislação previdenciária, a Justiça do Trabalho e o salário mínimo.

Em 1939, teve início a II Guerra Mundial, que afetou diretamente tanto a economia quanto a política brasileiras. Os efeitos econômicos, que se fizeram sentir após os primeiros anos de guerra, decorreram da retração do mercado externo aos produtos agrícolas de exportação do Brasil. A perda de mercado desestabilizou a economia porque provocou uma brusca diminuição no saldo da balança comercial, queda no nível das atividades agrícolas, déficit cambial e público, e um significativo aumento da inflação.

Esse quadro só começaria a mudar a partir de 1942, dada a adoção de uma série de medidas econômicas, como:

- aceleração do crescimento industrial;
- acumulação de reservas cambiais;
- entrada de capitais privados norte-americanos;
- política monetária e fiscal expansionistas.

Em termos políticos, os efeitos da guerra foram os maiores responsáveis pela queda do Estado Novo, porque, "no início da guerra, era positivamente manifesta a simpatia de Getúlio pelo Eixo e pelos governos de Hitler e de Mussolini. Em vários discursos dessa época, chegou ele a elogiar o sistema fascista; sua legislação sindical era nitidamente inspirada na *Carta del Lavoro* italiana".[64]

Mas pressões externas, principalmente dos Estados Unidos, e internas, com setores da sociedade se manifestando contrários ao nazismo, fizeram o governo deixar de apoiar o Eixo — Alemanha, Itália e Japão — e, em 1942, entrar em estado de guerra contra essas nações.

---

64 Almeida Júnior, apud Fausto, 1996:227.

Em 29 de outubro de 1945, essa incoerência política acabou resultando num golpe, articulado pela UDN e pelas Forças Armadas, que derrubou o governo de Getúlio Vargas e pôs fim ao Estado Novo.

Constituição fascista de 1937: educação intelectual versus educação profissional

Em 10 de novembro de 1937, refletindo tendências fascistas, foi outorgada uma nova Constituição. A orientação político-educacional para o mundo capitalista ficou explícita em seu texto, que sugeria a preparação de mão-de-obra para as novas atividades abertas pelo mercado. Nesse sentido, a Constituição salientou o ensino pré-vocacional e profissional.

Por outro lado, propôs que a arte, a ciência e o ensino ficassem a cargo da iniciativa individual e de associações ou pessoas coletivas públicas e particulares, tirando do Estado o dever de prover a educação. Manteve, porém, a gratuidade e a obrigatoriedade do ensino primário. Também tornou obrigatório o ensino de trabalhos manuais em todas as escolas normais, primárias e secundárias.

As conquistas da Constituição de 1934 foram restringidas na Constituição de 1937, que estabeleceu distinção entre o trabalho intelectual, destinado às classes dirigentes, e o trabalho manual, com ênfase no ensino profissional, para as classes menos favorecidas.

O art. 129 era bem claro quanto ao dever do Estado no tocante à educação: "À infância e à juventude, a que faltarem os recursos necessários à educação em instituições particulares, é dever da Nação, dos Estados e dos Municípios assegurar, pela fundação de instituições públicas de ensino em todos os seus graus, a possibilidade de receber uma educação adequada às suas faculdades, aptidões e tendências vocacionais". Assim, "aquilo que na Constituição de 1934 era um dever do Estado pass[ou], na Constituição de 1937, a uma ação meramente supletiva".[65]

A finalidade desse artigo era manter o dualismo educacional, concedendo à elite o direito de utilizar o sistema público ou o particular de ensino e relegando os pobres à educação profissional, ou seja, a mesma distinção de classes que ocorrera no passado voltava a se intensificar com o Estado Novo.

É interessante destacar outros dois artigos, comparando-os com a Constituição de 1934:

---

[65] Romanelli, 1998:153-154.

1934	1937
❑ Art. 149 — A educação é direito de todos e deve ser ministrada pela família e pelos poderes públicos, cumprindo a estes proporcioná-la a brasileiros e estrangeiros domiciliados no país (...).	❑ Art. 125 — A educação integral da prole é o primeiro dever e o direito natural dos pais. O Estado não será estranho a esse dever, colaborando, de maneira principal ou subsidiária, para facilitar a sua execução de suprir as deficiências e lacunas da educação particular.
❑ Art. 150 — Parágrafo único: a) ensino primário gratuito e de freqüência obrigatória extensiva aos adultos; b) tendência à gratuidade do ensino educativo ulterior ao primário, a fim de o tornar mais acessível (...).	❑ Art. 130 — O ensino primário é obrigatório e gratuito. A gratuidade, porém, não exclui o dever de solidariedade dos menos para com os mais necessitados; assim, por ocasião da matrícula, será exigida aos que não alegarem, ou notoriamente não puderem alegar, escassez de recursos, uma contribuição módica e mensal para a caixa escolar.

Pelo art. 125, o Estado Novo deixou de ser o grande responsável pela educação pública, assumindo apenas uma função secundária. E pelo art. 130, o governo indicou sua intenção de não investir recursos públicos para disseminar oportunidades escolares a toda a população do país, "pelo contrário, deixou transparecer a intenção de que os mais ricos, diretamente, é que deveriam financiar a educação dos mais pobres. Institucionalizou-se, assim, a escola pública paga e a *esmola* obrigatória através da caixa escolar".[66]

Mas como ambas as Constituições não estabeleciam os limites etários dessa obrigatoriedade, na prática, o que se verificava era o não-cumprimento desse objetivo. A culpa pela não-aplicação dessas leis se deve, principalmente, aos seus legisladores, porque foram elaboradas em bases teóricas e inexeqüíveis. Apesar de tudo isso, as raízes plantadas pela Constituição de 1934 não se perderam; foram sendo resgatadas nas Constituições posteriores à de 1937, como se poderá ver mais adiante.

A Reforma Capanema

Em 1942, por iniciativa do ministro Gustavo Capanema, foram reformados vários ramos do ensino. Essa reforma, que recebeu a denominação Leis

[66] Ghiraldelli Júnior, 1991:81-82.

Orgânicas do Ensino, mas também tornou-se conhecida como Reforma Capanema, foi constituída por uma série de decretos-leis que começaram a ser emitidos durante o Estado Novo e se completaram no período seguinte, ou seja, após a sua queda, em 1946. A vigência da reforma se estendeu até 1961, quando foi aprovada a Lei de Diretrizes e Bases da Educação Nacional, que não a aboliu por completo.

O ensino superior não chegou a ser reformado, porque, na concepção do governo, não havia necessidade de reformular o Estatuto das Universidades Brasileiras, de 1931. Contudo, o mesmo não ocorreu com os demais níveis de ensino. Além de promover alterações nos cursos secundários e profissionais, que já haviam sido objeto de reformas anteriores, nessa oportunidade, o governo central, pela primeira vez, também elaborou uma legislação para o ensino primário. A seguir, os principais decretos-leis integrantes da reforma.

Regulamentação do ensino industrial e criação do Senai

O Decreto-lei nº 4.073, de 30 de janeiro de 1942, regulamentou o ensino industrial. A finalidade era formar um contingente maior de pessoas capazes de atender à crescente demanda de mão-de-obra do setor industrial. Como era preciso formar rapidamente profissionais para a indústria e o comércio, e o sistema público ainda não tinha condições de fornecer essa mão-de-obra no curto espaço de tempo exigido, foram criados, com recursos da iniciativa privada, o Senai e o Senac para preparar, melhor e com maior agilidade, o pessoal para atender à crescente demanda que se instalava no Brasil com o desenvolvimento da indústria e das relações comerciais.

O Serviço Nacional de Aprendizagem Industrial (Senai) foi criado pelo Decreto-lei nº 4.048, de 22 de janeiro de 1942. Os cursos oferecidos pelo Senai tiveram grande aceitação entre as classes mais populares. Isto porque as classes operárias relutavam em matricular seus filhos em escolas de nível médio, pois, além de ter que mantê-los durante os estudos, deviam também renunciar à ajuda financeira que eles poderiam oferecer se ingressassem mais cedo numa atividade profissional.

No Senai, os alunos eram remunerados enquanto estudavam e não ficavam totalmente desligados das empresas que os haviam encaminhado à instituição. O Senai concedia bolsas de estudos no valor de metade de um salário mínimo, e tinha ainda um outro atrativo de suma importância para os jovens aprendizes: logo após a conclusão dos estudos, os alunos podiam conseguir, de imediato, uma promoção como operários qualificados, "posição que, normalmente, só [era] atingida pelos operários sem curso após longa carreira".[67]

Regulamentação do ensino secundário

O Decreto-lei nº 4.244, de 9 de abril de 1942, regulamentou o ensino secundário, destinando-o exclusivamente aos filhos das classes dirigentes: "a legislação era clara: a escola deveria contribuir para a divisão de classes e, desde cedo, separar, pelas diferenças de chances de aquisição cultural, dirigentes e dirigidos".[68]

Com essas reformas, a estrutura do ensino, até o médio, passou a ser a seguinte: a) *curso primário* — cinco anos; b) *curso ginasial* — quatro anos; e c) *curso colegial* — três anos.

O ensino colegial foi dividido em duas vertentes:

- um curso clássico, no qual as disciplinas se voltavam para o estudo do homem, com maior ênfase na filosofia (dois anos) e no grego, e minimização dos estudos de matemática e de ciências naturais;
- um curso científico, no qual as disciplinas estavam voltadas para a formação geral do estudante.

Quadro 13

Grade curricular do curso clássico*

Séries	Disciplinas
Primeira	Português, latim, grego, espanhol, matemática, história geral e geografia geral.
Segunda	Português, latim, grego, espanhol, matemática, história geral, geografia geral, física e química.
Terceira	Português, latim, grego, matemática, história do Brasil, geografia do Brasil, física, química, biologia e filosofia.

* O francês e o inglês eram disciplinas optativas.

67 Werebe, 1970:179.
68 Ghiraldelli Júnior, 1991:86.

Quadro 14
Grade curricular do curso científico

Séries	Disciplinas
Primeira	Português, francês, inglês, espanhol, matemática, física, química, história geral e geografia geral.
Segunda	Português, francês, inglês, matemática, física, química, biologia, história geral, geografia geral e desenho.
Terceira	Português, matemática, física, química, biologia, história do Brasil, geografia do Brasil, desenho e filosofia.

A grade curricular desses cursos foi objeto de muitas críticas, visto que:

- era evidente o caráter de cultura geral e humanística dos currículos, mesmo no curso dito científico;
- sobressaíam, nos dois níveis, uma preocupação excessivamente enciclopédica e a ausência de distinção substancial entre os dois cursos;
- o currículo não era diversificado, nem sequer quanto aos níveis, sendo praticamente as mesmas disciplinas em quase todas as séries;
- a única finalidade desse currículo era preparar o aluno para o ingresso no ensino superior.

Dessa forma, o ensino secundário continuava orientado para a classe dominante, ou seja, visava formar as pessoas que, mais tarde, iriam conduzir o país.

Regulamentação do ensino comercial

O ensino comercial foi regulamentado pelo Decreto-lei nº 6.141, de 28 de dezembro de 1943. Além desse decreto-lei, que ficou conhecido como Lei Orgânica do Ensino Comercial, foram emitidos ainda o Decreto nº 14.373, também de 28 de dezembro, regulamentando a estrutura dos cursos de formação do ensino comercial, e o Decreto-lei nº 6.142, de mesma data, contendo disposições transitórias para a execução da Lei Orgânica do Ensino Comercial.

O Decreto-lei nº 6.141 reformulou mais uma vez o ensino comercial, atribuindo-lhe as seguintes finalidades:

- formar profissionais aptos ao exercício de atividades específicas no comércio e bem assim de funções auxiliares de caráter administrativo nos negócios públicos e privados;
- dar a candidatos no exercício das mais simples ou correntes atividades no comércio e na administração uma sumária preparação profissional;
- aperfeiçoar os conhecimentos e as capacidades técnicas de profissionais diplomados na forma da nova lei.

Com esse decreto, o ensino comercial se incorporou definitivamente ao sistema de ensino médio brasileiro e, pelo menos em termos legais, se equiparou em nível ao ensino secundário. Na exposição dos motivos que ocasionaram a reformulação dessa modalidade de ensino profissional, o então ministro da Educação e Saúde, Gustavo Capanema, referiu-se aos seguintes pontos:

- ao fato de o ensino comercial, até os últimos anos da Primeira República, não ter tido qualquer organização geral no país;
- na necessidade de atualizar os cursos e os currículos dos cursos comerciais;
- nas novas exigências econômicas do período, impostas sobretudo pelo processo de industrialização;
- no acentuado aumento tanto das matrículas (de 12.500 alunos em 1931 para 70 mil em 1943) quanto das escolas de ensino comercial (de 83 estabelecimentos em 1931 para 304 em 1943).

Mas, apesar de sua importância, o ensino comercial não recebia a devida atenção nem do meio educacional, nem do empresarial:

> *A negligência dos governos, dos especialistas em educação, em relação ao ensino comercial se reflete também na ausência de preocupação por estudos de problemas a ele concernentes. Embora o ramo industrial esteja muito pouco desenvolvido, tem sido ele, mormente nos últimos anos, objeto da atenção do poder público (aliás, o seu quase exclusivo mantenedor) e, cada vez mais, educadores, cientistas sociais, políticos e representantes das indústrias propugnam pela sua expansão. Porém, são raros os apelos em favor da escola comercial.*[69]

O decreto — como já ocorria com o ensino secundário e as outras modalidades de ensino profissional — desmembrou o ensino comercial em dois

[69] Werebe, 1970:167.

ciclos, cada um com uma variedade de cursos, inseridos nas seguintes categorias: cursos de formação, cursos de continuação e cursos de aperfeiçoamento.

Cursos de formação

Os cursos de formação dividiam-se em dois ciclos. No primeiro havia apenas um: o curso comercial básico, com duração de quatro anos, e que se seguia ao ensino primário. Equivalia, pelo menos estruturalmente, ao curso ginasial do ensino secundário e tinha, basicamente, os seguintes objetivos:

- formar auxiliares de escritório tanto para o setor público quanto para o privado;
- funcionar como um curso de acesso, para aqueles que desejassem continuar os estudos, a qualquer um dos cinco cursos comerciais.

Para ser admitido nesse curso, o candidato devia atender às seguintes exigências: a) apresentar prova de não ser portador de doença contagiosa e de estar vacinado; b) ter pelo menos 11 anos, completos ou por completar até o dia 30 de junho; c) ter recebido educação primária satisfatória; e d) ter revelado, em exame de admissão, aptidão intelectual para os estudos que faria.

A grade curricular do curso era composta de um grupo de disciplinas de cultura geral — português, francês, inglês, matemática, ciências naturais, geografia geral, geografia do Brasil, história geral e história do Brasil — e de cultura técnica — caligrafia, desenho, datilografia, estenografia, escrituração mercantil, prática de escriturário —, com a seguinte seriação:

Quadro 15

Grade curricular do curso comercial básico

Séries	Disciplinas
Primeira	Português, francês, matemática, geografia geral, caligrafia e desenho.
Segunda	Português, francês, inglês, matemática, geografia geral, história geral, datilografia e estenografia.
Terceira	Português, francês, inglês, matemática, ciências naturais, geografia do Brasil, história geral, datilografia e estenografia.
Quarta	Português, francês, inglês, matemática, ciências naturais, história do Brasil, escrituração mercantil e prática de escritório.

* Na terceira e na quarta séries do curso era ministrada, apenas para as alunas, mais uma disciplina de cultura geral: economia doméstica.

Com essa nova composição curricular, o curso, ao contrário de seu antecessor, proporcionava a seus alunos cultura geral e formação técnica. Seus concluintes recebiam diploma de auxiliar de escritório.

Com a introdução do curso comercial básico, o curso propedêutico criado pela legislação anterior foi extinto, já que: a) sua composição curricular não atendia às exigências dos novos cursos comerciais técnicos; e b) não fazia sentido manter um curso propedêutico em um ramo de ensino de caráter profissional. O curso de auxiliar de comércio, com dois anos de duração, também foi extinto por deficiências de organização.

O segundo ciclo do ensino comercial passou a ser composto por cinco cursos de formação — também conhecidos como cursos comerciais técnicos —, todos com três anos de duração. Eram eles:

Curso de comércio e propaganda. Este curso substituiu o de "administrador-vendedor" da legislação anterior, devido a sua ineficácia no atendimento das novas exigências comerciais. O curso tinha por finalidade preparar profissionais para o exercício de atividades e operações do comércio em múltiplas e difíceis modalidades. Seus concluintes recebiam o diploma de técnico em comércio e propaganda.

Curso de administração. Este curso foi instituído em função da necessidade de se formar profissionais com especialização nessa área para trabalhar em empresas particulares e no serviço público federal, estadual e municipal. Segundo a Lei Orgânica do Ensino Comercial e Instruções Complementares: "Essa preparação não deverá ser somente de nível universitário, mas cumpre que se estenda às categorias de empregados e servidores de nível menos graduado. O curso de administração ora criado tem essa finalidade".[70] Os concluintes do curso recebiam o diploma de assistente de administração.

Curso de contabilidade. Na legislação anterior, correspondia ao curso de "guarda-livros". A grade curricular deste novo curso era composta por um grupo de disciplinas de cultura geral — português, francês ou inglês, matemática, física e química, biologia, geografia humana do Brasil, história administrativa e econômica do Brasil — e outro de cultura técnica — contabilidade geral, contabilidade comercial, contabilidade bancária, contabilidade indus-

70 Lei Orgânica..., 1956:6.

trial, contabilidade pública, mecanografia, elementos de estatística, elementos de economia, organização e técnica comercial, merceologia, prática jurídica geral e comercial —, com a seguinte seriação:

Quadro 16

Grade curricular do curso de contabilidade

Séries	Disciplinas
Primeira	Português, francês ou inglês, matemática, física e química, contabilidade geral, mecanografia e elementos de economia.
Segunda	Português, francês ou inglês, matemática, biologia, organização e técnica comercial, contabilidade comercial, merceologia, prática jurídica geral e comercial.
Terceira	Português, geografia humana do Brasil, história administrativa e econômica do Brasil, elementos de estatística, contabilidade industrial, contabilidade bancária, contabilidade pública e prática jurídica geral e comercial.

As disciplinas de cultura geral visavam proporcionar aos alunos uma formação propedêutica melhor, com o fim principal de prepará-los para seu possível ingresso no curso de nível superior. Mas, mesmo não tendo sido elaborado com o fim de atender diretamente aos trabalhadores, por não ter caráter terminal e objetivar que seus concluintes dessem continuidade aos estudos ingressando em escolas de nível superior, o curso acabou tendo nos trabalhadores sua principal clientela, porque estes viram nele uma possibilidade concreta de melhorar suas condições de sobrevivência. Os concluintes do curso de contabilidade recebiam o diploma de guarda-livros.

Curso de estatística. Tal como o curso de administração, este foi instituído para atender às necessidades de empresas públicas e privadas. Seus concluintes recebiam o diploma de estatístico-auxiliar.

Curso de secretário. Na legislação anterior, este curso tinha organização rudimentar e duração de um ano. Com a reforma foi reestruturado, a fim de atender às novas exigências burocráticas. Os concluintes recebiam o diploma de secretário.

Cursos de continuação

Os cursos de continuação pertenciam ao primeiro ciclo e eram também denominados cursos práticos de comércio. De caráter terminal, tinham a finalidade de habilitar os que os concluíam a exercer as funções mais simples do comércio e da administração.

Cursos de aperfeiçoamento

Os cursos de aperfeiçoamento podiam ser ofertados em ambos os ciclos e tinham, segundo o Decreto-lei nº 6.141, a "finalidade de proporcionar a ampliação ou elevação dos conhecimentos e capacidade técnica de profissionais diplomados". Pela legislação anterior, apenas os concluintes dos cursos para atuários e contadores tinham o direito de ingressar no curso superior de administração e finanças, situação que mudou completamente com a nova lei, pois esta: a) extinguiu os cursos para atuários e contadores, com o objetivo de fundi-los num único curso de nível superior, o de ciências contábeis e atuariais, o que ocorreu em 1945; e b) concedeu a todos os concluintes dos cursos comerciais técnicos, de nível médio, o direito de ingressar em estabelecimentos de ensino superior, desde que o curso superior estivesse diretamente relacionado com o curso comercial técnico concluído.

Dessa forma, até 1945, o único curso superior que os concluintes desses cursos podiam postular era o de administração e finanças. Nesse ano, complementando a reforma do ensino comercial, o Decreto nº 7.988, de 22 de setembro, criou o curso superior de ciências econômicas e de ciências contábeis e atuariais e extinguiu o curso superior de administração e finanças.

O objetivo do desmembramento do curso superior de administração e finanças em dois — o de ciências econômicas e o de ciências contábeis e atuariais — era preparar mão-de-obra cada vez mais especializada para atender às novas necessidades econômicas do país.

A importância de criar outros cursos superiores além dos tradicionais já existentes (direito, medicina, engenharia) já se fazia sentir desde o início da década de 1930.

O curso de ciências contábeis e atuariais, com duração de quatro anos, compunha-se das seguintes disciplinas:

Quadro 17

Grade curricular do curso superior de ciências contábeis e atuariais

Séries	Disciplinas
Primeira	Análise matemática, estatística geral e aplicada, contabilidade geral, ciência da administração e economia política.
Segunda	Matemática financeira, ciência das finanças, estatística matemática e demográfica, organização e contabilidade industrial e agrícola, instituições de direito público.
Terceira	Matemática atuarial, organização e contabilidade bancária, finanças das empresas, técnica comercial, instituição de direito civil e comercial.
Quarta	Organização e contabilidade de seguros, contabilidade pública, revisões e perícia contábil, instituições de direito social, legislação tributária e fiscal, prática de processo civil e comercial.

A grade curricular do curso superior de ciências contábeis e atuariais revela que este tinha por objetivo formar um profissional estritamente técnico, de acordo com as perspectivas da época, e não um profissional pesquisador, questionador e criativo. Além disso, o curso era rígido, pois fora elaborado um único currículo para ser utilizado em todas as instituições de ensino superior de contabilidade do país, desconsiderando-se as peculiaridades de cada região. Esses fatos prejudicaram sobremaneira a evolução da profissão contábil no Brasil.

O Decreto nº 7.988, além de criar o curso superior de ciências contábeis e atuariais, beneficiou também os contadores e atuários formados pela legislação anterior (o Decreto nº 20.158, de 1931), visto que estes passaram a ter os mesmos direitos assegurados aos bacharéis do curso de ciências contábeis e atuariais diplomados pela nova lei. Assim, vários contadores acabaram se aproveitando "desse privilégio para defender tese à obtenção do título de doutor em ciências contábeis, e outros obtiveram o doutorado através de concursos públicos de títulos e provas, com defesa de tese, para cargos de professor catedrático ou para a livre-docência".[71]

Com a criação do curso superior de contabilidade, os contadores começaram a reivindicar ao governo federal a criação de um órgão semelhante ao

[71] Rodrigues, 1985:43.

Conselho Regional de Engenharia e à Ordem dos Advogados do Brasil. Assim, em 27 de maio de 1946, portanto após o término do Estado Novo, foi editado o Decreto-lei nº 9.295, criando o Conselho Federal de Contabilidade e definindo as atribuições do contador e do técnico em contabilidade. O decreto enobreceu a profissão contábil, pois foi a terceira a ser regulamentada no país até aquela data.

Na época da regulamentação do decreto, atuavam na área contábil os seguintes profissionais:

- contadores: profissionais graduados no curso superior de ciências contábeis;
- técnicos em contabilidade: contabilistas de nível médio formados pelas escolas técnicas comerciais;
- guarda-livros: pessoas que exerciam atividades contábeis, mesmo não tendo qualquer tipo de formação escolar.

Por isso, apesar de o decreto representar um avanço para a profissionalização da classe contábil, gerou um inconveniente no que diz respeito ao regime de prerrogativas, devido sobretudo a essa variedade de profissionais que atuavam na mesma área de interesse. A principal conseqüência dessa situação foi a falta de uma definição clara das atribuições de cada uma das partes, o que fez com que técnicos de nível médio, guarda-livros e concluintes do curso superior de ciências contábeis acabassem realizando praticamente as mesmas atividades.

A situação prejudicou o desenvolvimento da ciência contábil no país, uma vez que estimulou um aumento acentuado no número de concluintes de cursos de nível médio, em detrimento dos de nível superior. Segundo Ynel Camargo:

> *A fórmula da legislação que vigora desde 1945, definindo as atribuições dos profissionais de grau médio e grau superior, constitui estímulo ao crescimento, em progressão geométrica, dos profissionais de nível médio, em detrimento da formação em nível superior. Sim, porque o que interessa e atrai o jovem é o regime de prerrogativas, e como há, praticamente, equivalência entre as atribuídas às duas categorias profissionais, é natural que, para alcançá-los, seja preferido o caminho mais curto, fácil e rápido do diploma em curso*

> *do ensino de segundo grau (três anos ao invés de sete), ou sua complementação superior em área afim: advogado, economista e/ou administrador.*[72]

E essa questão não se restringiu ao período em análise, estendendo-se até a atualidade, já que, dos 338.775 profissionais habilitados a exercer atividades na área contábil em julho de 2002, 57,32% eram técnicos em contabilidade, enquanto apenas 42,68% eram contadores. Ou seja, em pleno século XXI, na era da globalização econômica e da acentuada competição entre as empresas, a maioria dos profissionais de contabilidade tem apenas qualificação de ensino médio.

Desse modo, a criação do curso superior de ciências contábeis e do Conselho Federal de Contabilidade, que seriam motivos de estímulo ao desenvolvimento da profissão contábil, acabou na verdade servindo para desprestigiar os bacharéis em ciências contábeis, em relação aos diplomados de outros cursos profissionais de nível superior.

Alguns meses após a criação do conselho federal começaram a surgir em vários estados os conselhos regionais de contabilidade. Os decretos-leis seguintes foram emitidos após o Estado Novo e durante o governo provisório do presidente José Linhares, que teve como ministro da Educação Raul Leitão da Cunha.

Regulamentação do ensino primário

O Decreto-lei nº 8.529, de 2 de janeiro de 1946, regulamentou o ensino primário. Foi a primeira vez que o governo central elaborou uma legislação referente a esse nível de ensino, sobre o qual até então apenas os estados legislavam. Não havia, pois, uma diretriz central coordenando esse ensino em todo o país, o que foi extremamente prejudicial à estruturação da educação brasileira.

Instituição do Senac

Os Decretos-leis nº 8.621 e nº 8.622, de 10 de janeiro de 1946, criaram o Serviço Nacional de Aprendizagem Comercial (Senac), com a mesma finalidade do Senai, apenas mudando o campo de atuação para o comércio.

---

[72] Camargo, 1991:42.

O Senac, tal como o Senai, devia funcionar paralelamente ao sistema oficial de ensino, ser organizado e mantido pela Confederação Nacional do Comércio e conceder bolsas de estudos a seus alunos. Os principais objetivos desse novo órgão, além de proporcionar aprendizagem comercial para menores, eram:

- organizar e manter cursos práticos e de especialização para empregados adultos;
- orientar e selecionar comerciários;
- conceder bolsas para prosseguimento de estudos, aperfeiçoamento ou especialização profissional, a empregados no comércio que demonstrassem excepcional valor;
- colaborar na difusão e no aperfeiçoamento do ensino comercial de formação e do ensino imediato que com ele se relacionasse;
- contribuir para o desenvolvimento de pesquisas tecnológicas de interesse do comércio.

Os cursos mantidos pelo Senac tinham por finalidade preparar, rápida e prioritariamente, indivíduos que já exerciam alguma atividade no comércio, mas não tinham a devida formação, e também proporcionar formação comercial de nível fundamental a menores aprendizes. Enquanto as escolas regulares de ensino médio davam aos alunos uma formação técnica básica, o Senac treinava os que freqüentavam seus cursos na execução de atividades específicas.

Assim, o Senac acabou constituindo, para o governo e as empresas, a prova cabal de que o sistema escolar até então existente era incapaz de formar adequadamente profissionais para o mercado de trabalho.

Após o Decreto-lei nº 6.141, que reformulou o ensino comercial, e os Decretos-leis nºs 8.621 e 8.622, que criaram o Senac, a educação para o comércio ganhou uma abrangência sem precedentes, já que:

- passou a atender ao público infantil, através dos cursos elementares de aprendizagem comercial do Senac, com o fim de formar menores aprendizes;
- expandiu-se o ensino médio, com a criação de cursos novos (administração e estatística) e a reformulação de outros já existentes (secretário, contabilidade e comércio, e publicidade);

- instituíram-se, através do Senac, vários cursos de formação paralela, como: auxiliar de escritório e de contabilidade, promotor de vendas, auxiliar de processamento de dados, datilografia, estenografia, inglês comercial, redação técnica etc.; cursos que em geral atendiam à população adulta de classes média e baixa;
- passou a atingir também o nível superior, mediante o curso de administração e finanças e, posteriormente, os cursos superiores de ciências econômicas e ciências contábeis e atuariais.

Em 20 de agosto de 1946, o Decreto-lei nº 9.613 regulamentou o ensino agrícola, cujo curso profissionalizante de nível médio era o menos desenvolvido no país e também o menos procurado pelos jovens brasileiros.

As principais críticas à Reforma Capanema podem ser sintetizadas em dois pontos: a) a dualidade do sistema de ensino; e b) a falta de flexibilidade entre os vários ramos do ensino profissional, entre estes e o ensino secundário, e no ensino superior.

A oportunidade de ascensão social proporcionada pelo ensino secundário e, principalmente, pelo ensino superior chamou a atenção das classes médias e populares, que começaram a disputar com a elite o acesso a tais níveis de ensino. Esse fenômeno, que teve início no fim do Estado Novo, se estenderia aos períodos seguintes, forçando uma série de debates acerca da função da educação como elemento de estratificação social.

8

Período Populista (1945-1964)

A integração do Brasil ao capitalismo mundial: crescimento econômico versus endividamento externo

Getúlio Vargas foi deposto em 29 de outubro de 1945 pelo mesmo grupo que o levara ao poder por meio da Revolução de 1930. A partir de então, iniciou-se uma nova fase democrática no país, que duraria até a ditadura militar de 1964.

Esse novo período ficou conhecido como "populista", devido à intensa manipulação das massas durante a transição da economia agroexportadora para uma economia mais moderna. Nesse momento da história brasileira, a maior parte da população já se concentrava nos grandes centros urbanos, como Rio de Janeiro e São Paulo, onde estavam instalados os dois maiores parques industriais do país. Diferentemente do que acontecia no campo, a população urbana era mais ciente de seus direitos e exigia do Estado uma qualidade de vida melhor e dos empresários maior participação nos lucros.

Em 1946, foi promulgada uma nova Constituição, com inovações como: distribuição eqüitativa dos impostos, direito de greve, planos regionais de valorização econômica, mandato presidencial de cinco anos e voto secreto e universal.

O primeiro presidente desse período foi o marechal Eurico Gaspar Dutra, que governou de 1946 a 1951. Sua política econômica, contida no chamado Plano Salte — saúde, alimentação, transporte e energia —, contava com o apoio financeiro dos Estados Unidos. Durante o governo Dutra, os principais fatos econômicos foram os seguintes:

- o PIB apresentou um crescimento médio anual de 7,6%, tendo a indústria crescido em média 11,5% ao ano, e a agricultura 4,4%;

- mesmo com o crescimento contínuo das exportações, as importações as superaram, provocando seguidos déficits na balança comercial;
- a estrutura da indústria instalada no país foi mudando lentamente, com os ramos tradicionais pouco a pouco cedendo espaço para as indústrias produtoras de bens de capital e bens de consumo duráveis;
- o preço do café sofreu sucessivos aumentos no mercado internacional, beneficiando os produtores brasileiros.

Em 1951, Getúlio Vargas assumiu mais uma vez a presidência da República. Nesse novo período à frente do Executivo, seu governo apresentou como principais características:

- aproximação com os trabalhadores, por meio de aumentos salariais;
- desenvolvimento de uma política econômica nacionalista, marcada pela criação da Petrobras e do BNDES e pela tentativa de criar a Eletrobrás;
- crescimento médio anual do PIB de 6,2%.

O segundo governo Vargas, que durou de 1951 a 1954, foi um período conturbado na economia brasileira. Com o suicídio de Vargas em 24 de agosto de 1954, seu vice-presidente, Café Filho, assumiu a presidência.

Em 1956, Juscelino Kubitschek foi eleito presidente da República. Sua política econômica, denominada Plano de Metas, tinha basicamente as seguintes finalidades:

- *promover obras de infra-estrutura*, como, por exemplo, a expansão da capacidade de geração de energia elétrica, o aumento da produção e do refino do petróleo, a pavimentação e a construção de novas rodovias e a ampliação da frota mercante;
- *estimular a produção de insumos básicos industriais*, mediante o aumento da produção de aço, cimento, álcalis, metais não-ferrosos, celulose e papel, borracha e minério de ferro para exportação;
- *substituir as importações em segmentos industriais mais sofisticados*, como os de bens de consumo duráveis e de capital, por meio da implantação das indústrias automotiva e da construção naval.

Para a consecução desses objetivos, era necessária, além da ação direta do governo, a participação da iniciativa privada, principalmente das empresas multinacionais.

O êxito do programa foi inegável em diversos setores, como: nas indústrias de bens de consumo duráveis, sobretudo na automobilística; no desenvolvimento da siderurgia e de outros setores de bens de produção; no crescimento do setor de transportes e no aumento da produção energética. Mas, apesar das grandes transformações sociais e econômicas ocorridas no país naqueles anos, os efeitos futuros da política econômica adotada por Kubitschek não foram tão benéficos assim para a sociedade brasileira:

> *Na política econômica, JK vingou-se de seus antecessores, deixando aos seus sucessores uma herança ainda pior do que a que havia recebido. O período JK foi o lustro memorável do século republicano, se a avaliação for de horizonte curto, instantânea, mas se os custos futuros da indisciplina econômico-financeira forem adequadamente levados em conta, o* lustrum mirabile *transforma-se em período marcado pela dominância da política econômica do homem cordial, incapaz de dizer não, de adequar seus projetos às restrições econômicas existentes.*[73]

Principais características do governo JK:

- crescimento anual do PIB de 9,4%, sendo o crescimento médio anual do setor industrial de 11,9%;
- implementação do modelo de desenvolvimento industrial capitalista, associado ao capitalismo monopolista internacional, com a ampla abertura da economia ao capital externo;
- associação entre os grandes empresários brasileiros e as corporações multinacionais;
- maior diversificação do sistema produtivo, através, principalmente, do crescimento das indústrias de bens de consumo duráveis e de capital;
- incapacidade do governo de criar empregos industriais num ritmo compatível com a expansão da população urbana;
- fundação da cidade de Brasília;
- significativo aumento do endividamento do país.

Há uma diferença básica entre o desenvolvimento da indústria ocorrido logo após a Revolução de 1930, no governo de Getúlio Vargas, e o desse perío-

---

[73] Lamounier, Carneiro e Abreu, 1994:146-147.

do, pois, "enquanto no primeiro a implantação das indústrias de caráter monopolista se deu basicamente sob a égide do capital estatal, no segundo este processo foi essencialmente dominado pelo capital multinacional".[74]

Juntamente com as multinacionais, vieram também se instalar no Brasil as grandes empresas de auditoria, principalmente as de origem norte-americana. Como o país não dispunha de mão-de-obra capacitada para trabalhar nessas empresas, nem de estrutura formada, elas tiveram que trazer de suas matrizes vários técnicos para atuar no Brasil. Essa medida proporcionou importantes avanços à contabilidade brasileira.

A influência das empresas de auditoria foi tão marcante que mudou o comportamento e a própria legislação contábil do país:

> *Uma das razões (entre várias existentes) que no campo profissional proporcionou a mudança da escola italiana para a escola americana foi a entrada das empresas de auditoria anglo-americanas que acompanhavam as multinacionais recém-chegadas ao Brasil. Essas empresas, detentoras de manuais de procedimentos de auditoria em grupos empresariais, investiam em treinamento, forneciam profissionais de alto nível para elaboração de normas contábeis em nível de governo, influenciavam as empresas menores (e possivelmente até legisladores). Tudo isso contribuiu para a inversão do rumo contábil no Brasil.*[75]

Em 1961, Jânio Quadros assumiu a presidência do país com significativo apoio popular. Mas, apenas sete meses após sua posse, renunciou. Iniciou-se, então, uma conturbada transição política, na qual seu vice-presidente, João Goulart, foi impedido de assumir integralmente a presidência da República, porque, antes da posse, uma manobra política do Congresso instituiu o parlamentarismo no país, através de um ato adicional à Constituição.

Esse regime durou pouco, em virtude, principalmente, do apoio popular que Jango recebeu. Assim, em 1963, o presidencialismo foi restabelecido no país e Jango pôde governar de forma plena. No entanto, a começar desse ano, uma sucessão de acontecimentos acabou conduzindo à queda do governo de Goulart, a saber:

---

[74] Singer, apud Fausto, 1995:226.
[75] Silva, 2000:15.

- aumento do custo de vida;
- não-aceitação, pelo governo norte-americano, da renegociação da dívida externa;
- união política de Goulart com Leonel Brizola e Miguel Arraes;
- falta de apoio da classe empresarial ao governo;
- temor, por parte de importantes setores da sociedade, de o Brasil se tornar um país comunista.

Em 13 de março de 1964, o presidente Goulart participou de um comício organizado pelos partidos de esquerda e assinou vários decretos que determinavam a encampação de refinarias particulares e a desapropriação de terras beneficiadas por investimentos públicos. Essas e outras medidas semelhantes acabaram ocasionando o enfraquecimento de seu governo e levando ao golpe de Estado de 31 de março de 1964, liderado pelos militares, que derrubou Goulart do poder.

Os militares, com o apoio da maioria do empresariado, de integrantes da classe média, e o respaldo ou omissão dos parlamentares, puseram fim ao período democrático por que passava o país.

A educação como meio de ascensão social

Não há como negar a relação existente entre o desenvolvimento da economia brasileira nesse período e a melhora no grau de instrução da população em geral. Os progressivos avanços da indústria, que vinham ocorrendo desde 1930, combinaram-se com a extensão da educação a um número cada vez maior de brasileiros, a fim de satisfazer as novas necessidades econômicas do país. A população, especialmente a de classe média, percebendo a educação como um importante instrumento de ascensão social, procurou se instruir cada vez mais, exigindo ações mais efetivas por parte do poder público no sentido de lhe proporcionar os meios necessários para isso.

O aumento do número de formandos

Até 1945, havia no Brasil apenas cinco universidades. Menos de 20 anos depois, em 1964, esse número já se multiplicara por sete, havendo um total de 35 instituições desse nível no país. O número de institutos isolados, por sua vez, quase dobrou, saltando de 293 em 1945 para 564 em 1964. As matrículas no ensino superior, que giravam em torno de 60 mil em 1945, em 1964 haviam também mais do que dobrado, chegando a 142 mil alunos. Essa crescente demanda por ensino superior ocorria, basicamente, pelos seguintes motivos:

- aumento considerável da rede pública de escolas de ensino médio, o que permitiu que um número maior de alunos se habilitasse a ingressar no nível posterior de ensino;
- procura crescente do ensino superior por membros da classe média, que viam na obtenção do grau de bacharel uma importante conquista em termos de ascensão social;
- instituição das "leis de equivalência", pelas quais concluintes de cursos profissionais antes impossibilitados de ingressar em cursos superiores que não os de suas respectivas áreas passaram a ter o direito de prestar exame vestibular para qualquer curso superior que pretendessem.

A grande procura pelo ensino superior acabou gerando, na década de 1960, uma crise educacional, a chamada crise dos excedentes, porque não havia vagas suficientes para todos os que conseguiam passar nos exames vestibulares.

A escassez de cargos

Outro problema surgido nesse período, e que se agravou posteriormente, foi o significativo número de diplomados que não conseguiam emprego nas áreas em que haviam se formado. "Quanto mais a universidade se expandia, mais numeroso o contingente de diplomados a buscar emprego 'compatível' com os padrões socialmente definidos de poder, de remuneração e de prestígio."[76]

O aumento da oferta de diplomados concorreu para que houvesse uma elevação qualitativa das exigências para a obtenção de novos empregos. Na verdade, esse mecanismo funcionava como um meio de se preservar a elite da grande massa de indivíduos que buscavam cada vez mais se instruir a fim de melhorar de vida.

Com isso, concluir o curso secundário, que até a metade do século XX proporcionava um certo prestígio social, perdeu a importância, que foi

[76] Cunha, 1989a:257.

transferida para o nível superior devido às mudanças ocorridas a partir da segunda metade desse século. As famílias da classe média procuravam proporcionar a seus filhos as melhores condições possíveis para que dessem prosseguimento aos estudos, a fim de que, no futuro, pudessem ajudá-las financeiramente. "Muitas vezes, toda uma família 'investia' em um de seus membros para que o escolhido pudesse ter o tempo e os recursos necessários para o ingresso, a permanência e a conclusão de um curso superior, na esperança de que ele 'arrastasse' todos os demais no seu sucesso."[77]

No entanto, o descompasso entre o número excessivo de diplomados e as vagas de emprego disponíveis fez com que essas aspirações da classe média acabassem, em sua maioria, não se efetivando realmente, visto que a simples conclusão de um curso superior não significava, necessariamente, a obtenção de um bom cargo na área em que o graduado havia se formado.

O interesse pela educação não se restringia apenas à classe média. Com a urbanização e a expansão da indústria, as classes populares também procuravam se instruir. Mas esse processo, que apenas engatinhava no Brasil na segunda metade do século XX, já era vivenciado pelas nações industrializadas há pelo menos um século e meio. Nesses países, a instrução da população no nível primário havia sido um pré-requisito básico para a industrialização. No Brasil, não só o processo só se intensificou muito mais tarde, mas também as famílias encontravam dificuldade de matricular seus filhos nas escolas por falta de vagas.

A evasão escolar

Além desses problemas, um outro, de enorme gravidade, afetava esse grau de instrução: a evasão escolar. Segundo Werebe, de 1,2 milhão de estudantes matriculados na primeira série em 1945:

- apenas 54 mil (4%) conseguiram concluir a quarta série em 1948 sem nenhuma reprovação;
- 89 mil (7%) a concluíram em 1949, com uma reprovação;

[77] Cunha, 1985:238.

- 37 mil (3%) concluíram o curso em 1950, com duas reprovações;
- 8 mil (0,7%) concluíram o curso em 1951, com três reprovações e após sete anos de estudo;
- 587.600 alunos (49%) abandonaram o curso sem concluir a primeira série;
- 220.100 estudantes (18%) se evadiram da escola após concluir a primeira série;
- 105.200 (cerca de 9%) após concluir a segunda;
- 101.400 (cerca de 8,5%) após concluir a terceira série.[78]

Assim, do total, apenas 15% obtiveram algum êxito, ou seja, conseguiram concluir o ensino primário. A grande maioria (85%) deixou a escola semi-analfabeta ou totalmente analfabeta.

Essa lamentável situação influía na maneira que a maioria das autoridades públicas tratava a questão do ensino primário no país. Os efeitos dessa política educacional foram devastadores para a qualificação dos indivíduos pertencentes às classes menos favorecidas, porque, numa sociedade do tipo industrial, a conclusão do primário é o mínimo exigido, senão da totalidade, pelo menos da maior parte da população.

A busca por maior qualificação não se restringia ao nível primário, chegava também ao secundário, mas, por uma série de motivos, era sempre interrompida alguns anos depois. Segundo Lima, "é difícil explicar até hoje um fenômeno contraditório: enquanto o ensino secundário se expandia, explosivamente (chegando a um índice de 500% anual), a evasão nele era, por sua vez, incompreensível, chegando a atingir de 85% a 90%".[79]

Isto ocorria, basicamente, pelo fato de a estrutura do curso secundário ser dual, com uma grade curricular voltada para a satisfação única e exclusiva dos interesses das classes dominantes do país, e não, da grande maioria da população, que, ou se contentava em fazer o primário, ou ingressava nos cursos técnico-profissionais.

---

[78] Werebe, 1970:100.
[79] Lima, 197-:133-134.

A disseminação do ensino médio

Mas, mesmo com todas essas mazelas, a partir desse período o ensino de nível médio começou a se disseminar de forma mais intensa entre os indivíduos das classes menos favorecidas da sociedade, o que constituiu um grande avanço. Isso se deu porque elas perceberam que o caminho mais seguro para a ascensão social passava pelo aumento do grau de instrução. Cabe destacar alguns pontos relacionados com esse fenômeno:

- a expansão ocorreu primeiro nas capitais e nas grandes cidades dos maiores estados do país, como Rio de Janeiro, Rio Grande do Sul, São Paulo e Minas Gerais, e depois, num segundo momento, se estendeu ao restante das cidades brasileiras;
- a princípio, a classe social que mais se beneficiou com essa expansão foi a classe média;
- a improvisação foi um dos traços marcantes do processo, porque a expansão se deu sem qualquer tipo de planejamento, que permitisse, por exemplo, pelo menos a manutenção da qualidade do ensino;
- o fato de diferentes classes sociais passarem a freqüentar esse grau de ensino dinamizou-o, uma vez que muitos dos novos alunos fizeram surgir problemas de diversas naturezas, com os quais as instituições ainda não haviam se deparado.

Ensino secundário versus ensino técnico-profissional

Até o início desse período, o ensino secundário era o único que dava direito aos seus concluintes de prestar exame vestibular para o curso superior que preferisse. Se o aluno fazia um curso profissional, como o comercial, por exemplo, quando o concluía não podia ingressar no curso de nível superior de sua preferência; tinha que optar pelos referentes a sua área de formação, que, no caso, eram o de ciências contábeis e atuariais e o de ciências econômicas e financeiras.

A grande procura pelo secundário devia-se, portanto, ao fato de este ser praticamente o único curso que possibilitava o ingresso irrestrito em qualquer curso de nível superior. Para comprovar essa afirmativa, vejamos os dados percentuais correspondentes ao ano de 1953 e o número de matrículas e de estabelecimentos de ensino de nível médio em 1959:

Tabela 2

Percentuais de matrículas em cursos de nível médio — 1953

Cursos	%
Secundário	73,4
Comercial	14,2
Normal	8,9
Industrial	2,7
Agrícola	0,8

Fonte: Lima, 197-:134.

Tabela 3

Matrículas em cursos do nível médio — 1959

	1º ciclo		2º ciclo		3º ciclo	
Cursos	**Nº de alunos**	**%**	**Nº de alunos**	**%**	**Nº de alunos**	**%**
Secundário	689.014	83,1	105.676	42,7	794.690	73,8
Comercial	96.000	11,6	75.994	30,7	171.994	16
Normal	21.801	2,6	59.725	24,2	81.526	7,6
Industrial	17.606	2,1	4.706	1,9	22.312	2,1
Agrícola	4.351	0,5	1.328	0,5	5.679	0,5
Total	**828.772**	**100**	**247.729**	**100**	**1.076.201**	**100**

Fonte: Werebe, 1970:122.

Tabela 4

Unidades escolares de nível médio — 1959

	1º ciclo		2º ciclo		3º ciclo	
Cursos	**Nº de alunos**	**%**	**Nº de alunos**	**%**	**Nº de alunos**	**%**
Secundário	2.652	67	883	34,5	3.435	54
Comercial	510	13,5	746	29,1	1.256	19,8
Normal	316	8,3	833	32,6	1.149	18,1
Industrial	356	9,4	64	2,5	420	6,6
Agrícola	56	1,5	32	1,3	88	1,4
Total	**3.790**	**100**	**2.558**	**100**	**6.348**	**100**

Fonte: Werebe, 1970:122.

Esses dados revelam um total descompasso entre o que a sociedade brasileira necessitava e o que as instituições escolares de nível médio ofereciam. A distribuição dos alunos entre os diferentes cursos desse nível de ensino devia corresponder, aproximadamente, à diversificação das funções na estrutura econômica da sociedade brasileira. O que se verificava, porém, era uma concentração desproporcional de matrículas nos cursos secundários. Para Werebe:

> *Incontestavelmente, são os resquícios do regime senhorial e escravocrata brasileiro, ainda arraigados na sociedade atual, que explicam o afluxo crescente aos cursos secundários. Eram eles, no passado, privilégio exclusivo dos jovens das famílias aristocráticas, considerados, por isso, os cursos dos "doutores". Nada mais normal, portanto, que, atualmente, os não distinguidos com a fortuna procurem esses cursos como meio de ascensão social.*[80]

Assim, o que ocorria, na prática, era a falta de profissionais, sobretudo no setor industrial, pois não havia escolas em número suficiente para formar os operários e os técnicos que as indústrias precisavam, e no setor agrícola, onde se concentrava a maior parte dos trabalhadores do país, cuja situação era ainda mais grave, porque a grande maioria não havia recebido qualquer tipo de formação educacional; ou seja, era um setor constituído basicamente de analfabetos.

Essa situação precisava mudar para que o país tivesse as condições mínimas necessárias para procurar atingir o mesmo grau de desenvolvimento das outras nações industriais. Mas para isso era fundamental substituir os valores e padrões sociais remanescentes da sociedade rural de cunho aristocrático por outros de essência urbano-industrial.

Para diminuir a procura acentuada pelos cursos secundários e redistribuir, de forma eqüitativa, as matrículas pelos demais cursos de nível médio, o governo aprovou, nos anos seguintes, uma série de leis, entre as quais as chamadas leis de equivalência, que tornaram os cursos profissionais equivalentes aos secundários no que dizia respeito ao ingresso nos cursos de nível superior. O governo esperava com isso desfazer a idéia de que o curso secundário era a única modalidade de ensino médio que possibilitava a ascensão social de seus concluintes.

---

80 Werebe, 1970:123.

As leis de equivalência do ensino médio

A primeira medida do governo para resolver o problema da equivalência do ensino médio foi a promulgação da Lei nº 1.076, de 31 de março de 1950. De acordo com Sevá, a lei veio ao encontro de antigos desejos da classe contábil:

> *A Lei 1.076, de 31 de março de 1950, constituiu um desfecho feliz de uma árdua campanha, sustentada, desde há muito, pelos contabilistas de todo o Brasil.*
>
> *Já na Terceira Convenção Nacional dos Contabilistas Brasileiros, realizada na capital federal em janeiro de 1949, o problema fora ventilado exuberantemente por todos os membros daquela memorável convenção, cuja aspiração está consubstanciada no parecer da comissão relatora, no sentido de se estabelecer a equiparação e articulação dos cursos comerciais ao secundário, mediante provas de nível de conhecimentos indispensáveis à realização dos cursos compreendidos para acesso aos cursos superiores.*[81]

Alguns pontos dessa lei merecem destaque:

- os concluintes do 1º ciclo dos cursos comercial, industrial e agrícola podiam ingressar no 2º ciclo dos cursos secundários: o clássico e o científico. Para tanto, os postulantes deviam ser aprovados nas disciplinas do ginásio, que não haviam estudado antes em seus respectivos cursos;
- a lei não abrangia os concluintes do 1º ciclo do curso normal, que, portanto, continuavam só podendo se matricular no 2º ciclo do mesmo ramo;
- os cursos técnicos comerciais do 2º ciclo foram visivelmente beneficiados, em detrimento dos demais cursos profissionais, pois seus concluintes passaram a fazer jus a diplomas de técnicos comerciais equivalentes aos do curso secundário, o que lhes garantia o mesmo direito dos concluintes dos cursos secundários de se inscreverem nos exames vestibulares de quaisquer cursos superiores de sua preferência.

Até o advento dessa lei, se os estudantes dos cursos profissionais quisessem continuar os estudos e fazer um curso superior de área diferente daquela

[81] Sevá, 1976:53.

de sua formação técnica, tinham que refazer todo o processo e seguir o mesmo caminho trilhado pelos alunos do secundário.

Em 12 de março de 1953, uma nova lei de equivalência foi aprovada — a Lei nº 1.821 —, contendo alguns avanços e retrocessos. Os concluintes do 1º ciclo do ensino normal também obtiveram o direito de ingressar no 2º ciclo do secundário, e os cursos profissionais de 2º ciclo — industrial, agrícola e normal — passaram a ser equivalentes aos cursos secundários de 2º ciclo. Mas a lei e seus dispositivos, em alguns pontos, retroagiram ao período do Estado Novo, pois estipularam em que cursos superiores os concluintes do ensino profissional podiam se inscrever, como se observa no quadro 18:

Quadro 18

Lei de equivalência dos cursos técnico-comerciais

Cursos profissionais	Cursos superiores
Comercial	Ciências econômicas, direito, jornalismo, geografia, história e ciências sociais.
Industrial	Engenharia, química e desenho.
Agrícola	Agronomia, veterinária, engenharia, física, química, história natural e ciências naturais.
Normal	Pedagogia, letras neolatinas e letras anglo-germânicas.

Assim, mais uma vez, apenas o curso secundário permitia, de forma irrestrita, o ingresso em qualquer curso de nível superior, situação que só iria se alterar, definitivamente, com a promulgação da Lei de Diretrizes e Bases da Educação de 1961.

Analisando-se essas questões, verifica-se a tentativa de mudar a estrutura educacional vigente, voltada apenas para o atendimento de uma pequena parte da população. Enquanto a economia do país tinha por base, essencialmente, o modelo agrário quase não havia contestações a essa estrutura, que praticamente só beneficiava a elite. Mas com as mudanças havidas no modelo econômico e a entrada do Brasil no capitalismo mundial, essa estrutura começou a ser questionada, pois uma massa de estudantes buscava a educação como veículo de ascensão social.

Foi então que teve início no país um processo lento e gradual com o objetivo de diminuir a seletividade do ensino. "Os progressos alcançados são, sem dúvida, incontestáveis em relação ao passado não muito remoto. Em 1933 encontrávamos, para mil habitantes, 0,7 estudando no ensino superior, 5 no médio e 62,3 no primário. Em 1958 os dados acusavam situação bem mais favorável: 1,3 no superior, 15 no médio e 92 no primário."[82]

O Congresso Nacional Aprova a LDB

Em 1946 foi promulgada uma nova Constituição, que: a) determinou a obrigatoriedade e a gratuidade do ensino de nível primário para todos os estudantes; b) estendeu essa gratuidade ao ensino oficial ulterior ao primário, contanto que os alunos provassem a falta de recursos financeiros; c) voltou a estabelecer que "a educação é um direito de todos"; e d) deu competência à União para legislar sobre as diretrizes e bases da educação nacional.

Em 1948, o Poder Executivo remeteu ao Congresso o Projeto de Lei de Diretrizes e Bases da Educação Nacional. E em 1961, depois de 13 anos de discussões, foi promulgada a Lei nº 4.024, regulamentando as diretrizes e bases da educação nacional.

A lei tinha por objetivo reestruturar o sistema de ensino do país, contudo não conseguiu solucionar os principais problemas estruturais da educação brasileira, entre os quais o total descompasso entre os contextos socioeconômico e educacional ainda existentes no período. Cabe destacar alguns pontos a respeito dessa lei:

- é a lei básica do sistema educacional, pois "organiza, indica seus fins e procedimentos, fundamenta seus princípios, sugere linhas de política de ação, prevê sua administração e lhe confere significado e poder";[83]
- acima dela só se encontra a Constituição do país e, abaixo, há uma série de ordenamentos jurídicos, como leis complementares, decretos, portarias, resoluções, atos e decisões de natureza administrativa dos órgãos executivos e normativos do sistema;
- sua elaboração foi de competência exclusiva da União;
- sua abrangência é vasta, pois cabe a ela discorrer sobre uma variada gama de questões educacionais, como: o fim da educação nacional; a composição

---

[82] Werebe, 1970:50.
[83] Souza, 1991:59.

do sistema educacional, com as suas devidas atribuições; a divisão dos graus de ensino; a especificação dos tipos de ensino; e a indicação dos recursos materiais, técnicos e humanos necessários ao funcionamento das redes escolares.

Veremos a seguir as principais inovações introduzidas pela LDB de 1961:

- introduziu o princípio administrativo da "descentralização articulada", pela atuação dos sistemas nacional e estaduais, os quais, ainda que gozando de autonomia, tornavam-se interagentes;
- estabeleceu, no plano pedagógico, a flexibilidade dos currículos, a articulação dos diferentes graus de ensino e a equivalência das modalidades no mesmo grau de ensino;
- criou a possibilidade de "cursos ou escolas experimentais";
- inovou, incluindo em seu texto dispositivos sobre ensino pré-primário, educação para excepcionais e cursos regulares de pós-graduação como categoria especial.

Porém, a LDB sofreu também várias críticas, a saber:

- quanto à participação de representantes das escolas particulares nos conselhos federais e estaduais de educação, o que resultou no repasse de recursos públicos para essas escolas, caracterizando uma situação de tremenda injustiça social num país como o Brasil, onde 50% da população se encontravam fora das instituições escolares;
- quanto à igualdade de tratamento para estabelecimentos oficiais e privados de ensino, o que oficializou o repasse de verbas públicas à rede particular de ensino em todos os seus graus;
- quanto à desatualização dos legisladores, quando da elaboração da lei, no que se referia às necessidades educacionais da sociedade naquele momento: "a Lei (...) acabou sendo aprovada para um Brasil industrializado e com necessidades educacionais que o Parlamento não soube perceber".[84]

Em síntese, a LDB não conseguiu solucionar todos os problemas, pois não apresentou qualquer inovação quanto aos objetivos da educação, pelo

---

84 Ghiraldelli Júnior, 1991:117.

contrário, simplesmente perpetuou os do passado. Tanto que em 1968 foi necessário reformulá-la no capítulo referente ao ensino superior e, alguns anos depois, em 1971, no capítulo referente ao ensino médio, ambos em desacordo com a realidade do país.

Apesar disso, cumpre destacar que a introdução dessa lei representou um marco decisivo na história da educação brasileira, pois ela "constitui-se no primeiro texto legal a modificar substancialmente a educação do país, com a anuência do Congresso, uma vez que todas as reformas que a antecederam efetivaram-se sob o regime de exceção, ou foram inseridas, sub-repticiamente, em leis orçamentárias".[85]

A partir de então começou a ser adotada uma política voltada para a modernização da educação, com o fim primordial de adequar o modelo educacional ao modelo de desenvolvimento do país, ou seja, reduzir o atraso existente entre o sistema de ensino e as ordens econômica e social.

A pesquisa universitária ganha novo impulso

A fim de incrementar a pesquisa no país, o governo federal criou em 1951 dois importantes órgãos: o Conselho Nacional de Pesquisas (CNPq), que anos depois passou a se chamar Conselho Nacional de Desenvolvimento Científico e Tecnológico, e a Coordenação de Aperfeiçoamento do Pessoal de Nível Superior (Capes), que em 1992 foi convertida em fundação.

A criação do CNPq inspirou-se em organizações análogas dos Estados Unidos, França e Canadá. A finalidade do órgão é promover o desenvolvimento científico e tecnológico e efetuar pesquisas para atender às necessidades sociais, econômicas e culturais do país. Para tanto, o CNPq realiza três atividades fundamentais: fomento, execução de pesquisa e informação e difusão da ciência e da tecnologia.

A ciência contábil é uma área completamente alijada dos benefícios dessa instituição, porque os pesquisadores contábeis não apresentam a esse órgão qualquer requerimento para a realização de pesquisas.

A tabela 5 mostra a situação em que se encontra a área contábil no Brasil, além de apresentar os 20 cursos de graduação com maior número de matrículas e os valores neles investidos pelo CNPq.

---

[85] Almeida, 1998:133.

Tabela 5

Investimentos em bolsas de estudos e fomento à pesquisa, por área do conhecimento, e *ranking* dos cursos de graduação pelo maior número de matrículas e pelo total dos investimentos 2000, em R$ mil correntes

Área do conhecimento	*Ranking* 1	Bolsas no país	Bolsas no exterior	Fomento à pesquisa	Total	*Ranking* 2	Participação %
Direito	1º	2.107	67	92	2.266	51º	0,51
Administração	2º	10.849	396	1.187	12.432	7º	2,80
Engenharia[1]	3º	55.801	4.861	15.736	76.398	—	17,21
Pedagogia[2]	4º	9.430	330	1.300	11.060	10º	2,49
Ciências contábeis[3]	**5º**	—	—	—	—	—	—
Letras	6º	6.080	135	377	6.593	28º	1,48
Comunicação social	7º	3.028	103	218	3.348	43º	0,75
Ciências econômicas	8º	5.253	942	1.799	7.995	20º	1,80
Psicologia	9º	8.464	633	1.314	10.412	12º	2,34
Medicina	10º	10.636	360	3.032	14.028	5º	3,16
Educação física	11º	1.148	129	270	1.547	60º	0,35
Ciências[4]	12º	—	—	—	—	—	—
Processamento de dados[5]	13º	—	—	—	—	—	—
História	14º	5.922	249	734	6.905	25º	1,55
Odontologia	15º	3.309	98	446	3.852	41º	0,87
Ciências da computação	16º	17.870	2.012	4.848	24.730	2º	5,57
Ciências biológicas[6]	17º	1.340	—	221	1.561	59º	0,35
Matemática	18º	5.487	433	2.128	8.049	19º	1,81
Fisioterapia	19º	247	121	72	440	72º	0,10
Enfermagem	20º	2.845	26	443	3.313	44º	0,75

Fontes: CNPq/SUP/AEI e MEC/Ineep/Seec.

[1] Os valores referentes a esta área consubstanciaram-se nas seguintes engenharias: aeroespacial, agrícola, biomédica, civil, de materiais e metalúrgica, de minas, de produção, de transportes, elétrica, mecânica, naval e oceânica, nuclear, química, sanitária.

[2] Pedagogia é a denominação dada ao curso de graduação, contudo, o CNPq utiliza a área "educação".

[3] O curso superior de ciências contábeis está inserido na área de administração, entretanto, mesmo assim, não foi realizado qualquer investimento na área contábil.

[4] Como o curso de "ciências" refere-se a diversas habilitações — biologia, matemática, física e química —, para efeito desta análise será descartado.

[5] O curso de processamento de dados faz parte da área de ciências da computação, dessa forma, torna-se difícil identificar quanto foi destinado a essa área específica.

[6] No cômputo do curso das ciências biológicas foi incluída apenas a área denominada "biologia geral".

Se o curso superior de ciências contábeis é o 5º em número de matrículas, no que diz respeito a investimentos feitos pelo CNPq a situação é totalmente diferente, pois não há recurso algum investido na área no ano de 2000.

A produção de conhecimentos é uma importante necessidade no momento atual, em virtude da globalização da economia e do desenvolvimento de novas tecnologias. As instituições de ensino superior desempenham papel fundamental nesse contexto, pois são elas que desenvolvem os principais projetos de pesquisas do país.

Mas nem todas as instituições de ensino vêm cumprindo essa missão, principalmente por dois motivos: falta de estímulo e carência de professores com a devida qualificação.

No que diz respeito à carência de pesquisas acadêmicas na área contábil não se pode sequer alegar a primeira alternativa, já que há uma profunda escassez de professores qualificados para o desempenho de tal função. As conseqüências dessa carência para a educação contábil são variadas; vejamos algumas:

- formação inadequada de bacharéis em ciências contábeis;
- desprestígio da profissão, especialmente em relação aos demais cursos profissionais;
- dependência da contabilidade brasileira em relação aos grandes centros mundiais de pesquisa contábil, como, por exemplo, Estados Unidos e Inglaterra.

Para solucionar tal problema faz-se necessário investir maciçamente na qualificação do corpo docente da área contábil, criando-se novos programas de pós-graduação, sobretudo de doutorado. Sem essa medida, a ciência contábil no Brasil jamais conseguirá atingir a excelência, pois faltarão recursos humanos com competência científica.

A finalidade primordial da Capes é melhorar a qualidade do ensino superior no país, principalmente através da formação de técnicos, cientistas e humanistas. Para tanto, a Capes vem auxiliando o Ministério da Educação e Cultura "na formulação das políticas de pós-graduação, coordenando e estimulando — mediante a concessão de bolsas de estudos, auxílios e outros mecanismos — a formação de recursos humanos altamente qualificados para a docência em grau superior, a pesquisa e o atendimento da demanda profissional dos setores públicos e privados".[86]

A Capes é o único órgão a manter um sistema de avaliação dos programas de pós-graduação no país que é reconhecido e utilizado por outras instituições nacionais.

Além dos dois órgãos federais já mencionados — o CNPq e a Capes —, há também, em nível estadual, a Fapesp, em São Paulo, que apóia todas as áreas da ciência e da tecnologia, concedendo bolsas e auxiliando projetos de pesquisa e outras atividades ligadas à investigação e ao intercâmbio científicos desde 1962. Desse ano até hoje, a instituição já concedeu mais de 45 mil bolsas e mais de 35 mil auxílios à pesquisa.

A remodelação da educação contábil

Com relação ao ensino na área contábil, os principais acontecimentos desse período foram os seguintes:

- em 1951, a Lei nº 1.401 desmembrou o curso de ciências contábeis e atuariais e seus concluintes passaram a receber o título de bacharéis em ciências contábeis;
- em 28 de abril de 1958, a Lei nº 3.384 deu nova denominação à profissão de guarda-livros, que passou a "técnico de contabilidade";
- em 1962, foi criada uma comissão para formular um novo currículo para os cursos superiores de economia, atuária e contabilidade. A comissão, mediante o Parecer nº 397/62, elaborou um currículo mínimo para essas três áreas, cujo conteúdo visava possibilitar o primeiro contato do aluno com a profissão, ensinar-lhe as teorias e técnicas pertinentes e permitir que aproveitasse ao máximo os conhecimentos que a aprendizagem em serviço enseja;
- em fevereiro de 1963, uma resolução do Conselho Federal de Educação, baseada no Parecer nº 397/62, fixou o conteúdo e a duração do curso de

[86] Disponível em: <www.capes.gov/oqueecapes/apresentacao.htm>.

ciências contábeis. Foi mantida a duração de quatro anos, mas o curso podia ser prolongado se realizado em horário noturno. O currículo mínimo passou a ser o seguinte: a) no ciclo básico: matemática, estatística, direito e economia; no ciclo de formação profissional: contabilidade geral, contabilidade comercial, contabilidade de custos, auditoria e análise de balanço, técnica comercial, administração e direito tributário.

O currículo mínimo, implantado no curso superior de ciências contábeis e em todos os demais cursos de graduação do país, era uma inovação baseada na Lei de Diretrizes e Bases de 1961, que atribuiu essa responsabilidade ao Conselho Federal de Educação. O estabelecimento dessa nova composição curricular tinha os seguintes objetivos:

- facilitar as transferências entre instituições, de uma mesma localidade, ou de localidades diferentes, sem prolongar a totalização do curso ou desperdiçar, pela não-contabilização, os créditos realizados na instituição de origem;
- prover diploma profissional, assegurando o exercício das prerrogativas e direitos da profissão;
- garantir uniformidade mínima profissionalizante a todos quantos se diplomassem nos cursos de graduação de natureza profissional, diferenciados apenas em relação às disciplinas complementares e optativas;
- permitir a fixação de tempo útil mínimo, médio ou máximo de duração de um curso, desde que esses tempos não significassem redução de qualidade em face da redução ou da prorrogação da duração do curso, ainda que com o mesmo número de créditos;
- observar normas gerais válidas para o país, de tal maneira que ao estudante se assegurasse, como "igualdade de oportunidades", o mesmo estudo, com os mesmos conteúdos e até com a mesma duração e denominação, em qualquer instituição. Os atos normativos que fixavam os currículos mínimos também deviam indicar sob que denominação disciplinas ou matérias deveriam ser alocadas no currículo, para se manter o padrão unitário, uniforme, de oferta curricular nacional.

Com esse novo modelo de composição curricular, obteve-se a uniformização dos cursos de instituições diferentes, inclusive no tocante à carga horária obrigatória.

Universidade de Brasília: um marco na educação de nível superior do país

Em 1961, foi criada a Universidade de Brasília, que, entre outras inovações, se propôs incorporar a pesquisa ao ensino universitário. Essa novidade (pelo menos em termos de estabelecimentos de ensino superior no Brasil) se inspirou nos modelos alemão e norte-americano, e alguns anos depois se estenderia a outras universidades do país, através da reforma universitária de 1968. Como salienta Lima: "A Universidade de Brasília pretendia ser, na sua implantação, o coração e o cérebro culturais da nação. (...) Para lá foram atraídos os melhores mestres do sistema universitário...".[87]

Até então, a principal característica da jovem universidade brasileira, que só tinha quatro décadas de existência, era ser uma mera reunião de várias instituições isoladas autônomas em torno de uma reitoria, situação que prejudicava em muito a formação de um verdadeiro espírito universitário.

Com a implantação do regime militar em 1964, esse ambicioso projeto acadêmico começou a se esfacelar, em virtude de uma série de acontecimentos, como:

- a invasão da UnB por tropas militares, que intervieram em sua administração;
- a prisão de professores e estudantes, além da apreensão de livros e outras arbitrariedades cometidas pelos militares;
- a demissão de seu reitor e um dos fundadores da universidade, o pedagogo Anísio Teixeira;
- a expulsão de vários alunos e a demissão de centenas de professores com alta qualificação técnica;
- a reestruturação acadêmica, pelos militares, daquele inovador projeto universitário.

Dessa forma, o projeto inovador da Universidade de Brasília durou apenas até 1965.

---

[87] Lima, 197-:286-287.

Os representantes da Usaid chegam ao Brasil

Em 16 de março de 1963, integrantes do *higher education team* da Usaid vieram ao Brasil com a finalidade de organizar um programa de ensino superior para o país. Após visitarem algumas instituições de ensino superior e analisarem relatórios a respeito do funcionamento desse grau de ensino, elaboraram um diagnóstico, com o seguinte conteúdo:

- o ensino superior no país é inadequado em termos tanto qualitativos quanto quantitativos;
- as instituições de ensino superior do país em geral não atendem de forma satisfatória às necessidades da sociedade brasileira;
- os programas curriculares dos cursos superiores são pouco flexíveis;
- a grande maioria dos professores universitários é horista, quando o ideal seria justamente o oposto, ou seja, professores de tempo integral;
- faltam equipamentos nos laboratórios, as bibliotecas são deficientes e a estrutura física das universidades são utilizadas de forma ineficiente;
- o sistema de ingresso nas universidades é ineficaz, em vista do elevado número de vagas ociosas;
- grande parte dos estudantes só freqüenta a universidade em tempo parcial;
- há escassez de livros e outros materiais didáticos;
- é reduzido o número de estudantes universitários, visto que "o Brasil precisaria ter 540 mil estudantes universitários (e não os 100 mil existentes) para alcançar os padrões da Argentina e do Uruguai. O efetivo do ensino brasileiro foi considerado irrisório, pois só na cidade de Nova York havia mais estudantes nesse grau do que em todo o Brasil".[88]

A Usaid teve importante participação na elaboração e na implantação das principais medidas de reformulação do ensino superior brasileiro adotadas durante o regime militar.

O diagnóstico da educação brasileira

Quando comparado a outros países, incluindo os da América do Sul, o Brasil se encontrava em situação bem inferior no tocante à qualificação de sua população no ensino superior.

---

[88] Cunha, 1988a:169.

Tabela 6

Matrícula em cursos de nível superior de diversos países — 1949/50

Países	Anos de referência	Matrícula	Alunos/mil habitantes
Estados Unidos	1950	2.175.000	14,34
Canadá	1949	69.000	4,68
Argentina	1950	79.400	4,62
França	1950	138.000	3,29
Itália	1949	146.500	3,18
Venezuela	1950	6.900	1,38
Brasil	1950	50.000	0,96

Fonte: Werebe, 1970:205.

Esse período termina tendo como um de seus principais destaques o aumento da rede escolar, o que, por sinal, fazia parte de uma política de cunho populista, visto que "construir mais salas de aulas nas escolas existentes e abrir mais escolas eram meios de mostrar que o Estado (através do 'realizador' dessas benfeitorias) preocupava-se com as necessidades do povo e atuava no sentido de suprimi-las".[89]

Mas mesmo com o aumento da rede escolar e dos investimentos em educação, os números referentes à instrução da população em 1960 continuavam sendo motivo de vergonha nacional, como se pode ver a seguir:

Tabela 7

Número médio de anos de estudo, por sexo — 1960

Sexo	Anos de estudo
Masculino	2,4
Feminino	1,9

Fonte: Pnud/Ipea.

Tabela 8

Nível de instrução da população brasileira — 1960

Nível de instrução	% da população
Analfabetos	46
Fundamental — 1ª fase	41
Fundamental — 2ª fase	10
Médio	2
Superior	1

Fonte: Pnud/Ipea.

89 Cunha, 1989a:73-74.

A expansão do ensino primário

Em plena década de 1960, cerca de metade da população brasileira ainda era analfabeta. Isso se devia ao fato de o ensino primário no Brasil, desde a colônia, passando pelo Império, até a República, não ter recebido qualquer atenção por parte dos governantes. Mesmo o importante aumento do número de matrículas nas últimas décadas não havia conseguido dar vazão à demanda escolar por esse nível de ensino.

Em 1959, havia mais de 7 milhões de crianças matriculadas nas escolas de ensino primário, mas o déficit educacional nesse nível de ensino na faixa etária dos sete aos 12 anos girava em torno de 50%. A expansão ocorrida no número de instituições escolares foi desprovida de qualquer tipo de planejamento por parte das autoridades públicas. Havia escolas instaladas em barracos e galpões, em condições de pouca ou nenhuma higiene, e construídas com material de péssima qualidade. Preocupava também o fato de a expansão ter-se dado de forma desproporcional, ocorrendo basicamente nos grandes centros urbanos.

Para mudar essa situação e fazer com que a população adulta participasse de modo mais ativo na vida política e educacional do país, foram lançados, no início da década de 1960, vários movimentos de educação popular, como:

- centros populares de cultura (CPCs): criados em 1961 por iniciativa da União Nacional dos Estudantes (UNE);
- movimentos de cultura popular (MCPs): criados em 1960 por iniciativa da prefeitura de Recife, PE;
- movimentos de educação de base (MEBs): criados em 1961 pela Conferência Nacional dos Bispos do Brasil (CNBB).

Esses grupos recorriam a várias formas de expressão: peças de teatro; atividades culturais em sindicatos e universidades; promoção de cursos, exposições e publicações; exibição de filmes e documentários, e alfabetização da população rural ou urbana marginalizada. Mas com o início da ditadura militar em 1964, esses movimentos populares passaram a ser considerados subversivos, sendo por isso extintos e seus líderes penalizados.

Ainda no contexto dessas iniciativas, em 21 de março de 1964 — dias antes do golpe militar — foi criado o Plano Nacional de Alfabetização (PNA), com o objetivo de alfabetizar 5 milhões de brasileiros até 1965. Mas foi extinto três meses após sua criação, como resultado da mudança de orientação política decorrente dos acontecimentos de 31 de março.

A expansão dos cursos técnico-profissionais

Possuir diploma de conclusão do ensino médio era uma raridade para a maioria da população brasileira, e mais difícil ainda era conseguir se formar num curso superior.

As leis de equivalência do ensino médio tinham como um de seus objetivos primordiais inverter esse quadro, estimulando um maior número de alunos a concluir os estudos nesse grau de ensino e a buscar posteriormente o acesso a um curso de nível superior. Mas esse instrumento legal não foi eficaz na prática, pois o sistema de ensino continuou dual e discriminatório, com um tipo de educação para a elite e outro para o restante da população. Como informa Cunha:

> *Mas, se aumentavam as oportunidades de escolarização no ensino de 2º grau, pela criação de novas escolas e pela ampliação das vagas nas existentes, elas não tinham todas os mesmos currículos (embora tivessem disciplinas comuns), nem ofereciam ensino da mesma qualidade, nem, ainda, recebiam estudantes de idêntica formação prévia e motivação. Por isso, mesmo que os certificados de conclusão da escola de 2º grau [propiciassem] percursos superiores, como veio a acontecer após 1961, as chances de aprovação estavam desigualmente distribuídas. Essas chances eram menores para os egressos das escolas comerciais do que para os das escolas secundárias, onde o currículo estava todo voltado para a continuação dos estudos; as chances eram ainda menores quando o curso comercial era feito no período noturno, de duração mais curta, pouco "exigente" com estudantes menos predispostos às práticas acadêmicas.*[90]

Assim, o aluno de um curso profissional — como o comercial, por exemplo — não tinha as mesmas condições de um aluno do secundário,

[90] Cunha, 1989a:83.

quando ambos disputavam uma vaga no exame vestibular para um curso superior.

Com a intensificação do processo de industrialização, porém, esses valores socioeducacionais começariam a mudar, sobretudo devido à expansão da economia, que possibilitou a abertura de novas frentes de trabalho, especialmente nos setores industrial e comercial.

A partir dessa nova realidade socioeconômica, os indivíduos oriundos das classes sociais com menos poder aquisitivo começaram a auferir as vantagens salariais oferecidas pelas novas empresas que se formavam, o que acabou alterando suas concepções acerca dos cursos técnico-comerciais, como se pode observar nas tabelas 9 e 10.

Tabela 9

Número de alunos matriculados em cursos técnico-profissionais — 1961-71

Ramos do 2º ciclo	1961	1971	Crescimento
Industrial	20.300	116.111	95.811 (472%)
Agrícola	4.883	11.143	6.260 (128%)
Comercial	118.614	233.174	114.560 (96%)
Normal	27.948	51.753	23.805 (85%)

Fonte: MEC/Seec.

Tabela 10

Concluintes do 2º grau — 1974

Ramos do ensino médio	Concluintes	%
Comercial	71.578	42,1
Normal	37.538	22,1
Secundário	32.849	19,3
Industrial	13.828	8,1
Agrícola	405	0,4
Outros	13.665	8,0
Total	**169.863**	**100,0**

Fonte: MEC. *Sinopse estatística do ensino de 2º grau*, 1975.

Dos concluintes do ensino comercial, a grande maioria provinha do curso técnico de contabilidade, como mostra a tabela 11.

Tabela 11
Concluintes do ensino comercial — 1974

Ramos do ensino médio	**Concluintes**	**%**
Contabilidade	55.508	77,6
Administração	4.811	6,7
Secretariado	4.397	6,1
Estatística	263	0,4
Outros	6.599	9,2
Total	**71.578**	**100,0**

Fonte: MEC. *Sinopse estatística do ensino de 2º grau*, 1975.

É importante mencionar que, entre os cursos comerciais, o técnico de contabilidade era o único cuja profissão estava regulamentada. A acentuada demanda por esse curso refletia sua importância nas novas relações de trabalho criadas pelo novo modelo econômico implantado no país.

A expansão do ensino superior

Os números do ensino superior nesse período eram vergonhosos, pois apenas 1% da população tinha esse grau de instrução. Mas estimulada pelo novo modelo econômico instalado no país, que proporcionava bons empregos aos mais qualificados, cresceu a demanda pelos cursos desse nível de ensino. Para atendê-la, foi necessário criar novos institutos de ensino superior no país, contudo, tal como já ocorrera com os níveis primário e médio, a expansão se deu sem qualquer tipo de planejamento pedagógico que pudesse garantir pelo menos a manutenção da qualidade do ensino ministrado nessas instituições.

O crescimento não ficou restrito a institutos isolados, havendo também importante aumento no número de universidades. Mas a criação desses novos institutos universitários se baseou na política educacional para o ensino superior dos anos 1930, que estimulava a mera reunião de faculdades isoladas autônomas em torno de uma reitoria.

Assim, até a implantação definitiva de uma nova política educacional para o ensino superior, o que só começou a acontecer com a Lei de Diretrizes e Bases de 1961 e terminou com a Lei da Reforma Universitária de 1968, os alunos formados por essas instituições estavam muito aquém do que se espera dos diplomados desse nível de ensino.

9

Período do Regime Militar (1964-1984)

A internacionalização da economia

Em 31 de março de 1964, um golpe de Estado depôs o presidente João Goulart e a política do país entrou em nova fase: a ditadura militar, que se estendeu por 21 anos e cinco presidentes militares.

Segundo Ghiraldelli Júnior, o que ocorreu após 1964 não foi uma revolução, como os líderes militares titulavam o período, nem uma ditadura estritamente militar, expressão utilizada pelas oposições a tal regime, porque:

> *Sociologicamente falando, não houve uma verdadeira ruptura revolucionária em 64, ou seja, não ocorreu um movimento desencadeador de uma alteração da estrutura da sociedade brasileira. Houve, sim, uma ruptura reformista, ou seja, uma alteração superestrutural caracterizada por um rearranjo na sociedade civil e na sociedade política com a ascensão de diferentes e novas frações da classe dominante ao comando do aparelho governamental.*
>
> *(...)*
>
> *Na verdade, a ditadura não foi exercida pelos militares; ela foi exercida pelo pacto da tecnoburocracia militar e civil com a burguesia nacional e as empresas multinacionais. Pode-se falar, então, em ditadura do capital com braço militar.*[91]

Assim, o golpe visava, primordialmente, mudar a política implementada no país durante o governo Jango e, não, alterar o modelo econômico até então vigente.

---

[91] Ghiraldelli Júnior, 1991:163-164.

Em 1964, assumiu como presidente provisório o general Humberto de Alencar Castello Branco. Durante seu governo foram emitidos quatro atos institucionais, que influenciaram a vida no país no que diz respeito tanto a questões políticas quanto a sociais, a saber:

- Ato Institucional nº 1 (AI-1), de 10 de abril de 1964, que permitiu ao governo cassar mandatos e suspender direitos políticos, sem justificação, julgamento ou direito de defesa. A partir de então, sob o comando do Serviço Nacional de Informação (SNI), foram cassados vários parlamentares de esquerda e extintas organizações classificadas de "subversivas", como o Comando Geral dos Trabalhadores (CGT), as ligas camponesas e a União Nacional dos Estudantes (UNE).
- Ato Institucional nº 2 (AI-2), de 27 de outubro de 1964, que aboliu as eleições diretas para presidente e governadores, extinguiu os partidos políticos existentes e determinou a criação de apenas dois partidos políticos no país: um de apoio ao governo, a Aliança Renovadora Nacional (Arena), e um de oposição, o Movimento Democrático Brasileiro (MDB).
- Ato Institucional nº 3 (AI-3), de 5 de fevereiro de 1966, que estabeleceu normas para as eleições federais, estaduais e municipais.
- Ato Institucional nº 4 (AI-4), de 16 de dezembro de 1966, que determinou como o Congresso Nacional votaria o projeto de Constituição preparado pelo Poder Executivo.

Com relação à política econômica, no governo Castello Branco foi lançado o Programa de Ação Econômica do Governo (Paeg), com os seguintes objetivos:

- retomar o ritmo de crescimento do país, interrompido já há dois anos (1962/63);
- controlar a inflação;
- estabilizar a economia, a fim de proporcionar uma melhora na qualidade de vida da população;
- estimular a criação de novos empregos;
- equilibrar o balanço de pagamentos.

Para implementar sua política econômica, o governo adotou as seguintes medidas:

- *instituiu a correção monetária*, importante na fixação de aluguéis, na indexação de impostos, na eliminação dos lucros ilusórios originados pela inflação e na viabilização do financiamento do déficit público, através do lançamento de títulos indexados;
- *reformou o sistema financeiro*, criando o Banco Central do Brasil e redefinindo as atribuições dos intermediários financeiros especializados: bancos comerciais, bancos de investimento, sociedades de crédito e financiamento, sociedade corretoras e distribuidoras, sociedades de crédito imobiliário, sociedades de poupança;
- *criou o sistema financeiro da habitação.*

A partir de 1964, houve uma acentuada internacionalização da economia, motivada pelas facilidades concedidas à entrada de capitais estrangeiros no país. Esse fenômeno encerrou um confronto entre nacionalistas e internacionalistas que ocorreu durante todo o século XX. Até 1930, a fração internacionalista era representada pela oligarquia agroexportadora, mas dessa data em diante as correntes nacionalistas, representadas pela burguesia industrial, assumiram o desenvolvimento do país, adotando um modelo industrial voltado para o mercado interno e caracterizado pela substituição de importações.

Contudo, com o fim da II Guerra Mundial e devido a melhores condições de integração ao comércio mundial, "uma outra alternativa de desenvolvimento se abriu a países como o Brasil: a de crescer não mais mediante substituição de importações, mas através da diversificação de exportações, aproveitando as oportunidades de um mercado mundial em forte expansão".[92]

No período populista, mesmo com o ingresso no país de várias empresas multinacionais, essa alternativa não foi utilizada no Brasil, visto que a burguesia industrial estava toda voltada para o mercado interno.

Com o golpe militar de 1964, a burguesia industrial nacionalista perdeu a hegemonia, dando espaço para que as forças internacionalistas, apoiadas pelos líderes militares, priorizassem a diversificação das exportações, em detrimento do modelo de substituição de importações, apoiado pelos nacionalistas.

---

92 Singer, apud Fausto, 1995:239.

A abertura da economia brasileira privilegiou, dessa forma, os interesses das grandes companhias multinacionais, porque elas "puderam explorar a fundo os baixos níveis salariais vigentes em nossa indústria, combinados em certos ramos com níveis de produtividade do trabalho assaz elevados".[93]

A passagem da política nacionalista para a internacionalista causou uma série de mudanças na estrutura da economia brasileira, mas uma merece destaque, por ser fundamental nesse processo: a mudança de uma política econômica intervencionista, na qual o Estado tinha participação ativa na economia, para um modelo liberal, no qual o Estado passa a ser neutro, deixando à iniciativa privada a função de estimular o desenvolvimento da economia.

Em janeiro de 1967 foi aprovada uma nova Constituição, elaborada não por uma Assembléia Constituinte eleita, mas por um pequeno número de constitucionalistas nomeados pelo governo.

Outra reforma importante também ocorreu nesse mesmo ano, a da legislação trabalhista, que acabou com a estabilidade após 10 anos de serviço, possibilitou a demissão a qualquer tempo e sem indenização, e criou o Fundo de Garantia por Tempo de Serviço (FGTS).

O milagre econômico

Em 1967, o general Costa e Silva assumiu a presidência. Seu governo foi marcado por uma série de eventos político-sociais, como:

- a oposição de vários ex-líderes políticos ao regime militar;
- inúmeros conflitos entre estudantes e militares;
- o fechamento do Congresso;
- a edição do Ato Institucional nº 5 (AI-5).

De todos os atos institucionais, o AI-5 foi o mais antidemocrático do regime militar, pois desrespeitava em vários pontos a própria Constituição outorgada em 1967.

Em 1969, uma Emenda Constitucional incorporou à Constituição de 1967 a prisão perpétua e a pena de morte, estendeu o prazo de vigência do estado de sítio e criou a "fidelidade partidária", para evitar que deputados da Arena votassem contra os projetos do governo ou se abstivessem de votar.

---

93 Singer, apud Fausto, 1995:240-241.

Com relação à economia, foi no governo Costa e Silva que teve início o período denominado "milagre econômico". As companhias multinacionais, que entre 1956 a 1967 produziam apenas para atender à demanda do mercado interno, a partir de 1968 voltaram sua produção para o mercado externo, com a exportação de produtos manufaturados. Essa mudança de direção teve origem em 1964, quando o presidente Castello Branco adotou uma política de concessão de incentivos fiscais e creditícios aos exportadores de produtos industrializados. Vale lembrar que o Brasil era, principalmente, um exportador de produtos agrícolas.

Em 1967, no governo Costa e Silva, houve uma significativa expansão do crédito, visando fazer o país sair da recessão em que se encontrava já há alguns anos.

Essas iniciativas governamentais estimularam a produção industrial, que passou a apresentar um incremento jamais observado na história brasileira, mas, paralelamente, aumentaram também as injustiças sociais.

Em 1969, assumiu a presidência do país o general Médici. Seu governo foi marcado por uma série de conturbações sociais, pois alguns setores da esquerda iniciaram movimentos de luta armada, surgindo, com isso, várias organizações de guerrilha. Nesse primeiro ano de governo, um grupo da guerrilha urbana seqüestrou o embaixador dos Estados Unidos, Charles Elbrick para obter a libertação de presos políticos.

O governo militar reagiu a esse tipo de iniciativa, disponibilizando mais recursos para os órgãos de repressão, que passaram também a atuar sem restrições. Os que se opunham ao regime foram tachados de "comunistas" ou "terroristas" e tratados com rigor pela polícia política.

Na área econômica, o governo Médici foi marcado por expressivo crescimento econômico, denominado "milagre", o que alçou o país ao grupo das 10 maiores potências industriais do mundo, com um crescimento anual médio do PIB em torno de 10%.

A expansão do setor industrial e o conseqüente enriquecimento do país não foram seguidos de perto por uma melhor distribuição de renda e, sim, por sua injusta concentração. Nesses anos de intensa atividade industrial, na concepção das autoridades responsáveis pela política econômica do governo, primeiro o bolo tinha que crescer para só depois de grande e pronto ser repartido.

Esse fenômeno da concentração da renda ocorreu devido aos seguintes fatores: achatamento salarial e aumento da eficiência dos meios de produção, promovidos pela estrutura oligopolística de produção das companhias multinacionais. Se o aumento da produtividade tivesse sido acompanhado da redução dos preços ao consumidor final, esse fator teria tido um efeito redistributivo em favor da classe trabalhadora. Contudo, tal não ocorreu.

O descompasso entre o aumento dos salários e o da produtividade industrial deu-se basicamente por três motivos:

- oferta excessiva de mão-de-obra, devido ao fluxo crescente da migração interna de trabalhadores rurais para os grandes centros urbanos do país;
- enfraquecimento das organizações sindicais, devido à instauração do regime militar;
- a política trabalhista adotada pelo governo central, que proibiu a negociação coletiva por aumentos salariais, fixou o salário mínimo em valores decrescentes e aboliu a estabilidade no emprego, facilitando a dispensa de trabalhadores de categorias cujos salários haviam sido reajustados acima do mínimo.

O governo Médici também se caracterizou pela realização de obras faraônicas, como a Transamazônica, a ponte Rio-Niterói e a Hidrelétrica de Itaipu, que fizeram a dívida externa do país crescer progressivamente.

Na área contábil, houve um importante acontecimento. Em 13 de dezembro de 1971, mediante a fusão do Instituto dos Contadores Públicos do Brasil (ICPB), fundado em 26 de março de 1957, e do Instituto Brasileiro de Auditores Independentes (Ibai), fundado em 2 de janeiro de 1968, foi criado o Instituto dos Auditores Independentes do Brasil (IAIB), que em 1º de julho de 1982 passou a se chamar Instituto Brasileiro de Contadores (Ibracon), só voltando ao seu nome original em 8 de junho de 2001, mas mantendo esta última sigla.

Desde então, o Instituto dos Auditores Independentes do Brasil (Ibracon) vem contribuindo ativamente para o desenvolvimento da classe contábil no país, através das seguintes iniciativas:

- estudo técnico da contabilidade;
- edição de normas técnicas de contabilidade e auditoria;
- aprimoramento da profissão contábil no Brasil.

A crise mundial do petróleo

Em 1974, assumiu a presidência o general Ernesto Geisel, que deu início à "distensão" política, pretendendo abolir de forma lenta, gradual e segura os instrumentos de exceção até chegar à revogação do AI-5.

Os primeiros anos de governo militar (1964-67) se caracterizaram pela estabilização da economia, os anos seguintes (1968-72) foram de pujança econômica, com o PIB crescendo em média 11% ao ano e a inflação anual variando em torno de 20%. Mas passados esses anos de euforia, em 1973 adveio a crise mundial do petróleo e a economia brasileira também entrou em colapso, porque a crise afetou negativamente as contas externas, as metas de inflação para aquele ano e a continuidade do crescimento econômico.

Para tentar solucionar esses problemas, o governo Geisel implementou um ambicioso programa de substituição de importações, medida que tinha por fim reduzir a dependência do país em relação aos insumos importados. A estratégia surtiu efeito, já que se conseguiu manter as taxas de crescimento em 6-7% ao ano, porém "à custa de um visível e a médio prazo altamente prejudicial aumento da participação do setor público nos investimentos".[94]

O governo Geisel reduziu os investimentos em áreas importantes para o país, como saúde e educação, e destinou mais recursos aos setores de infraestrutura. Os vultosos investimentos efetuados visavam manter as altas taxas de crescimento obtidas nos anos anteriores, mesmo que tal iniciativa propiciasse um crescente endividamento externo e, em conseqüência, uma dependência maior do Brasil ao capital externo.

A crise econômica e o aumento da inflação fizeram com que, nas eleições parlamentares de novembro de 1974, o MDB, partido da "oposição", obtivesse um importante incremento no número de membros eleitos. Mas em 1977, para frear a oposição, o presidente fechou o Congresso e editou o "pacote de abril".

Ainda no governo Geisel, foram promulgadas duas leis de grande importância tanto para o mercado de capitais brasileiro quanto para o fortalecimento e o desenvolvimento da profissão contábil. Em 7 de dezembro de 1976, foi sancionada a Lei nº 6.385, criando a Comissão de Valores Mobiliários (CVM),

[94] Lamounier, Carneiro e Abreu, 1994:61-62.

nos mesmos moldes da Securities and Exchange Commission (SEC) dos Estados Unidos, com o intuito de regulamentar e fiscalizar as atividades do mercado de valores mobiliários brasileiro. Segundo Dias Filho e Santos: "Esse órgão tem oferecido contribuição muito valiosa à evidenciação contábil no país, tanto pelo exercício de suas funções fiscalizadoras, como pela emissão de instruções técnicas que visam a adequar os procedimentos contábeis às necessidades impostas pela conjuntura socioeconômica".[95]

A principal atribuição da CVM é expedir normas aplicáveis às companhias integrantes desse mercado e referentes às seguintes questões: relatórios da administração, demonstrações contábeis, pareceres de auditores independentes, natureza das informações constantes nas notas explicativas e periodicidade da divulgação etc.

Após 36 anos de vigência do Decreto-lei nº 2.627/40, em 12 de dezembro de 1976 foi promulgada a Lei nº 6.404, disciplinando as sociedades anônimas. Diferentemente da legislação anterior, de inspiração italiana, essa lei se baseou no modelo norte-americano. O intuito era facilitar a criação de uma nova estrutura jurídica que atendesse às novas exigências do mercado de capitais brasileiro. Por isso, além do objetivo de fortalecer o mercado de capitais do país, a lei também visava proteger os acionistas minoritários que, graças à expansão da economia, haviam começado a investir em ações nas bolsas de valores.

Essa lei foi oportuna e trouxe uma série de vantagens para a área contábil, como:

- uma adequada distinção entre a contabilidade de cunho comercial, ou seja, a contabilidade em seu sentido puro, e a contabilidade para fins fiscais;
- o aperfeiçoamento da classificação das contas patrimoniais;
- a introdução da reavaliação pelo valor de mercado;
- a inclusão do método de equivalência patrimonial na avaliação de investimentos;
- a instituição da reversa de lucros a realizar;
- o aprimoramento do mecanismo de correção monetária.

---

[95] Dias Filho e Santos, 2000:12.

Tanto a Lei nº 6.404/76 quanto a Lei nº 6.385/76 foram de fundamental importância para o desenvolvimento da profissão contábil no Brasil. "Pode-se dizer que a partir de então a profissão ficou muito mais bem estruturada e os profissionais passaram a reconhecer que era preciso se manter sempre atualizado, caso se quisesse usufruir das vantagens que tais eventos causaram na expansão da profissão e na maior oferta de empregos no mercado do trabalho."[96]

Em 1979, tomou posse o general João Batista Figueiredo, prometendo dar continuidade ao processo de redemocratização iniciado no governo Geisel.

Nas eleições de 1982, como havia a perspectiva de vitória do MDB tanto para o Congresso quanto para os governos estaduais, o governo militar dissolveu as duas agremiações políticas — Arena e MDB — e permitiu a criação de novos partidos. Com a oposição dividida em vários partidos, não conseguiu maioria no Congresso.

No plano socioeconômico, o governo Figueiredo enfrentou uma série de dificuldades. No segundo semestre de 1979, houve a segunda crise do petróleo. Em 1980, a economia já dava sinais do desaquecimento que se prolongou por vários anos, na chamada "década perdida". O governo militar se encerrava com elevado endividamento externo, desestruturação financeira e gerencial do setor público, forte inflação, queda do investimento, aumento do desemprego, achatamento salarial e redução dos gastos públicos em áreas consideradas primordiais.

Em 15 de janeiro de 1985, foram eleitos, indiretamente, por um colégio eleitoral, os novos presidente e vice-presidente do país: Tancredo Neves e José Sarney, iniciando a transição pacífica do poder militar para o poder civil.

A reformulação do sistema educacional brasileiro

O período de transição entre o populismo e o regime militar foi bastante significativo no que diz respeito à educação. As medidas tomadas nas décadas de 1960 e 70 serviriam de base para boa parte do modelo educacional contemporâneo.

Nesse período, o governo central executou duas reformas de vulto no sistema educacional brasileiro: a reforma universitária e a do 1º e 2º graus.

[96] Coelho, 2000:29.

A reforma universitária

Os acordos MEC-Usaid

Recebendo pressões dos setores educacional e econômico, o governo começou, efetivamente, a tentar resolver os problemas que assolavam o sistema educacional, mas de forma autoritária: "ao contrário do que ocorrera no período populista, durante o qual a reformulação da vida universitária vinha sendo discutida em encontros e seminários promovidos pelas entidades estudantis e pelos docentes, a política educacional do regime autoritário seria confiada a um pequeno círculo escolhido e designado pelo poder central".[97]

Refletindo uma tendência do período populista, o governo central, por meio do Ministério da Educação e Cultura (MEC), seguiu o modelo pedagógico norte-americano para reorientar a educação brasileira. De 1964 a 1968, o MEC firmou 12 acordos com a United States Agency for International Development (Usaid) com o intuito de reorganizar o sistema educacional brasileiro. Mas a real motivação para a celebração desses acordos entre os dois países não foi a grave crise por que passava a educação brasileira e, sim, a necessidade de preparar um grande contingente de mão-de-obra especializada para dar suporte à expansão econômica que ocorreria a partir de 1968. Os acordos foram firmados na seguinte ordem cronológica e com os seguintes objetivos:

- em 26 de junho de 1964, para aperfeiçoar o ensino primário;
- em 31 de março de 1965, para aperfeiçoar o ensino médio;
- em 29 de dezembro, para dar continuidade e suplementar com recursos e pessoal o primeiro acordo sobre o ensino primário;
- em 5 de maio de 1966, para treinar técnicos rurais;
- em 24 de junho, para expandir e aperfeiçoar o quadro de professores do ensino médio brasileiro;
- em 30 de junho, para modernizar a administração universitária;
- em 30 de dezembro, para dar continuidade ao aperfeiçoamento do ensino primário, mediante um melhor entrosamento de todos os graus de ensino;
- ainda em 30 de dezembro, para criar o Centro de Treinamento Educacional de Pernambuco;

[97] Martins, 1989a:167-168.

- em 6 de janeiro de 1967, para cooperar na publicação de livros técnicos, científicos e educacionais;
- em 30 de abril, para reformular o primeiro acordo de assessoria à modernização das universidades;
- em 27 de novembro, para dar continuidade ao primeiro acordo relativo a orientação vocacional e treinamento dos técnicos rurais;
- em 17 de janeiro de 1968, para dar continuidade e complementar o primeiro acordo sobre desenvolvimento do ensino médio.

Como já mencionado, o objetivo intrínseco dos acordos era preparar o país para a nova onda de expansão industrial que se iniciaria no final da década de 1960. Para analisar melhor os efeitos desses acordos na educação, deve-se atentar para sua abrangência; com eles a Usaid atingiu praticamente todo o sistema de ensino brasileiro, como se pode observar:

- níveis de ensino: primário, médio e superior;
- ramos da educação: profissional e acadêmico, com ênfase no último;
- conteúdo pragmático: mediante a publicação e a distribuição de livros técnicos e didáticos;
- funcionamento da educação: por meio de reestruturação administrativa, planejamento de metas a serem atingidas e treinamento de pessoal docente e técnico.

Para que os técnicos da Usaid efetuassem seus estudos, tiveram acesso ilimitado a todos os dados socioculturais do Brasil. Além disso, vários estudantes e professores brasileiros foram enviados aos Estados Unidos para aprender técnicas de pesquisa nas universidades norte-americanas.

O professor norte-americano Rudolph Atcon teve importante participação na formulação da política educacional para o ensino superior. Em 1965, ele visitou 12 universidades brasileiras — UFPA, UFC, UFRN, UFPB, UFPE, UFBA, UFMG, UFSC, UFRJ, UFSM, UFRS e PUC-RS — e realizou um estudo visando a reformulação estrutural da universidade no país. O professor Atcon chegou as seguintes conclusões:

- a instituição universitária deve estar preparada para atender às necessidades socioeconômicas do meio social em que está inserida;
- quando da elaboração dos seus objetivos educacionais, a universidade deve levar em conta a melhor preparação possível de seus estudantes, para po-

der satisfazer, com eficácia, a demanda de recursos humanos de que o sistema econômico do país tanto necessita. Sem essa formação adequada, todos os demais esforços empreendidos visando o desenvolvimento econômico serão infrutíferos;

- para atender às necessidades prementes do país, deve-se expandir tanto o corpo docente quanto o discente, além da rede física de estabelecimentos instalados no território nacional;
- a estrutura administrativa da instituição universitária deve se assemelhar à de uma empresa privada, com cada universidade estabelecendo, de forma racional e clara, suas diretrizes; as atividades acadêmicas devem ser bem planejadas para se evitar o desperdício de recursos financeiros e atingir os objetivos orçamentários.

A Comissão Mista

Em 23 de junho de 1965, foi firmado um convênio entre o MEC, através da Diretoria do Ensino Superior, e a Usaid visando à constituição de uma Equipe de Planejamento do Ensino Superior (Epes). Eram as seguintes as finalidades do convênio:

- reestruturar, em bases sólidas, o sistema educacional brasileiro;
- elaborar planos executáveis para a ampliação e a reestruturação do ensino superior no Brasil;
- formular um mecanismo eficiente para desenvolver planos de curto e longo prazos;
- criar um quadro de técnicos brasileiros em planejamento educacional, a fim de que o MEC pudesse dar continuidade ao projeto de desenvolvimento da educação brasileira.

O convênio determinava que seriam atribuições da Usaid:

- estabelecer meios para o aumento da produtividade do sistema educacional brasileiro;
- modernizar a educação de nível superior do país;
- atuar nas instituições escolares, a fim de que estas participassem ativamente do processo de desenvolvimento do país;

- remodelar a estrutura pedagógica das instituições escolares, de modo que se pudesse adequar conteúdos, métodos e técnicas de ensino à nova realidade de desenvolvimento.

Já a Epes tinha as seguintes atribuições:

- elaborar diretrizes para uma educação superior eficiente, levando em conta as necessidades de desenvolvimento do Brasil;
- fornecer sugestões sobre currículos, métodos didáticos e programas de pesquisa; estruturas de organização e provimento de quadros de pessoal docente, administrativo e de pesquisa; e tratar de outras questões importantes referentes ao ensino superior.

Com base nesse convênio, foi criada uma comissão mista composta por cinco professores norte-americanos e cinco brasileiros. Em seu relatório final, que utilizou vários pontos levantados pelo estudo de Atcon, constam, entre outras, as seguintes recomendações:

- *modificação do vestibular* — o objetivo dessa mudança era o preenchimento de todas as vagas disponíveis nos estabelecimentos de ensino superior, porque nos últimos anos nem todas haviam sido aproveitadas;
- *criação do ciclo básico* — a finalidade desse ciclo era aumentar a quantidade de alunos selecionados no primeiro ano dos cursos superiores;
- *extinção da cátedra e institucionalização dos departamentos* — o objetivo dessa medida era racionalizar as atividades acadêmicas, instituindo uma estrutura organizacional mais eficiente;
- *alteração do sistema serial de ensino para o sistema de créditos* — com essa medida, o governo objetivava aumentar a produtividade do sistema de ensino, na medida em que as disciplinas de determinado curso poderiam ser escolhidas por alunos de outra área de ensino, o que reduziria os custos das atividades acadêmicas. O ano escolar, no qual se baseava o regime seriado, com a adoção do regime de créditos seria substituído pelo semestre, ou até pelo trimestre, o que aumentaria a rotatividade dos alunos nos cursos superiores e, conseqüentemente, a produtividade das instituições desse nível de ensino;
- *expansão do ensino superior privado* — o objetivo era retirar parte da responsabilidade do Estado pelo aumento da rede física de escolas de nível superior.

A introdução da pesquisa no meio universitário

Em 18 de novembro de 1966, foi promulgado o Decreto-lei nº 53, cujo objetivo era o uso mais eficiente dos recursos públicos e o aumento da produtividade acadêmica. O decreto foi de grande importância para a introdução da pesquisa nas universidades, porque estabeleceu que essas instituições deveriam criar um órgão central com atribuições deliberativas para supervisionar o ensino e a pesquisa em toda a universidade. "Começou, assim, a desmoronar a antiga estrutura universitária formada pela simples aglutinação de escolas independentes e autônomas."[98]

Em 28 de fevereiro de 1967, dando continuidade à reestruturação universitária iniciada com o Decreto-lei nº 53, foi baixado o Decreto-lei nº 252, cuja principal medida foi a criação dos departamentos, que deveriam funcionar como a menor unidade administrativa de uma instituição universitária, com o fim de promover a pesquisa e de aglutinar as diversas disciplinas de seu campo de conhecimento. Assim, eliminava-se o desperdício de recursos materiais, humanos e econômicos representado pela coexistência de disciplinas idênticas ou afins, multiplicadas por várias seções ou unidades. Essa iniciativa, cuja finalidade era propiciar um maior dinamismo acadêmico, inspirava-se nos modelos alemão e norte-americano. Mas tal medida só foi introduzida de fato no meio universitário a partir da Lei nº 5.540/68, que extinguiu a cátedra e deu prioridade ao departamento no âmbito da estrutura universitária.

A Comissão Meira Mattos

Em 29 de setembro de 1967, através do Decreto nº 62.024, o presidente Costa e Silva, preocupado com a insatisfação do meio universitário com a falta de vagas e a estrutura do ensino superior, criou uma comissão especial, que ficou conhecida como Comissão Meira Mattos, com a finalidade de:

- emitir parecer conclusivo sobre as reivindicações, teses e sugestões referentes às atividades estudantis;
- planejar e propor medidas que possibilitassem melhor aplicação das diretrizes governamentais no setor estudantil;
- supervisionar e coordenar a execução dessas diretrizes.

98 Romanelli, 1998:217.

A comissão levou três meses levantando informações a respeito da situação do ensino superior nas instituições de ensino pertinentes e em contatos diretos com representantes dos corpos docente e discente. Tal como ocorrera em estudos anteriores, a concepção instrumentalista também figurou no relatório final da comissão, que concluiu que a educação "constituía um 'instrumento de aceleração do desenvolvimento', um 'instrumento de progresso social', devendo neste sentido adaptar os cursos e os currículos às 'imposições do desenvolvimento nacional'".[99]

Seguindo, em linhas gerais, os mesmos pontos já abordados por estudos anteriores, o relatório recomendava, entre outras coisas:

- a introdução do regime de créditos e da matrícula por disciplina;
- a redução dos currículos;
- a diminuição da duração dos cursos de formação profissional;
- a instituição do vestibular unificado;
- a criação do ciclo básico.

O Grupo de Trabalho da Reforma Universitária

Alguns meses depois de encerrados os trabalhos da Comissão Meira Mattos, mais precisamente em 2 de julho de 1968, o presidente Costa e Silva, em resposta aos protestos cada vez mais inflamados do movimento estudantil, baixou o Decreto nº 62.937, criando um novo grupo de trabalho para, no prazo de 30 dias, elaborar a reforma universitária.

Para produzir seu relatório, o GTRU se utilizou, basicamente, dos estudos já realizados pelo professor Atcon e pela Comissão Mista do convênio MEC-Usaid, em 1965, e pela Comissão Meira Mattos, em 1967. E, transcorrido o prazo estipulado, entregou seu relatório final ao governo, que, através do ministro da Educação, converteu as recomendações contidas nele em projeto de lei e o enviou ao Congresso Nacional para ser votado em regime de urgência.

Aprovado, o projeto de lei foi sancionado pelo presidente em 28 de novembro de 1968 sob a forma da Lei nº 5.540, que substituiu a LDB de 1961 no

---

[99] Martins, 1989a:173.

tocante à orientação, à organização e ao funcionamento do ensino superior no país.

Com essa reforma, o modelo francês ou napoleônico, que influenciara o ensino superior brasileiro desde o período joanino, começou a ser superado pelas tendências alemãs e norte-americanas.

A finalidade primordial dessa lei foi atender a dois interesses distintos: a) do meio universitário, que reivindicava a abolição da cátedra, a autonomia universitária, maior disponibilidade de recursos para a educação, a abertura de novas vagas e a realização de pesquisas; e b) do setor econômico, que buscava "vincular mais fortemente o ensino superior aos mecanismos de mercado e ao projeto político de modernização em consonância com os requerimentos do capitalismo internacional".[100]

As principais inovações introduzidas pela Lei nº 5.540/68 foram:

- a extinção da cátedra e a criação dos departamentos universitários;
- a instituição do curso básico;
- a remodelação do exame de vestibular;
- a implantação do sistema de créditos;
- o estabelecimento de cursos de curta e longa duração para o ciclo profissional;
- a instituição da pós-graduação;
- a priorização da criação de universidades em lugar de institutos isolados de ensino superior.

A pós-graduação

A instituição desse nível de ensino no país tinha a função de formar docentes para os cursos de nível superior, e também pesquisadores e profissionais para cargos de alta qualificação técnica. Mas, além desses objetivos explícitos, havia um outro de natureza implícita. Segundo Cunha: "é possível perceber nos textos oficiais proposições mais ou menos veladas a respeito de um outro objetivo da pós-graduação: 'a manutenção da alta cultura, que permanece um privilégio de alguns'".[101]

---

[100] Saviani, 1998:24.
[101] Cunha, 1985:244.

Assim sendo, os programas de pós-graduação serviriam para manter o *status quo*, já que os diplomas dos cursos de nível superior haviam perdido o valor do ponto de vista tanto simbólico quanto econômico.

Em 1970, foi criado o primeiro programa de pós-graduação em ciências contábeis do país: o de mestrado em contabilidade da Universidade de São Paulo (USP). Nesse programa, até 1997, já haviam sido defendidas 158 dissertações, sendo de 11 a média anual de defesa no período 1993-97.

Em 1978, a Pontifícia Universidade Católica de São Paulo (PUC-SP) implantou, com o apoio dos professores da USP, um programa de pós-graduação em ciências financeiras e contábeis em nível de mestrado, no qual, até 1997, haviam sido defendidas 41 dissertações, sendo 11 apenas neste último ano.

Ainda em 1978, foi criado na Faculdade de Economia e Administração (FEA) da USP, o primeiro e único programa de doutorado em ciências contábeis do país. A média anual de defesas de teses no período 1993-97 foi de cinco teses. Dos 53 alunos que receberam o título de doutor em controladoria e contabilidade até 1997, 42 haviam recebido também a titulação de mestre no mesmo programa, ou seja, 80% do total de alunos.

Em 1984, foi criado o programa de mestrado em ciências contábeis da Fundação Getulio Vargas na cidade do Rio de Janeiro. Posteriormente, em 1991, esse programa foi transferido para a Universidade Estadual do Rio de Janeiro. De 1984 a 1990, quando o curso funcionava na FGV-RJ, foram defendidas 27 dissertações. Na Uerj, de 1991 a 1997, houve 45 trabalhos defendidos, sendo 14 apenas em 1997.

Os três programas juntos — FEA-USP, PUC-SP e FGV/Uerj — titularam até 1997 um total de 226 mestres e 53 doutores em contabilidade. Verifica-se que esse número de profissionais titulados é muito pequeno para suprir a demanda de professores dos cursos de graduação e pós-graduação em ciências contábeis.

Até 1998, havia no país apenas três programas de mestrado em ciências contábeis e um de doutorado para atender a mais de 300 instituições de ensino superior de contabilidade. O fato de os programas de pós-graduação em ciências contábeis não terem acompanhado a expansão dos cursos de contabilidade e as necessidades dela decorrentes foi um dos fatores determinantes para a baixa qualidade do ensino nesses cursos. Segundo Madeira:

> *O crescimento verificado não provocou igualmente a melhoria da qualidade do curso, chegando em alguns casos a representar uma mera proliferação de cursos sem o menor reflexo na qualidade. Paralelo a esse crescimento, seria normal se tivéssemos observado o crescimento da oferta de cursos de especialização e mestrado para a titulação de professores, o que não foi percebido. O curso de contábeis continua sendo uma área alijada das opções de titulação, bem como continuamos desconhecidos das instituições de fomento à pesquisa do país, quando muito somos incluídos na administração ou na economia.*[102]

A privatização do ensino superior

A Lei nº 5.540 estipulava como regra para o ensino superior a instituição universitária e como exceção os estabelecimentos de ensino isolados, porém, o que aconteceu entre 1965 e 1980 foi justamente o contrário, visto que as instituições isoladas se multiplicaram de forma nunca vista antes e as universidades tornaram-se a exceção no sistema de ensino superior do país.

Embora o setor público, sobretudo nas esferas estadual e municipal, tenha criado algumas IEs isoladas, o fator determinante dessa expansão foi o incentivo que concedeu ao setor privado. A maneira de conduzir essa expansão e seus desdobramentos foram de encontro aos interesses do meio acadêmico, que desejava o incremento das vagas no ensino superior, mas de forma planejada, por intermédio das instituições universitárias e com investimentos do setor público.

A necessidade de expandir as vagas no ensino superior devia-se ao significativo aumento do número de estudantes que postulavam ingressar nesse grau de ensino e à manutenção do crescimento econômico.

O grupo de trabalho encarregado de elaborar a reforma do ensino superior deixou uma brecha em seu relatório final, posteriormente transformado na Lei nº 5.540/68, para ser preenchida pela iniciativa privada. Como o relatório reiterava a escassez de recursos financeiros para atender à expansão do ensino superior, o governo convocou a participação da rede privada, a fim de que esta desempenhasse uma função de complementaridade no processo de

[102] Madeira, 1996:42.

expansão dos cursos de nível superior. Assim, o acentuado aumento da participação da iniciativa privada na rede de ensino superior foi "um desdobramento natural da reforma universitária e uma conseqüência da política do Estado para a educação".[103]

A privatização do ensino superior não só era compatível com o modelo econômico instalado no país pelo governo militar como contava com o apoio da maioria dos membros do Conselho Federal de Educação. Primeiramente, porque o governo não tinha condições financeiras para investir maciçamente no setor educacional, nem considerava isso prioritário. Além disso, achava que a responsabilidade pela educação não cabia exclusivamente ao Estado e que a iniciativa privada seria uma boa parceira nesse setor para atenuar a demanda não-atendida pelo poder público. A privatização do ensino eliminava dois problemas: satisfazia aos interesses da classe média com relação à expansão de vagas no ensino superior e era pouco onerosa para o governo.

Quanto ao Conselho Federal de Educação, com a LDB de 1961 este passara a ser o órgão governamental responsável pela autorização da criação de novas instituições de ensino superior no âmbito federal e privado. Até 1969 havia no CFE duas correntes de discussões sobre como expandir o sistema educacional: uma conservadora, favorável ao fortalecimento das instituições já existentes, e outra predominantemente liberal, que apoiava a criação de novas instituições.

A tendência liberal contava com o apoio do governo e da rede privada e acabou vencendo o embate. Assim, o Conselho Federal de Educação foi o órgão que propiciou, pelos meios legais competentes, as condições necessárias para que a expansão do ensino, por meio da privatização, ocorresse da forma como ocorreu desde então.

A expansão acentuada, em período tão curto, teve vantagens e desvantagens para o sistema educacional brasileiro. Como vantagens temos:

- a equalização do déficit de vagas existentes, o que beneficiou principalmente a classe média;
- o alívio da demanda por instituições universitárias públicas;
- a oferta de cursos noturnos pelas instituições privadas.

---

[103] Fonseca, 1992:41.

As desvantagens foram:

- a imprudência do Conselho Federal de Educação, que autorizou a criação de inúmeras instituições de ensino superior que não tinham sequer condições mínimas de funcionamento. Uma sucessão de erros acabou proporcionando formação inadequada aos estudantes que se diplomavam nessas instituições e criando uma imagem negativa das instituições privadas, quando comparadas com as públicas;
- o cliente-alvo predominante das IEs privadas provinha da camada menos favorecida da população, enquanto as universidades públicas eram freqüentadas pela elite social, o que estabeleceu um tremendo contra-senso social, com a total anuência do governo militar.

O curso superior de ciências contábeis, integrante das ciências sociais e humanas, não ficou imune a esses acontecimentos, apresentando importante crescimento, por uma série de motivos, como:

- facilidade de implantação do curso, devido principalmente ao seu baixo custo de instalação;
- elevado aumento da demanda, comprovada pelo aumento progressivo no número de matrículas;
- facilidade dos diplomados no curso para obter, rapidamente, um emprego;
- abertura de cursos noturnos, que facilitavam o ingresso dos alunos que trabalhavam durante o dia.

Mas a expansão desordenada, promovida principalmente pela iniciativa privada, que pouco se preocupava com a qualidade da força de trabalho que estava formando, afetou também a qualidade do ensino contábil de nível superior. Com isso, o que sucedeu foi a diplomação de um grande contingente de contadores sem a devida formação profissional.

A expansão das universidades privadas

Passados os primeiros anos da instalação de instituições privadas de ensino superior isoladas, começaram a surgir as primeiras universidades privadas não-confessionais. Contudo, como já acontecera com as IEs privadas, ocorreu uma série de vícios com efeitos nefastos para o desenvolvimento da educação superior no país. Surgiram basicamente dois tipos de instituições universitárias para atender a públicos distintos: as universidades públicas e particulares confessionais, voltadas para um público potencialmente produtor de conhecimento, e as universidades particulares não-confessionais, dirigidas a reprodutores potenciais de conhecimento.

A repressão governamental

Para garantir na prática a efetivação das políticas educacionais relativas ao ensino superior e reprimir as manifestações de descontentamento do meio universitário, o governo militar emitiu, em 26 de fevereiro de 1969, o Decreto-lei nº 477. A medida, uma espécie de extensão do AI-5 direcionada para a área educacional, foi adotada pelo governo com o intuito de não pôr em risco o desenvolvimento da economia, ameaçado pelos constantes protestos estudantis.

O decreto-lei estendia a repressão governamental às redes de ensino e pretendia, mediante ações impositivas, como suspensão, expulsão ou até prisão de estudantes, professores e funcionários dos estabelecimentos de ensino — públicos e privados —, coibir qualquer tipo de manifestação de cunho político, social ou educacional. Acabava assim qualquer possibilidade de reivindicar o que a maioria da população brasileira ambicionava: o ingresso numa instituição de ensino superior e maiores oportunidades de emprego.

A reforma do ensino de 1º e 2º graus

Em 1971 foi promulgada a Lei nº 5.692, regulamentando o ensino de 1º e 2º graus. Sua elaboração seguiu o mesmo processo autoritário da lei da reforma universitária, não havendo qualquer interação com a sociedade a respeito dos problemas que a preocupavam. As principais alterações efetuadas pela lei foram as seguintes:

- ampliação da obrigatoriedade escolar de quatro para oito anos, mediante a aglutinação do antigo primário com o ginásio, a fim de aumentar a escolarização média da população;
- supressão dos exames de admissão, que, em face de sua seletividade, haviam se tornado uma forma de discriminação social;

- criação de uma única escola profissionalizante, mediante a extinção da escola secundária e da escola técnica. Assim, "a Lei nº 5.692/71, ao invés de equiparar o ensino técnico-profissional ao ensino acadêmico (como havia feito a Lei nº 4.024/61), tomou como parâmetro para todo o ensino de 2º grau, isto é, tornou universal e compulsória a profissionalização";[104]
- reestruturação do curso supletivo, com o fim de atender àquelas pessoas que, por qualquer motivo, não tivessem concluído os estudos regulares no devido tempo;
- inclusão, no ensino, de matérias obrigatórias, como educação física, educação moral e cívica, educação artística, programa de saúde e religião.

A aglutinação do primário e do ginásio e a unificação dos ensinos técnico e secundário no ensino profissionalizante correspondiam a uma concepção derivada de dois princípios:

- *continuidade:* procurava-se garantir a passagem de uma série a outra, desde o 1º até o 2º grau, concentrando, de início, a atenção num núcleo comum de conhecimentos básicos que, no final, cede lugar à formação específica da habilitação profissional;
- *terminalidade:* esperava-se que, ao término de cada nível, o aluno estivesse capacitado a ingressar no mercado de trabalho, se necessário.

A partir dessa lei, os cursos secundários — o clássico e o científico — e os cursos técnicos — o comercial, o industrial, o agrícola e o normal — foram aglutinados, mediante a criação de um único curso de nível médio, o curso profissional.

O currículo desse novo curso visava dois tipos de formação: geral e técnica. A escolha das disciplinas da parte técnica ficava a cargo do estabelecimento de ensino, que levava em conta os três tipos de atividade econômica: a primária (agricultura), a secundária (indústria) e a terciária (serviços). O CFE, por meio do Parecer nº 45/72, estabeleceu 130 habilitações que poderiam ser adotadas pelas escolas em seus cursos profissionalizantes. Desse modo, cada escola, de acordo com a região, podia escolher o tipo de formação técnica em que desejava se especializar. O ensino comercial, por exem-

[104] Boudens, 1986:35.

plo, passou a fazer parte do setor terciário e a ter a sua disposição 35 habilitações profissionais.

As concepções ideológicas motivadoras da reforma

O governo militar criou essa nova modalidade de ensino médio consubstanciado na teoria do capital humano, que tinha as seguintes características principais:

- a educação era vista como um investimento, que possibilitaria ao Estado deixar o nível de subdesenvolvimento em que se encontrava e atingir um capitalismo mais social, através de uma maior qualificação dos seus recursos humanos;
- o país deveria promover uma rede de ensino voltada para a capacitação técnica do trabalhador, porque "cada homem, uma vez tendo aumentado o seu 'capital humano' — sua capacitação técnica de trabalho especializado —, poderia produzir mais e melhor e contribuir de maneira mais efetiva para o desenvolvimento econômico do país";[105]
- a melhor qualificação técnica do trabalhador brasileiro possibilitaria o aumento dos salários e, em conseqüência, promoveria a diminuição das injustiças sociais.

No entanto, de acordo com Ghiraldelli Júnior, tal concepção se mostrou ineficaz:

> *o processo de desenvolvimento do capitalismo brasileiro desmentiu os diagnósticos e soluções propostas pela teoria do capital humano. O capitalismo brasileiro, não tão diferentemente do que aconteceu em outros países, criou pólos industriais avançados e complexos fabris e empresariais amplos, possuidores de tecnologia de ponta e de maquinaria sujeita a tecnologia hipermoderna. O mercado capitalista passou, nesse processo de desenvolvimento, a precisar mais do trabalhador possuidor de conhecimentos gerais (variáveis de época e lugar) e menos de trabalhadores que, por algum processo escolar, teriam adquirido uma suposta formação técnica muito específica.*[106]

---

[105] Ghiraldelli Júnior, 1991:186.
[106] Ibid.

Mas, implicitamente, a criação do curso médio profissionalizante também tinha outro fim: atenuar a demanda por mais vagas no ensino superior, uma aspiração das classes média e baixa da população.

Essa medida fazia parte de um conjunto de várias outras — que começaram a ser implantadas com a Lei nº 5.540/68 — que reformulou o vestibular, criou o sistema de créditos e o curso básico e fragmentou os cursos de graduação, continuou com a política privativista do ensino superior instituída pelo CFE e se consubstanciou na Lei nº 5.692/71, que criou uma única espécie de curso de nível médio — o profissionalizante —, com a função de conter o grande contingente de estudantes que desejavam ingressar nos cursos de nível superior. Assim, mais uma vez, o governo criava um meio de proteger a elite do país.

O novo ensino médio profissional, para cumprir sua função de contenção, passou a ter uma grade curricular voltada para a formação do especialista, o que, em tese, faria com que a maioria dos estudantes não mais aspirasse a ingressar em escolas de nível superior para ter uma habilitação profissional que lhes garantisse uma vida mais tranqüila.

O resultado dessa concepção seria, mais uma vez, a formulação de uma política educacional voltada para a distinção de classes, na qual se privilegiava uma classe social — a elite, que continuaria tendo exclusividade nos estudos de nível superior — em detrimento das demais, cujo nível máximo de ensino seriam as escolas profissionalizantes.

Os pontos críticos da reforma

Aparentemente, a Lei nº 5.692/71 trouxe uma série de vantagens para a educação brasileira, mas a realidade foi bem diferente:

- até o advento dessa lei, a obrigatoriedade escolar restringia-se ao ensino primário; a partir de então, foi estendida ao 1º grau completo, ou seja, da primeira à oitava série. Contudo, a obrigatoriedade escolar de oito anos não foi cumprida, devido, principalmente, à falta de recursos materiais e humanos para atender à crescente demanda criada no período;
- a lei instituiu o ensino médio único, acabando com o dualismo escolar — curso técnico para a população de origem mais humilde e curso secundário para a elite — que vigorava na educação brasileira desde o Império. Mas o que de fato aconteceu foi bem diferente, já que as escolas particulares de

ensino médio só acatavam a lei formalmente, enquanto, na prática, instruíam seus alunos a realizarem o vestibular, mantendo dessa forma um ensino do tipo propedêutico. Essa situação, além de beneficiar diretamente a classe dominante, prejudicava sensivelmente os alunos provenientes das escolas públicas, pois dificultava seu ingresso no ensino superior;

- a obrigatoriedade da profissionalização da educação de nível médio possibilitaria ao concluinte desse curso estar mais bem preparado para o mercado de trabalho e, conseqüentemente, para ascender socialmente. Entretanto, com o correr dos anos, observou-se que as escolas que ministravam esse grau de ensino não obtinham êxito, porque, além de outros fatores, faltavam-lhes recursos materiais — laboratórios, materiais em geral, oficinas etc. — e humanos — professores e funcionários qualificados. "Com isso, ninguém se profissionaliza, mas, em compensação, é lançado no mercado um 'exército de reserva' de mão-de-obra barata."[107]

Assim, a profissionalização do ensino médio não interessou praticamente a classe alguma, visto que:

- *para os empresários*, o ensino poderia ter continuado como estava, porque o trabalhador "com algum conhecimento geral poderia, se necessário, ser treinado e retreinado pela própria empresa, permitindo maior mobilidade da empresa no manuseio da mão-de-obra";[108]
- *para os trabalhadores*, o novo modelo de ensino lhes cerceou a oportunidade de "estudo aprofundado dos conteúdos escolares necessários para a vida urbana, para o trabalho, para a cidadania e para uma melhor participação na vida sindical e política do país";[109]
- *para a classe média*, o ensino de nível médio deveria continuar propedêutico para que os seus chegassem ao ensino superior.

A lei provocou muitas discussões entre os educadores, que viam nela pontos positivos e negativos. Um ponto positivo a destacar era a integração geral do sistema educacional do primário ao superior, possibilitada pela extinção dos exames de admissão e por uma maior cooperação do setor empresarial

[107] Aranha, 1996:258.
[108] Ghiraldelli Júnior, 1991:187.
[109] Ibid.

com a educação. Entre os vários pontos negativos, o mais criticado era a profissionalização do ensino secundário. Tanto que, depois de 11 anos, pela Lei nº 7.044/82, o governo mudou de posição e dispensou as escolas desse nível dessa obrigatoriedade, voltando a enfatizar a formação geral.

Com relação à educação contábil, o advento da Lei nº 5.692/71 também não deu bons resultados, porque:

> *...nos idos de 1943, enquanto eram exigidos, nos cursos técnicos de contabilidade, cinco conteúdos de contabilidade (geral, comercial, bancária, industrial e pública) além de outros conteúdos de cultura técnica, nos deparamos com um retrocesso não apenas de carga horária, mas também de conteúdo, pois, em 1972, a partir da Lei nº 5.692/71, com a interpretação dada no Parecer nº 45/72, do Conselho Federal de Educação, que resultou na Resolução CFE nº 02, os cursos técnicos de contabilidade passaram a contar apenas com 300 horas/aula de contabilidade e custos, mais um estágio que "...terá duração variável...", não limitando nem máximo nem mínimo, deixando à decisão das escolas de acordo com as exigências da habilitação pretendida pelo aluno....*[110]

Se a mera existência dos cursos técnicos de nível médio na área contábil já desprestigiava o curso superior de ciências contábeis desde a sua criação em 1945, devido à questão das prerrogativas entre os dois tipos de profissionais formados por esses cursos, com essa lei a situação piorou consideravelmente, em face de os novos técnicos em contabilidade não terem a formação mínima necessária para a execução das atividades contábeis consubstanciadas no Decreto-lei nº 9.295/46, juntamente com a Resolução nº 107, posteriormente revogada pela Resolução CFC nº 560, de 28 de outubro de 1983.

A conjuntura da educação brasileira

Em 1970, o número médio de anos de estudo da população brasileira em relação a 1960 era o seguinte:

---

[110] Guerra, 2000:6.

Tabela 12

Número médio de anos de estudo — 1970

Gênero	1970	1960	Diferença (%)
Homens	2,6 anos	2,4 anos	↑ 8,33
Mulheres	2,2 anos	1,9 anos	↑ 15,8

Fonte: Pnud/Ipea.

Observa-se que, em termos educacionais, apesar do grande desenvolvimento da economia, foi irrelevante o aumento da média de anos de estudo. Contudo, merece destaque o crescimento percentual dos anos de estudo do sexo feminino, cuja força de trabalho quase dobrou, se comparada com a do sexo masculino. A introdução da mulher no mercado de trabalho nesse período deu-se em função do modelo econômico capitalista, que necessita de um contingente maior de pessoas dispostas a consumir.

Tabela 13

Nível de instrução da população brasileira — 1970 e 1960

Nível de instrução	% da população 1970	% da população 1960	Diferença (%)
Analfabetos	42	46	↓ 9,5
Fundamental 1ª fase	40	41	↓ 2,5
Fundamental 2ª fase	12	10	↑ 20,0
Médio	4	2	↑ 100,0
Superior	2	1	↑ 100,0

Fonte: Pnud/Ipea.

Após uma década, o índice de analfabetismo estava praticamente inalterado. Assim, o país iniciava a década de 1970 com situações bem distintas: na economia, entrava no rol dos 10 países mais ricos do mundo; na educação, quase a metade da população era analfabeta. Analisando-se por alto esses dados, chega-se à conclusão de que os grandes avanços obtidos na economia só beneficiavam uma pequena parcela da população — a elite.

Sofrendo pressões da sociedade para acabar com essa situação lamentável e vergonhosa, o governo militar resolveu agir. Em 1967, promulgou a Lei nº 5.370, criando o Movimento Brasileiro de Alfabetização (Mobral), com o objetivo de erradicar em 10 anos o analfabetismo do Brasil. O Mobral, porém, só começou a funcionar efetivamente a partir de 1970.

Se praticamente metade da população brasileira era analfabeta, e outro tanto se encontrava no nível intermediário, entre a educação primária e o ensino médio, verifica-se que os ensinos médio e superior, no final do século XX, eram um tipo de educação destinado a uma pequena classe social, ou seja, à elite do país. Essa forma de exclusão é ainda mais alarmante quando se comparam os dados educacionais do Brasil com os de outros países da América do Sul. Entre 1950 e 1967 a proporção de estudantes de nível superior por 10 mil habitantes teve a seguinte variação: Argentina — de 48,3 para 113,5; Venezuela — de 13,9 para 62,9; Peru — de 20,2 para 67,4; Chile — de 16,0 para 62,5; Colômbia — de 9,4 para 26,8; e Brasil — de 9,8 para 25,1.

Em 1980, o número médio de anos de estudo e o nível de instrução da população brasileira em relação a 1970 eram os seguintes:

Tabela 14

Número médio de anos de estudo — 1980 e 1970

Gênero	1980	1970	Diferença (%)
Homens	3,9 anos	2,6 anos	↑ 50
Mulheres	3,5 anos	2,2 anos	↑ 59

Fonte: Pnud/Ipea.

Tabela 15

Nível de instrução da população brasileira — 1980 e 1970

Nível de instrução	% da população 1980	% da população 1970	Diferença %
Analfabetos	34	42	↓ 23,5
Fundamental 1ª fase	40	40	Estável
Fundamental 2ª fase	14	12	↑ 16,7
Médio	7	4	↑ 75,0
Superior	5	2	↑ 150,0

Fonte: Pnud/Ipea.

Em relação às instituições de ensino superior nesse mesmo período:

Tabela 16

Dados referentes às instituições de ensino superior — 1980

Dados gerais	Número
Instituições de ensino superior	882
Inscrições no vestibular	1.803.567
Matrículas	1.377.826
Concluintes das IESs	226.423

A década de 1980 se iniciou com um importante aumento do tempo médio de estudos tanto de homens quanto de mulheres, e também com uma queda considerável do nível de analfabetismo, apesar de 1/3 da população brasileira ainda ser analfabeta em pleno fim do século XX.

O ensino primário (ou fundamental 1ª fase) foi o único indicador que permaneceu estável, com 40% da população brasileira apresentando apenas esse grau de instrução.

O ensino ginasial (ou fundamental 2ª fase) teve um discreto aumento, o que indica um estrangulamento entre o primário e o ginásio, onde, provavelmente, os estudantes de origem mais humilde interrompiam seus estudos, enquanto os alunos provenientes da classe média e da elite seguiam adiante.

Já os indicadores de nível médio e do ensino superior, sendo influenciados por questões de ordem socioeconômica, apresentaram significativo aumento. O crescimento desses dois indicadores resultou de um processo que teve origem em meados da década de 1940 e foi progressivamente se intensificando nas décadas seguintes até ser deflagrado nesse período. Os principais motivos desse fenômeno foram os seguintes:

- o crescimento da população urbana, a industrialização e a monopolização, que geraram o aumento das camadas médias em termos absolutos;
- a redefinição do papel da mulher como trabalhadora no âmbito extradoméstico;
- a elevação dos requisitos educacionais para o preenchimento de cargos nas burocracias pública e privada.

Contudo, apesar desse considerável crescimento, os índices educacionais do Brasil, quando comparados aos de outros países, inclusive da América Latina, eram decepcionantes, como se pode observar na tabela 17:

Tabela 17

Nº de estudantes universitários por mil habitantes

País	Estudantes por mil habitantes
Brasil	11
Argentina	20
Venezuela	21
Europeus (média)	22

Fonte: Martins, 1991:31.

Apenas 10% da população brasileira na faixa etária dos 20-24 anos freqüentavam os cursos de nível superior no país.

A universidade reformada: uma análise crítica

Com o aumento da escolarização, as instituições de ensino superior começaram a ser assediadas por um contingente de estudantes sem precedentes na história do país, pois, até então, esses estabelecimentos eram uma espécie de reduto intocável das classes dominantes, contribuindo para a "reprodução da estrutura de classes, das relações de poder e da ideologia dominante".[111]

Como os estabelecimentos de ensino superior não estavam prontos para atender a essa "massa" de estudantes provenientes de outras classes sociais, nem estavam aptos a prestar os serviços que a sociedade demandava, sua reestruturação acabou sendo necessária, o que foi feito pela Reforma Universitária (Lei nº 5.540/68).

Essa reforma foi de suma importância para a universidade brasileira e, conseqüentemente, para a própria sociedade em geral. Com o ingresso na universidade de milhares de estudantes provenientes de distintas classes sociais, a situação começaria a mudar, porque "os novos postulantes [procuravam] a universidade não para se doutorarem, no sentido pedante e ocioso da expressão, mas para adquirirem conhecimentos que os qualific[assem] para o trabalho futuro, útil, que [teriam] de produzir".[112]

Como as instituições públicas, que até então predominavam no sistema de ensino superior, não tinham condições de atender à demanda por mais

[111] Fávero, 1991:16.
[112] Pinto, 1986:15.

vagas, que a cada ano aumentava, o governo lançou mão de vários recursos para incentivar a participação da iniciativa privada nesse grau de ensino e acabar com o déficit de vagas existente.

Com o aumento das vagas proporcionado principalmente pela iniciativa privada, houve uma intensa expansão do número de matrículas — de 300 mil no final da década de 1960 para algo em torno de 1,5 milhão na década de 1980 —, ou seja, um crescimento de 400% em pouco mais de 10 anos. Mas, paralelamente a essa expansão fenomenal, houve também a deflagração de uma série de problemas educacionais, em virtude sobretudo do fator tempo e da falta de planejamento. Como exemplo desses problemas, pode-se citar:

- a falta de instalações físicas, como prédios, bibliotecas e laboratórios, para o atendimento dos novos alunos;
- a formação pedagógica inadequada dos professores dos cursos de nível superior. Além de o corpo docente dessas instituições ser qualitativamente fraco, deixava a desejar também em termos quantitativos, visto que o crescimento do corpo docente (6,8% ao ano) estava bem aquém do número de alunos que ingressavam nos cursos desse grau de ensino (11% ao ano);
- a má formação dos alunos egressos do 2º grau, principalmente os de origem mais humilde, que não haviam tido a oportunidade de estudar em colégios de boa qualidade.

A baixa qualidade de inúmeras instituições de nível superior deu origem a pressões sociais, que ganharam força na década de 1980, em face do processo de redemocratização que o país experimentava. Exigia-se dessas instituições os seguintes atributos:

- melhores condições estruturais e pedagógicas;
- mais investimento em recursos materiais e humanos;
- formação profissional mais adequada às realidades socioeconômicas;
- formação de novos pesquisadores e, em conseqüência, realização de pesquisas;
- instituição de programas de pós-graduação.

Outra conseqüência do acentuado aumento do número de diplomados, que na última década desse período praticamente quadruplicou, foi uma "inflação de graduados". Após o "milagre econômico" da década de 1970, que motivou muitos estudantes a ingressar nesse grau de ensino a fim de ascenderem socialmente, na década de 1980 — conhecida como a "década perdida" —, houve uma forte retração econômica, devido a uma série de problemas econômico-financeiros, o que acabou resultando na diminuição da oferta de empregos e na frustração de muitas carreiras.

Apesar de todos esses problemas, havia muito a fazer por esse grau de ensino, pois apenas 5% dos brasileiros tinham essa formação. Esse foi um dos grandes desafios dos governantes do período que se seguiu, uma vez que a disseminação do ensino superior entre todas as classes sociais era e é um fator fundamental para a diminuição das desigualdades sociais num país tão injusto como o Brasil.

10

Período atual (1985-2002)

Crescimento econômico e redução das desigualdades sociais

Esse período, que se inicia em 1985 e vai até a atualidade, é marcado por uma série de desafios a serem enfrentados pelas autoridades públicas em conjunto com a sociedade. Tais desafios provêm das seguintes variáveis:

- *Política:* após 21 anos de regime ditatorial, o país entrou numa nova fase, na qual há muita expectativa sobre a estabilidade política nos anos que estão por vir.
- *Econômica:* depois de alguns anos ininterruptos de crescimento vertiginoso, a economia brasileira entrou na década de 1980 em depressão e combater os efeitos dela será, sem dúvida, um dos maiores problemas dos futuros governantes.
- *Sociais:* são inúmeras as mazelas sociais que os novos governantes encontrarão, problemas que se arrastam desde o período da colonização brasileira e cuja existência já perfaz séculos. Determinadas questões exigem medidas urgentes por parte das autoridades públicas, como uma melhor distribuição de renda, a queda do desemprego, a disseminação dos serviços de saúde a toda a população, o aumento do grau de instrução da população etc.

Em 14 de março de 1985, um dia antes de sua posse, o presidente Tancredo Neves foi submetido a uma operação de emergência, cujas complicações o levaram à morte. Sete dias depois, em 21 de abril, no mesmo dia do falecimento de Tancredo Neves, o vice-presidente José Sarney assumiu a presidência com plenos poderes.

Durante seu governo foi convocada uma nova Assembléia Nacional Constituinte, com o fim de elaborar a sétima Constituição brasileira, promulgada em outubro de 1988. No campo econômico, o presidente tomou medidas de impacto, entre as quais a elaboração do Plano Cruzado, que, apesar de receber grande apoio da população, acabou falhando por uma série de motivos. Depois deste, houve outros planos econômicos, como o Plano Cruzado II, o Plano Bresser e, por último, o Plano Verão, mas nenhum foi bem-sucedido, o que levou a população brasileira a desacreditar das autoridades públicas.

Em 1990, Fernando Collor assumiu a presidência da República com a imagem de um político renovador. Em março do mesmo ano, lançou seu primeiro plano econômico, o Plano Collor, que, como os anteriores, também fracassou. O governo recorreu então a novo plano — o Collor II — em 31 de janeiro de 1991. Em 29 de dezembro de 1992, acuado por denúncias e mais denúncias de corrupção, o presidente Collor enviou ao Congresso sua carta-renúncia. Com isso, tornou-se presidente da República o seu vice, Itamar Franco.

Itamar Franco assumiu um país mergulhado em problemas socioeconômicos, como inflação, alta concentração de renda, recessão econômica e desemprego. Essa crise fez o então ministro da Fazenda Fernando Henrique Cardoso implantar um novo plano econômico — o Plano Real.

Em 1º de janeiro de 1995, Fernando Henrique Cardoso foi empossado presidente da República, sendo reeleito para um segundo período em 1998. As principais características de seu governo foram:

- a reforma da previdência social;
- o término da estabilidade dos funcionários públicos;
- a quebra do monopólio estatal das empresas de telecomunicações, energia elétrica e petróleo;
- a privatização de várias empresas públicas e mistas;
- a promulgação da Lei de Responsabilidade Fiscal;
- o controle da inflação e, conseqüentemente, a obtenção da estabilidade econômica;
- sucessivos acordos com o Fundo Monetário Internacional (FMI);

- conflitos com o Movimento dos Trabalhadores Rurais Sem Terra (MST) sobre a questão da desapropriação das terras improdutivas e a fixação do trabalhador rural no campo.

Em termos econômicos, o país continuou, nesse período, a ter nos produtos agrícolas um de seus principais itens de exportação. Mas a indústria brasileira também evoluiu tecnologicamente, o que começou a possibilitar a exportação de produtos com alto grau de desenvolvimento, como aviões e automóveis.

Os setores industrial e de serviços vêm tendo importante participação no desenvolvimento da economia brasileira nestes últimos anos, principalmente nas áreas automobilística, petrolífera, siderúrgica e de telecomunicações. Contudo o crescimento econômico nos últimos 20 anos ficou bem aquém do esperado, tendo o país passado, inclusive, por períodos de recessão, provocados por motivos internos e externos.

Mesmo tendo obtido êxito em alguns pontos capitais, nas esferas econômica e social, o governo Fernando Henrique Cardoso não teve competência, nem contou com o apoio necessário para solucionar as principais questões que afligem o país, como, por exemplo, os altos índices de desemprego, o aumento significativo do endividamento externo e as irrisórias taxas de crescimento econômico.

Em janeiro de 2003, assumiu a presidência o candidato da oposição: Luiz Ignácio Lula da Silva. Com ele, a população voltou a acreditar que seria possível aliar crescimento econômico a uma melhor distribuição de renda e, em conseqüência, diminuir as desigualdades sociais. Seu governo terá que enfrentar uma série de desafios, tais como:

- a participação ou não do país na Alca, e em que condições;
- a globalização da economia e a participação do país em condições de igualdade com as principais nações do mundo;
- a flexibilização das leis trabalhistas;
- a reforma fiscal;
- a extensão da reforma previdenciária aos servidores públicos;
- a reforma política;
- o endividamento e a liquidez do setor público;
- o crescimento econômico combinado a uma melhor distribuição da renda.

Todas essas questões, direta ou indiretamente, já estão se refletindo ou acabarão por se refletir na educação do país num futuro bem próximo.

A mobilização social em torno da educação

Com o progressivo desenvolvimento da sociedade brasileira, a tendência é que, tal como ocorreu com os países do Primeiro Mundo, a educação se torne uma das metas prioritárias de qualquer governante, independentemente de sua ideologia política, porque nenhum país até hoje conseguiu atingir níveis satisfatórios de desenvolvimento socioeconômico sem que, antes, tenha resolvido seus problemas educacionais.

Dessa forma, esse período recebeu dos anteriores muitos problemas para resolver, como: o analfabetismo, o baixo grau de estudo da grande maioria da população, a pouca penetração dos ensinos médio e superior nas diversas camadas que integram a sociedade, a baixa qualidade dos cursos superiores e a limitação dos programas de pós-graduação, entre outros. Para enfrentá-los, o Executivo e o Legislativo tomaram um conjunto de medidas: a elaboração de uma nova Constituição, com importantes avanços na área educacional, a adoção de uma nova LDB e mais outras tantas medidas eficazes introduzidas pelo MEC.

Além das iniciativas do poder público, cabe destacar também a participação da sociedade civil, que se tem feito presente de várias maneiras, desde manifestações públicas em favor de melhores condições no campo da educação, até atitudes concretas, como a criação de instituições educacionais sem fins lucrativos.

A Constituição de 1988: um importante avanço na área educacional

Em 1988 foi promulgada uma nova Constituição no país, com os seguintes destaques na área da educação:

- gratuidade do ensino público, em todos os seus níveis, em estabelecimentos oficiais. Foi a primeira Constituição brasileira a tratar desse tema controverso, pois há correntes que defendem a gratuidade irrestrita em todos os casos e há outras favoráveis a ela apenas em certas situações específicas. As duas principais críticas a esse ponto são as seguintes: a) em vez de proporcionar às massas economicamente desvalidas acesso à educação de nível superior, promoveu-se justamente o oposto, já que os alunos dessas instituições têm, em sua maioria, alto poder aquisitivo; e b) segundo algumas correntes, o ensino superior deveria ser pago, só se concedendo a gratuidade a quem comprovasse incapacidade de pagá-lo.

- ensino fundamental obrigatório e gratuito;
- extensão do ensino obrigatório e gratuito, progressivamente, ao ensino médio;
- atendimento de crianças de zero a seis anos em creches e pré-escolas;
- acesso ao ensino obrigatório e gratuito como direito público subjetivo e responsabilização das autoridades competentes por não oferecê-lo ou oferecê-lo de modo irregular;
- valorização dos profissionais de ensino, com planos de carreira para o magistério público;
- autonomia universitária;
- aplicação anual em educação de, no mínimo, 18% da receita tributária no caso da União, e de 25% no caso do Distrito Federal, estados e municípios;
- distribuição dos recursos públicos, prioritariamente, para atendimento das necessidades do ensino obrigatório nos termos do plano nacional de educação;
- alocação de recursos públicos às escolas públicas, e a escolas comunitárias confessionais ou filantrópicas se comprovada sua finalidade não-lucrativa;
- estabelecimento por lei de um "plano nacional de educação" visando à articulação e ao desenvolvimento do ensino em seus diversos níveis e à integralização das ações do poder público que conduzam à erradicação do analfabetismo, à disseminação da educação em todos os seus níveis, à melhoria da qualidade do atendimento educacional, à formação para o trabalho e à promoção humanística, científica e tecnológica do país.

Números da educação brasileira

Em 1990, o número médio de anos de estudo da população brasileira em relação à década de 1980 distribuía-se da seguinte forma:

Tabela 18

Número médio de anos de estudo — 1990 e 1980

Gênero	1990	1980	Diferença (%)
Homens	5,1 anos	3,9 anos	↑ 31
Mulheres	4,9 anos	3,5 anos	↑ 40

Fonte: Pnud/Ipea.

Esses números revelam um significativo avanço no setor educacional. O crescimento deveu-se principalmente à expansão quantitativa das instituições educacionais públicas e ao aumento das exigências educacionais para a ocupação de cargos tanto no setor público quanto no privado. Outro ponto importante a destacar é que, mais uma vez, as mulheres apresentam uma diferença percentual maior em anos de estudo. Mantida essa tendência, nos próximos anos as mulheres terão um grau de instrução superior aos dos homens.

Tabela 19

Nível de instrução da população brasileira — 1990 e 1980

Nível de instrução	% da população 1990	% da população 1980	Diferença (%)
Analfabetos	20	34	↓ 70
Fundamental 1ª fase	40	40	Estável
Fundamental 2ª fase	19	14	↑ 36
Médio	13	7	↑ 86
Superior	8	5	↑ 60

Fonte: Pnud/Ipea.

Com relação ao analfabetismo, mesmo havendo uma queda considerável no seu índice (70%), deve-se atentar para o fato de que, no final do século XX, quase 1/4 da população brasileira não sabia ler e escrever.

O ensino fundamental de 1ª fase, assim como já ocorrera em décadas anteriores, ficou estagnado, o que indica que quase a metade da população não conseguia se instruir além do mínimo necessário. Havia uma espécie de barreira impedindo o prosseguimento dos estudos. Os poucos privilegiados que conseguiam saltá-la e chegar ao ensino fundamental de 2ª fase acabavam indo adiante em seus estudos, como comprova o crescimento progressivo dos índices de ensino fundamental de 2ª fase (36%), de ensino médio (86%) e de ensino superior (60%).

A educação de nível superior não ficou para trás, apresentando também acentuado crescimento. Todavia, seus números ainda são irrisórios para um país como o Brasil, mesmo quando comparados aos de outros países da América do Sul. Os alunos que buscam esse nível de ensino provêm, basicamente, de três classes sociais distintas:

- *da classe alta:* seus membros aspiram a um diploma de nível superior como uma espécie de bem ou título que lhes proporcionará a manutenção do seu prestígio social;
- *da classe média:* os estudantes desta classe procuram se graduar para ascenderem socialmente mediante a obtenção de um bom emprego;
- *da classe baixa:* por uma série de fatores, é reduzidíssimo o número de alunos originários desta classe que conseguem chegar a esse grau de ensino, porque o próprio ambiente sociocultural em que vivem os discriminam e inibem sua busca de tal instrução.

Quanto às instituições de ensino superior nesse período:

Tabela 20
Dados referentes às instituições de ensino superior — 1990 e 1980

Dados gerais	1990	1980	Diferença (%)
Nº de instituições de ensino superior	918	882	↑ 4,1
Nº de inscrições no vestibular	1.905.498	1.803.567	↑ 5,6
Nº de matrículas	1.540.080	1.377.826	↑ 12,0
Nº de concluintes das IES	230.271	226.423	↑ 1,7

Em termos econômicos, a década de 1980 é considerada a "década perdida" em virtude de o país ter crescido muito pouco nesse período. Os efeitos dessa crise alcançaram também a educação, sobretudo a de nível superior, porque a recessão reduziu o número de empregos disponíveis, criando um forte desequilíbrio entre o número de recém-diplomados em busca de emprego e as novas oportunidades ocupacionais oferecidas pelas empresas. Os dados educacionais da tabela 20 refletem uma espécie de ajuste do setor à acentuada expansão quantitativa verificada na década de 1970.

A reformulação do currículo do curso de ciências contábeis

Em 5 de outubro de 1992, a Resolução nº 3 do Conselho Federal de Educação estabeleceu um currículo mínimo para o curso de graduação em ciências contábeis, que entraria em vigor a partir de 1994. O curso teria duração mínima de 2.700 horas/aula, integralizadas num máximo de sete anos e num mínimo de quatro, no caso dos cursos diurnos, e de cinco anos, no caso do noturno. Os currículos plenos do curso superior de ciências contábeis teriam por finalidade estimular a aquisição integrada de conhecimentos básicos, teóricos e práticos, que permitissem ao graduado o competente exercício da profissão. O conteúdo mínimo do curso superior de ciências contábeis foi dividido em três categorias:

- *Categoria I* (15 a 25% da carga horária do curso) — corresponde a disciplinas de formação geral e de natureza humanística e social, subdividindo-se em dois grupos: a) *obrigatórias:* língua portuguesa, noções de direito, noções de ciência social e ética geral e profissional; *outras, obrigatórias ou eletivas, a critério da instituição, tais como:* noções de psicologia, filosofia da ciência, cultura brasileira etc.
- *Categoria II* (55 a 75% da carga horária do curso) — corresponde a conhecimentos de formação profissional e compreende três grupos de disciplinas, a saber:

Quadro 19

Currículo mínimo para o curso de ciências contábeis

Conhecimentos de formação profissional	Disciplinas
Conhecimentos obrigatórios de formação profissional básica	Administração geral, economia, direito aplicado (incluindo legislação societária, comercial, trabalhista e tributária), matemática e estatística.
Conhecimentos obrigatórios de formação específica	Contabilidade geral, teoria da contabilidade, análise das demonstrações contábeis, auditoria, perícia contábil, administração financeira e orçamento empresarial, contabilidade pública, contabilidade e análise de custos.
Conhecimentos eletivos, a critério da instituição	Contabilidade gerencial, sistemas contábeis, contabilidade aplicada e outros.

- *Categoria III* (10 a 20% da carga horária do curso) — corresponde aos conhecimentos ou atividades de formação complementar, abrangendo: a) conhecimentos obrigatórios de formação instrumental: computação; e b) atividades obrigatórias de natureza prática, a critério de cada instituição, escolhidas entre as seguintes: jogos de empresas, laboratório contábil, estudos de casos (simulação da realidade empresarial), trabalhos de fim de curso, estágio supervisionado realizado em condições reais de trabalho e outros.

Dois pontos dessa resolução merecem uma análise. O primeiro se relaciona com o tipo de formação que se deseja para o profissional contábil. Mais uma vez, como ocorre desde a criação do curso superior de contabilidade em 1945, a formação é excessivamente técnica e pouco teórica: "os cursos estão mais voltados para a formação do profissional prático, para o dia-a-dia do exercício profissional, dando pouca ênfase ao conhecimento teórico".[113] O segundo diz respeito ao desentrosamento existente entre as instituições de ensino e os professores da área contábil quanto ao perfil do profissional que se deseja formar, levando-se em consideração as necessidades de cada região.

Em 2000, foi realizada uma pesquisa no município do Rio de Janeiro sobre a relação entre o curso superior de ciências contábeis e o mercado de trabalho.[114] Entre os vários pontos abordados, cumpre destacar as seguintes conclusões desse estudo:

- para 62% dos empregadores, o currículo do curso superior de ciências contábeis não atende às necessidades atuais do mercado de trabalho no que diz respeito à formação profissional do futuro contador, necessitando, portanto, de alterações;
- de acordo com os empregadores, os principais motivos para que o curso não atenda às necessidades do mercado são: inadequação do currículo, em face das atuais mudanças socioeconômicas (55% das respostas); o aprendizado exclusivamente teórico e acadêmico, que não prepara o graduando para as atividades profissionais (18% das respostas); desatualização tecnológica do curso de contabilidade, sendo preciso, por exemplo, maior utilização da internet, ensino a distância, teleconferências etc. (9% das respostas);

[113] Madeira, 1996:42-43.
[114] Ver Coelho, 2000:89-112.

- apenas 38% das instituições de ensino superior pesquisadas realizam algum tipo de pesquisa junto às empresas para se inteirarem das reais necessidades do mercado de trabalho e ajustarem seus currículos;
- para 89% dos empregadores e 62% do corpo docente das instituições de ensino superior pesquisados, os atuais currículos dos cursos de ciências contábeis não preparam de forma eficiente o estudante para o ingresso no mercado de trabalho. Segundo os primeiros, por carência de conhecimentos técnico-científicos, em função de o ensino superior ser excessivamente teórico; já de acordo com os segundos, por causa das constantes mudanças socioeconômicas da sociedade contemporânea e da não-atualização constante das instituições de ensino.

Observa-se, pois, que o currículo dos cursos de ciências contábeis é criticado tanto pelo setor educacional quanto pelo profissional. Uma corrente deseja um currículo que forme um profissional mais pesquisador e criativo, outra busca uma formação acadêmica que prepare um profissional do tipo prático/utilitário para atender de imediato às necessidades do mercado de trabalho. Para solucionar esse problema faz-se necessária a participação ativa de todos os setores envolvidos na questão.

A participação do MEC na melhoria do ensino

No governo do presidente Fernando Henrique Cardoso, o MEC tomou uma série de medidas para melhorar a qualidade do ensino no país. A seguir, veremos as principais realizações desse governo na área educacional.

O exame nacional de cursos

Em 1995, mediante a Lei nº 9.131/95, o MEC criou um sistema de avaliação para formandos dos cursos superiores denominado Exame Nacional de Cursos, ou, mais popularmente, "Provão", com a finalidade primordial de melhorar, progressivamente, a qualidade dos cursos ministrados nas instituições de ensino superior do país. Aplicando esse exame, o governo pode avaliar os cursos de nível superior, diagnosticar as deficiências encontradas e buscar meios de solucioná-las. "O Provão, nos últimos seis anos, causou uma verdadeira reviravolta geral nas instituições de ensino superior, fazendo surgir uma nova mentalidade, em que a avaliação é um indispensável agente de mudanças, nas quais o diferencial é a qualidade."[115]

Essa, por sinal, é uma exigência da sociedade contemporânea que vem sendo manifestada desde a década de 1970, quando houve o *boom* das instituições privadas de ensino superior. Com a globalização, apenas os graduandos com excelente qualificação terão condições de enfrentar o novo mercado de trabalho, cada vez mais exigente e restritivo.

Os resultados fornecidos por esse exame serão de grande valia para aquilatar a qualidade e a eficácia pedagógica dos cursos ministrados no país.

O exame tem as seguintes características:

- É realizado uma vez por ano, entre o mês de maio e junho, sendo a data definida um ano antes.
- É formulado por comissões de cursos compostas por especialistas de notório saber atuantes na área do curso avaliado. A escolha desses especialistas é realizada mediante consulta às comissões de especialistas em ensino da Secretaria da Educação Superior (SESu), ao Conselho de Reitores das Universidades Brasileiras (Crub) e aos conselhos federais e associações nacionais de ensino de profissões regulamentadas.

Os resultados de cada curso avaliado no exame são transformados em relatórios, que são encaminhados pelo Instituto Nacional de Estudos e Pesquisas Educacionais (Inep) à SESu, órgão do MEC responsável pela política e pela gestão do sistema nacional de ensino de graduação. A SESu, então, utiliza as informações contidas nesses relatórios para orientar suas ações de estímulo e fomento de iniciativas que visem o aprimoramento do ensino superior.

Cada curso avaliado recebe um conceito, em ordem decrescente, de acordo com seu desempenho no exame e sua posição em relação aos demais cursos avaliados na área a que pertence. A distribuição dos conceitos varia de A a E, sendo: A para notas acima de um desvio-padrão da média geral; B para notas entre 0,5 (inclusive) e um desvio-padrão acima da média geral; C para notas

[115] Kraemer, 2002:32.

entre 0,5 de desvio-padrão para cima e para baixo da média geral; D para notas entre 0,5 (inclusive) e um desvio-padrão abaixo da média geral; e E para notas abaixo de um desvio-padrão (inclusive) da média geral.

- Após a realização de cada exame, os coordenadores, professores e alunos dos cursos examinados avaliam a formulação e a adequação dos conteúdos/habilidades de cada questão da prova, no intuito de apresentar sugestões para a melhoria dos próximos exames.
- As instituições de ensino superior são obrigadas a matricular no MEC todos os alunos que estiverem no último ano de seus cursos superiores para que prestem o exame.
- O exame é facultativo para os alunos, mas, se não o prestarem, não poderão se diplomar até que o façam.
- No histórico escolar de cada concluinte consta apenas o registro da data em que ele se submeteu ao exame e, não, o resultado obtido, que só é fornecido ao aluno, sendo vedada a divulgação de resultados individualizados. Cada aluno recebe, em casa, o resultado de sua avaliação e sua média geral, comparada à de outros alunos que realizaram o exame, tanto no nível nacional, quanto no regional, no estadual e por instituição da área do curso avaliado. Os estudantes têm a oportunidade de comparar seu desempenho.
- O aluno pode submeter-se ao exame em anos subseqüentes, se o resultado obtido não for do seu agrado. Contudo, para a avaliação do curso, só é considerado o resultado do exame prestado pelo aluno no ano da sua conclusão.
- Os resultados relativos a cada instituição de ensino não devem ser utilizados exclusivamente na avaliação de cada uma delas.
- Os exames serão implantados progressivamente, de modo a incluir no processo todos os cursos superiores do país.
- O MEC remete anualmente às instituições de ensino superior cujos cursos foram avaliados pelo Exame Nacional de Cursos um relatório contendo dados importantes sobre o desempenho desses cursos, com a finalidade de fornecer informações para uma auto-avaliação e para a implementação de ações voltadas para a melhoria constante da qualidade.

- Além de prestarem o exame, os alunos devem responder também um "questionário-pesquisa", cujos objetivos são: levantar informações sobre o perfil dos graduandos e ouvi-los sobre as condições de ensino do seu curso. De posse dessas informações, a SESu pode planejar ações que visem melhorar a qualidade dos cursos de nível superior do país.

De 1996 até 2002 foram avaliados 24 cursos, conforme mostra o quadro 20:

Quadro 20

Cursos de graduação avaliados pelo Exame Nacional de Cursos — 1996-2002

Cursos de graduação	1996	1997	1998	1999	2000	2001	2002
Administração	X	X	X	X	X	X	X
Agronomia	—	—	—	—	X	X	X
Arquitetura e urbanismo	—	—	—	—	—	—	X
Biologia	—	—	—	—	X	X	X
Ciências contábeis	—	—	—	—	—	—	X
Comunicação social	—	—	X	X	X	X	X
Direito	X	X	X	X	X	X	X
Economia	—	—	—	X	X	X	X
Enfermagem e obstetrícia	—	—	—	—	—	—	X
Engenharia civil	X	X	X	X	X	X	X
Engenharia elétrica	—	—	X	X	X	X	X
Engenharia mecânica	—	—	—	X	X	X	X
Engenharia química	—	X	X	X	X	X	X
Farmácia	—	—	—	—	—	X	X
Física	—	—	—	—	X	X	X
História	—	—	—	—	—	—	X
Letras	—	—	X	X	X	X	X
Matemática	—	—	—	—	X	X	X
Medicina	—	—	—	X	X	X	X
Medicina veterinária	—	X	X	X	X	X	X
Odontologia	—	X	X	X	X	X	X
Pedagogia	—	—	—	—	—	X	X
Psicologia	—	—	—	—	X	X	X
Química	—	—	—	—	X	X	X

Em 2002, o número de cursos e o de alunos inscritos para participar do exame figuram na tabela 21.

Tabela 21

Número de alunos inscritos no ENC — 2002

Área	Número de cursos	Número de inscritos
Administração	489	54.134
Agronomia	73	3.638
Arquitetura e urbanismo	115	3.594
Biologia	270	13.147
Ciências contábeis	**458**	**13.602**
Direito	270	55.296
Economia	187	9.679
Enfermagem e obstetrícia	153	5.447
Engenharia civil	123	6.567
Engenharia elétrica	90	4.818
Engenharia mecânica	72	3.388
Engenharia química	51	1.468
Farmácia	83	9.059
Física	83	1.958
História	339	6.880
Jornalismo	113	6.620
Letras	424	27.999
Matemática	354	13.204
Medicina	83	8.637
Medicina veterinária	59	3.454
Odontologia	98	9.387
Pedagogia	492	50.868
Psicologia	120	10.463
Química	113	3.843
Total	**4.712**	**327.199**

Fonte: Daes/Inep/MEC.

Com a avaliação dessas 24 áreas, o Exame Nacional de Cursos conseguiu abranger cerca de 90% de todos os concluintes do ensino superior do país.

Diretrizes para as instituições de ensino superior

Para que uma instituição de ensino superior consiga atingir um desempenho satisfatório na formação de seus alunos e, conseqüentemente, obter um conceito melhor no Exame Nacional de Cursos, consideram-se indispensáveis algumas diretrizes, como:

- identificar e selecionar indicadores de qualidade que sirvam de referência para o acompanhamento do desempenho do curso e a adoção de ajustes;

- planejar e desenvolver, cooperativamente, entre dirigentes, docentes, discentes e funcionários administrativos as ações específicas necessárias para atingir cada indicador de qualidade selecionado pelo curso;
- estabelecer critérios para o ingresso dos candidatos, de modo a que tenham condições de fazer o curso com desempenho no mínimo satisfatório;
- monitorar, desde o ingresso, o desempenho dos alunos;
- desenvolver plano de reciclagem docente, quer no que diz respeito à parte substantiva do curso, quer no que se relacione à metodologia de ensino apropriada a conteúdos e práticas;
- implantar sistemática de avaliação de rendimento, com ênfase na avaliação formativa (de processo), prevendo a possibilidade de estudos paralelos para a recuperação ou o aperfeiçoamento dos alunos que deles necessitarem;
- incentivar as atividades de pesquisa, de docentes e discentes, articuladas a plano de divulgação, incluindo apresentações em eventos da área, e publicação dos resultados dessas atividades de modo a dar visibilidade ao curso;
- analisar conteúdos mínimos dos exames nacionais na área de conhecimento do curso, verificando características como atualidade, relevância, aplicação à realidade profissional, para cotejar com os programas ministrados no curso;
- analisar as questões divulgadas dos exames nacionais na área de conhecimento do curso, verificando o tipo de habilidade ou competência solicitada, e cotejando com o que é desenvolvido no curso;
- verificar, sistematicamente, se as ações planejadas e desenvolvidas são consistentes com o propósito de implementar um ensino de 3º grau de qualidade.

Diretrizes para a avaliação do curso de ciências contábeis

Em 21 de dezembro de 2001, o ministro da Educação, Paulo Renato, por meio da Portaria nº 3.018, estabeleceu, com base na Comissão de Avaliação do Curso de Ciências Contábeis — composta dos professores Aracéli C. de Sousa Ferreira, Ariovaldo dos Santos, Francisco de Assis A. Guerra, Jorge K. Niyama, Luzia Guimarães e Martinho M. G. de Ornelas —, as diretrizes para a realização desse exame na área contábil. De acordo com a portaria, a realização do exame deve atender às seguintes finalidades:

- identificar e mensurar o nível de conhecimentos adquiridos pelos alunos dos cursos de ciências contábeis;
- contribuir para melhorar a qualidade dos cursos de ciências contábeis;
- contribuir para que os cursos de ciências contábeis garantam aos graduandos a posse de formação generalista humanística e de habilidades e conhecimentos técnicos gerais e específicos.

O exame elaborado para o curso de ciências contábeis levou em conta que o graduando desse curso deve ter uma formação acadêmica com as seguintes características:

- postura ética geral e profissional, com responsabilidade social;
- capacidade de raciocínio lógico e de desenvolvimento de análise e juízo críticos;
- visão holística, sistêmica e gerencial;
- capacidade de participação em equipes multidisciplinares;
- capacidade de iniciativa e de interação na comunidade;
- consciência da importância da educação continuada para o exercício da profissão;
- abertura às inovações tecnológicas;
- visão global do cenário econômico e financeiro nacional e internacional em que se insere a contabilidade.

Os alunos concluintes dos cursos de ciências contábeis são avaliados, nesse exame, quanto a suas competências e habilidades de:

- comunicação e expressão corretas em língua portuguesa;
- uso apropriado da linguagem contábil;
- análise e interpretação dos fenômenos que dão origem à prática contábil;
- desenvolvimento de raciocínio lógico, para a formação e emissão de juízos críticos fundamentados;
- criação e elaboração de sistemas de informações contábeis para fins decisórios;
- análise de sistemas de informações para fins decisórios.

Para os graduandos do curso de ciências contábeis, o exame é constituído de 40 questões de múltipla escolha e três questões discursivas, abrangendo as disciplinas constantes do quadro 21:

Quadro 21

Disciplinas dos cursos superiores de ciências contábeis avaliadas pelo ENC

Tipo de formação	Disciplinas
Formação geral	Língua portuguesa, noções de direito, noções de ciências sociais, ética geral e profissional.
Formação profissional básica	Administração geral, economia, direito aplicado (incluindo legislação societária, comercial, trabalhista e tributária), matemática e estatística.
Formação profissional específica	Contabilidade geral, teoria da contabilidade (incluindo normas brasileiras de contabilidade), análise das demonstrações contábeis, auditoria, administração financeira e orçamento empresarial, contabilidade pública, contabilidade e análise de custos.

A Comissão de Avaliação dos Cursos de Ciências Contábeis, além de ter a função de definir a abrangência, os objetivos e as diretrizes do Exame Nacional de Cursos em sua área de atuação e, posteriormente, de avaliá-lo com o fim de aprimorá-lo, tem também a responsabilidade de estabelecer procedimentos e orientar o processo de avaliação das condições de ofertas.

Principais resultados do exame

Desde 1997, o Inep vem realizando análises dos cursos avaliados pelo ENC, comparando os resultados de cada ano, a fim de mensurar os efeitos dessas avaliações nos cursos. A seguir, em ordem cronológica, alguns dos resultados disponibilizados pelo Inep.

Informação disponibilizada em 17 de dezembro de 1997

A qualificação do corpo docente influi positivamente no desempenho dos graduandos no exame. Chegou-se a essa conclusão após se apurar que quanto maior era o número de professores com mestrado e doutorado numa instituição, melhor a performance dos alunos.

A permanência maior do corpo docente na instituição influi também de forma positiva no desempenho dos estudantes no exame. Isso ficou demonstrado porque o corpo docente de 86,7% das instituições que obtiveram conceitos A ou B no exame trabalhava em média mais de 20 horas por semana.

Informação disponibilizada em 30 de dezembro de 1998

O Exame Nacional de Cursos estimula a melhoria da qualidade dos cursos por ele avaliados, conclusão baseada nos seguintes dados:

- as instituições privadas tiveram desempenho superior ao obtido nos exames anteriores;
- as instituições públicas e privadas passaram a contratar professores mais qualificados, com mestrado e doutorado, e que dedicam mais tempo ao trabalho em sala de aula;
- pressionadas pelos alunos e pela sociedade, as instituições estão se mobilizando para melhorar a oferta dos cursos;
- houve queda do boicote e do número de provas em branco;
- o exame deu visibilidade às instituições em que os cursos têm melhor conceito;
- os coordenadores de cursos estão muito mais empenhados e dispostos a colaborar com as comissões de cursos na elaboração das diretrizes do exame.

Informação disponibilizada em 9 de dezembro de 1999

Foram identificados os fatores que influem diretamente no desempenho do estudante no exame. O conceito obtido no exame está relacionado, basicamente, a duas variáveis: a condição socioeconômica dos estudantes e as condições físico-pedagógicas das instituições que ministram os cursos. Dessa forma, o perfil dos graduandos que obtiveram o conceito A difere totalmente do daqueles que receberam conceito E, como se pode observar no quadro 22.

Quadro 22

Perfil dos alunos que realizaram o ENC em 1999

Perfil dos alunos com conceito A	Perfil dos alunos com conceito E
❑ Durante a graduação tiveram aulas teóricas em turmas menores.	❑ Durante a graduação tiveram aulas teóricas em turmas maiores.
❑ Fizeram uso de livros-textos e manuais.	❑ Fizeram uso de apostilas e resumos.
❑ A maioria dos professores tinha mestrado ou doutorado.	❑ A maioria dos professores não tinha mestrado nem doutorado.

Continua

Perfil dos alunos com conceito A	Perfil dos alunos com conceito E
❑ As instituições eram mais bem equipadas no que se refere a bibliotecas e laboratórios.	❑ Os cursos não estavam bem equipados com bibliotecas e laboratórios.
❑ São solteiros, jovens, filhos de pais com maior nível de escolaridade e renda, cursaram o ensino básico em escolas privadas, moram com os pais, usam computador e acessam a internet, dominam inglês ou espanhol.	❑ São casados, com filhos, trabalham cerca de 40 horas semanais e estudam quase sempre à noite, cursaram escola pública, vêm de famílias com menor escolaridade e nível de renda, não possuem computador e não acessam a internet, não falam inglês nem espanhol.

Informação disponibilizada em julho de 2000

Os dados educacionais demonstram que a qualificação do corpo docente vem progressivamente melhorando. Vejamos alguns:

- ❑ quando comparado a 1994, o número de professores apresentou um crescimento de 22,9%, chegando, em 1999, ao número de 173.836 docentes;
- ❑ o número de doutores teve um crescimento ainda mais significativo, já que, em 1994, havia 21.326 professores com essa titulação e, em 1999, esse número passou para 34.934, o que representa um salto de 63,8%, com efeitos imediatos sobre a qualidade do ensino;
- ❑ nas instituições privadas, esses dados são ainda mais impressionantes, visto que, de 1994 a 1999, o número de professores teve um aumento de 40,4% e o contingente de doutores mais do que dobrou, passando de 4.476 em 1994 para 9.577 em 1999;
- ❑ no conjunto do sistema de graduação, ou seja, incluindo as instituições públicas e privadas, 15% dos professores tinham o título de doutor em 1994, percentual que subiu para 20% em 1999;
- ❑ o sistema de pós-graduação do país apresentou também acentuado aumento de produtividade, pois, em 1994, formaram-se 2,1 mil doutores e, em 1999, 4,8 mil, o que corresponde a um aumento de 130%.

Informação disponibilizada em 19 de dezembro de 2000

Quando comparado com o primeiro Exame Nacional de Cursos, de 1996, o de 2000 mostra uma nítida melhoria na qualificação do corpo docente; em

1996, apenas 33% dos professores tinham título de mestre ou de doutor, já em 2000 esse percentual chegou a 55%.

Informação disponibilizada em 12 de dezembro de 2001

Houve melhora na formação pedagógica do corpo docente. Isso foi o que se constatou examinando os questionários respondidos pelos alunos entre os anos de 1997 e 2001, que destacaram os seguintes pontos: a) aumento considerável do número de professores que apresentam plano escolar no início do ano letivo; b) maior empenho, assiduidade e pontualidade da maioria do corpo docente; e c) professores cada vez mais atualizados nas disciplinas lecionadas. Mas, ainda segundo esses mesmos questionários, a realização de atividades de pesquisa, como parte integrante do processo de ensino-aprendizagem, ainda é pouco solicitada pela grande maioria dos professores.

As instituições, por sua vez, estão, a cada ano, melhorando suas infraestruturas, principalmente no que diz respeito à informatização.

Informação disponibilizada em 10 de junho de 2002

Em 2003, com a inclusão dos cursos superiores de fonoaudiologia e geografia, o Exame Nacional de Cursos avaliaria mais de 6,5 mil cursos de 26 áreas do conhecimento, somando um total de 470 mil formandos.

Avaliação tardia do curso de ciências contábeis

Com base em todas essas informações, não há dúvida de que a introdução do ENC propiciou uma série de benefícios para a educação de nível superior do país e, por extensão, para a sociedade como todo, visto que acabou resultando na melhoria da formação acadêmica do corpo docente desse nível de ensino.

Quanto ao ensino contábil, a situação não é diferente, pois "o Exame Nacional de Cursos tem um aspecto relevante que será a gradativa melhora do ensino da contabilidade; permite vislumbrar um futuro promissor com a tão almejada e decantada valorização profissional, a fim de tomarem parte nessa cruzada e contribuírem para a busca do efetivo reconhecimento da nossa profissão pela via da competência".[116]

Contudo, vale lembrar que o curso superior de ciências contábeis e, conseqüentemente, a classe contábil ficaram alijados desse exame por mais de seis anos. Isso é incompreensível e digno de análise, sobretudo quando se observam os dados educacionais de 1998, disponibilizados pelo MEC/Inep/ Seec, e os de 2002, fornecidos pelo Inep. Os dados revelam que o curso superior de ciências contábeis é o 5º curso de graduação em número de matrículas (122.427 alunos), ficando atrás somente dos cursos de direito (292.728), administração (257.408), engenharia (150.217) e pedagogia (139.893). Além disso, os 10 cursos com maior número de matrículas foram todos avaliados pelo Inep antes que o curso superior de ciências contábeis tivesse sua primeira avaliação, como se pode observar no quadro 23.

Quadro 23
Ano de realização do ENC nos 10 cursos de graduação com maior número de matrículas

Curso	Classificação pelo nº de matrículas	Ano de realização do 1º provão
Direito	1º	1996
Administração	2º	1996
Engenharia	3º	1996
Pedagogia	4º	2001
Ciências contábeis	**5º**	**2002**
Letras	6º	1998
Comunicação social	7º	1998
Ciência econômica	8º	1999
Psicologia	9º	2000
Medicina	10º	1999

Dessa forma, cursos como o de letras (108.746 alunos), comunicação social (74.567 alunos), ciências econômicas (66.992 alunos), psicologia (61.103 alunos) e medicina (50.879 alunos) foram todos avaliados antes do curso de ciências contábeis, com 122.427 alunos.

[116] Traemer, 2002:32.

Além desses, outros cinco cursos, classificados entre os 20 com maior número de matrículas, foram avaliados antes ou juntamente com o curso superior de ciências contábeis, como mostra a tabela 22:

Tabela 22

Cursos de graduação avaliados pelo ENC antes ou juntamente com o de ciências contábeis

Curso	Classificação	Nº de matrículas	Ano do 1º provão
História	14º	42.324	2002
Odontologia	15º	40.850	1997
Ciências biológicas	17º	36.789	2000
Matemática	18º	34.936	2000
Enfermagem	20º	33.543	2002

Outros cursos menos significativos no quesito número de matrículas foram também avaliados antes ou paralelamente com o curso de ciências contábeis, como agronomia (2000), arquitetura e urbanismo (2002), física (2000), medicina veterinária (1997) e química (2000). Assim, apesar de ser o 5º em número de matrículas, o curso de ciências contábeis foi apenas o 18º a ser avaliado pelo Inep.

Mais um dado importante: dos 24 cursos avaliados pelo Inep em 2002, o curso superior de ciências contábeis foi o 3º em número de cursos, com um total de 458, o que o situa abaixo apenas do curso de administração, com um total de 489 cursos, e do de pedagogia, com 492.

Com base nessas informações, conclui-se que o curso superior de ciências contábeis, tanto em número de cursos quanto no de alunos, é de grande importância para o bom andamento do sistema educacional de nível superior deste país, uma vez que, sozinho, representa 5,8% do total de matrículas nesse grau de ensino.

Dadas a relevância desse curso para o sistema de ensino brasileiro e a importância da formação condigna desse profissional para a sociedade, visto que não há um país industrializado que não tenha uma contabilidade bem estruturada e profissionais com a devida formação profissional, não se compreende por que esse curso demorou tanto tempo para ser avaliado pelo Inep — seis anos após a avaliação dos primeiros cursos.

É impossível aquilatar com precisão as conseqüências dessa demora para a educação contábil, pode-se, porém, deduzir, com base nos avanços obtidos pelos cursos avaliados pelo Inep desde 1996, que isso protelou a evolução de importantes variáveis para os cursos superiores de ciências contábeis, como: melhor qualificação do seu corpo docente, criação de novos programas de pós-graduação e melhoria da infra-estrutura dos seus cursos, mediante a modernização de suas bibliotecas e laboratórios e da maior disseminação dos meios eletrônicos.

Avaliação da oferta de cursos de graduação

Além do Exame Nacional de Cursos, outro tipo de avaliação integra o sistema de avaliação do ensino superior coordenado pelo MEC: é a chamada "Avaliação das Condições de Oferta dos Cursos de Graduação", que se baseia nos seguintes dispositivos legais:

- Lei nº 9.131, de 24 de novembro de 1995, que criou o Exame Nacional de Cursos;
- Decreto nº 2.026, de 10 de outubro de 1996, que estabeleceu procedimentos para a avaliação dos cursos e das instituições de ensino superior;
- Lei de Diretrizes e Bases da Educação, Lei nº 9.394, de 20 de dezembro de 1996, que estabeleceu que a autorização e o reconhecimento de cursos, e o recredenciamento de instituições estão submetidos a um processo de avaliação permanente.

O objetivo dessa avaliação é verificar *in loco* as condições das instituições de ensino superior cujos cursos de graduação tenham sido submetidos ao Exame Nacional de Cursos.

Dessa forma, há dois sistemas de avaliação — o Exame Nacional de Cursos e a Avaliação das Condições de Oferta — com o mesmo fim, que é avaliar a qualidade dos cursos de nível superior a fim de melhorá-los, mas com sistemáticas diferentes. O ENC avalia o produto final dos cursos, a partir do desempenho dos estudantes nas provas. A Avaliação das Condições de Oferta avalia as instituições de ensino nos aspectos estruturais e pedagógicos, como:

- sua organização didático-pedagógica;
- a adequação de suas instalações físicas;

- a adequação de suas instalações especiais — laboratórios, oficinas e outros ambientes indispensáveis à execução do currículo;
- a qualificação de seu corpo docente;
- a estrutura física e organizacional de suas bibliotecas, atentando especialmente para o acervo bibliográfico, o regime de funcionamento, a modernização dos serviços e a adequação ambiental.

A elaboração de um relatório desse tipo exige dos avaliadores elevada qualificação acadêmica e adequada preparação prévia, porque há variáveis complexas e subjetivas no processo de avaliação. Após a instituição ter sido avaliada por uma comissão, geralmente composta por dois ou três professores pertencentes às universidades de maior prestígio do país, ela recebe um conceito, que pode ser:

- CMB — Condições Muito Boas: aplicável quando o curso apresenta um padrão de excelência;
- CB — Condições Boas: aplicável às instituições com cursos de boa qualidade;
- CR — Condições Regulares: aplicável às instituições que apresentam o padrão mínimo para a realização do curso;
- CI — Condições Insuficientes: aplicável às instituições sem condições de funcionamento.

Os conceitos atribuídos aos cursos das instituições avaliadas são de capital importância para a renovação de seu reconhecimento e para o recredenciamento das instituições.

Entre novembro de 1997 e outubro de 1998, foram avaliados 811 cursos, das áreas de administração, direito, engenharia civil, engenharia química, medicina veterinária e odontologia, que participaram dos ENCs de 1996 e 1997.

Entre 1999 e 2000, foram avaliados 1.196 cursos, das áreas de economia, engenharia elétrica, engenharia mecânica, jornalismo, letras, matemática e medicina, que haviam sido submetidos aos exames de 1998 e 1999 e que não tinham sido avaliados pelos especialistas em 1996 e 1997.

O Decreto nº 3.860, de 9 de julho de 2001, atribuiu ao Inep uma nova função: organizar e executar a avaliação dos cursos e das instituições de ensino superior nos seguintes aspectos:

- avaliação dos principais indicadores de desempenho global do sistema nacional de educação superior, por região e unidade da Federação, segundo as áreas do conhecimento e a classificação das instituições de ensino superior definidos no Sistema de Avaliação e Informação Educacional do Inep;
- avaliação institucional do desempenho individual das instituições de ensino superior, considerando, pelo menos, os seguintes itens: a) grau de autonomia assegurado pela entidade mantenedora; b) plano de desenvolvimento institucional; c) independência acadêmica dos órgãos colegiados da instituição; d) capacidade de acesso a redes de comunicação e sistemas de informação; e) estrutura curricular adotada e sua adequação às diretrizes curriculares nacionais dos cursos de graduação; f) critérios e procedimentos adotados na avaliação do rendimento escolar; g) programas e ações de integração social; h) produção científica, tecnológica e cultural; i) condições de trabalho e qualificação docente; j) auto-avaliação realizada pela instituição e as providências adotadas para sanear as deficiências identificadas; e k) resultados das avaliações coordenadas pelo MEC;
- avaliação dos cursos superiores, mediante a análise dos resultados do Exame Nacional de Cursos e das condições de oferta de cursos superiores.

A Portaria nº 990, de 2 de abril de 2002, estabeleceu as diretrizes que o Inep deve seguir para executar a avaliação das instituições de ensino superior e das condições de ensino dos cursos de graduação. De acordo com essa portaria, em seu art. 1º e incisos correspondentes:

- o Inep realizará, seguindo solicitação da SESu, a avaliação para fins de credenciamento e recredenciamento das instituições de ensino superior e de reconhecimento ou renovação de reconhecimento dos cursos de graduação;
- o mesmo instituto ainda realizará, periodicamente, a avaliação de todos os cursos com mais de dois anos de funcionamento das áreas que participam do Exame Nacional de Cursos;
- os resultados dessa avaliação serão parte integrante do processo de avaliação para efeito de reconhecimento ou renovação de reconhecimento dos cursos de graduação.

Assim, no segundo semestre de 2002, o Inep avaliou os seguintes cursos, para efeito de reconhecimento e renovação de reconhecimento, que protocolaram na SESu seus processos até 3 de maio de 2002:

Quadro 24

Cursos avaliados pelo Inep no 2º semestre de 2002

Grupos	Cursos
Grupo 1	Administração, direito, engenharia civil, engenharia química, medicina veterinária e odontologia.
Grupo 2	Biologia, **ciências contábeis**, enfermagem, farmácia, artes visuais e educação artística, desenho industrial, *design*, *design* de moda e fonoaudiologia.
Grupo 3	Remanescentes dos grupos 1 e 2, comunicação social, jornalismo, marketing, publicidade e propaganda, letras, secretariado executivo bilíngüe.
Grupo 4	Remanescentes dos grupos 1, 2 e 3, matemática, física, química, engenharia elétrica, engenharia eletrônica, engenharia mecânica, mecatrônica, engenharia aeronáutica, produção mecânica, ciências econômicas e serviço social.
Grupo 5	Remanescentes dos grupos 1, 2, 3 e 4, educação física, fisioterapia, relações internacionais, turismo, nutrição e hotelaria.
Grupo 6	Remanescentes dos grupos 1, 2, 3, 4 e 5, história, psicologia, pedagogia, medicina e engenharia de alimentos.
Grupo 7	Estudos sociais, geografia, filosofia, engenharia de computação, ciência da computação, sistema da informação e análises de sistemas, e artes cênicas.

Uma avaliação desse tipo já deveria ter sido realizada desde o final da década de 1960 e início da de 70, quando se deu a expansão desarticulada das instituições de ensino superior, mas o governo central não tomou tal medida, entre outros motivos, devido ao ambiente político do momento, à falta de interesse do Conselho Federal de Educação e à pouca representatividade política da sociedade como um todo. Essa é, pois, uma experiência inédita no país e que necessita da participação de todo o meio acadêmico para o sucesso do empreendimento.

A instituição do Fundef

Em 24 de dezembro de 1996, a Lei nº 9.424 instituiu o Fundo de Manutenção e Desenvolvimento do Ensino Fundamental e de Valorização do Magistério (Fundef), mas este só entrou em vigor em 1º de janeiro de 1998.

O Fundef é um fundo de natureza contábil, criado com o intuito de garantir um mínimo de recursos financeiros para serem aplicados, igualitariamente, na melhoria da qualidade do ensino fundamental em todas as regiões do país. Os dois principais objetivos do Fundef são: a) reduzir as desigualdades regionais e sociais; e b) aumentar a remuneração do corpo docente. Para concretizar seus objetivos, o Fundef conta com recursos da União, do Distrito Federal, dos estados e dos municípios, assim distribuídos: 15% dos estados e do Distrito Federal, 15% dos municípios, e o restante complementado pela União, quando o valor por aluno não alcançar o mínimo nacional estabelecido.

As novas diretrizes curriculares para os cursos de graduação

Em 4 de dezembro de 1997, o MEC, por intermédio da SESu, emitiu o Edital nº 4/97 convocando as instituições de ensino superior a apresentarem propostas para que as comissões de especialistas do ministério pudessem elaborar novas diretrizes curriculares para os cursos de graduação. Diferentes setores da sociedade civil, como sociedades científicas, ordens e associações profissionais, associações de classe, setor produtivo etc. se reuniram e, até 3 de abril de 1998, data-limite para a entrega das contribuições, conseguiram fazer chegar à SESu cerca de 1.200 propostas.

A iniciativa de elaborar novas diretrizes curriculares levou em conta diferentes aspectos, a saber:

- *legal:* a) na Lei nº 9.131/95, que, ao criar o Conselho Nacional de Educação (CNE), conferiu-lhe o atributo de deliberar sobre as diretrizes curriculares propostas pela SESu/MEC para os cursos de nível superior; b) na Lei nº 9.394/96, a LDB, que estabeleceu, no inciso II do art. 53, que as instituições universitárias deveriam fixar o currículo de seus cursos com base nas diretrizes gerais pertinentes, eliminando dessa forma os currículos mínimos, que praticamente impediam quaisquer iniciativas de mudança promovidas pelas instituições de nível superior; e c) no inciso II do art. 4º do Decreto nº 2.026, de 10 de outubro de 1996, e no art. 14 do Decreto nº 2.306, de 19 de agosto de 1997, que tratam da integração entre a avaliação dos cursos de graduação e as diretrizes curriculares;
- *socioeducacional e econômico:* visto que a elaboração de novas diretrizes curriculares é uma exigência: da sociedade contemporânea, cujas necessi-

dades sofrem rápidas transformações; do mercado de trabalho, em função, principalmente, da globalização da economia; do perfil do graduando que se deseja formar; dos tipos de habilidades que os cursos superiores devem estimular, ensinar e desenvolver em seus alunos; da necessidade cada vez mais freqüente de conscientizar os estudantes sobre a importância da educação continuada.

A adoção de novas diretrizes curriculares está, pois, diretamente relacionada com os novos ditames das relações globais de trabalho. Mas há preocupações no meio educacional, inclusive no contábil, quanto ao fato de esse processo de flexibilização e reformulação curricular vir a prejudicar a formação do educando, resultando numa acentuada expansão quantitativa de diplomados, mas de qualidade duvidosa.

Objetivos das novas diretrizes curriculares

De acordo com o Parecer nº 776/97, os princípios, objetivos e metas estabelecidos para as novas diretrizes curriculares são:

- assegurar às instituições de ensino superior ampla liberdade na composição da carga horária a ser cumprida para a integralização dos currículos, assim como na especificação das unidades de estudos a serem ministradas;
- indicar os tópicos ou campos de estudo e demais experiências de ensino-aprendizagem que comporão os currículos, evitando ao máximo a fixação de conteúdos específicos com cargas horárias predeterminadas, que não poderão exceder 50% da carga horária total dos cursos;
- evitar o prolongamento desnecessário dos cursos de graduação;
- incentivar uma sólida formação geral, necessária para que o futuro graduado supere os desafios de renovadas condições de exercício profissional e de produção do conhecimento, permitindo variados tipos de formação e habilitações diferenciados em um mesmo programa;
- estimular práticas de estudo independente, visando a uma progressiva autonomia profissional e intelectual do aluno;

- encorajar o aproveitamento do conhecimento, de habilidades e competências adquiridos fora do ambiente escolar, inclusive os referentes à experiência profissional julgada relevante para a área de formação considerada;
- fortalecer a articulação da teoria com a prática, valorizando a pesquisa individual e coletiva, assim como os estágios e a participação em atividades de extensão, que poderão ser incluídas como parte da carga horária;
- incluir orientações para a condução de avaliações periódicas que utilizem instrumentos variados e sirvam para informar docentes e discentes acerca do desenvolvimento das atividades didáticas;
- conferir maior autonomia às IES na definição dos currículos de seus cursos, a partir da explicitação das competências e das habilidades que se deseja desenvolver, através da organização de um modelo pedagógico capaz de se adaptar à dinâmica das demandas da sociedade, em que a graduação passa a constituir uma etapa de formação inicial no processo contínuo de educação permanente;
- propor uma carga horária mínima que permita a flexibilização da duração do curso, de acordo com a disponibilidade e o esforço do aluno;
- otimizar a estruturação modular dos cursos com vistas a permitir um melhor aproveitamento dos conteúdos ministrados, bem como a ampliação da diversidade da organização de cursos, integrando a oferta de cursos seqüenciais previstos no inciso I do art. 44 da LDB;
- contemplar orientações para as atividades de estágio e demais atividades que integrem o saber acadêmico à prática profissional, incentivando o reconhecimento de habilidades e competências adquiridas fora do ambiente escolar;
- contribuir para a inovação e a qualidade do projeto pedagógico do ensino de graduação, norteando os instrumentos de avaliação.

Principais críticas às novas diretrizes curriculares

A forma pela qual as novas diretrizes curriculares estão sendo implantadas não vem satisfazendo, em vários pontos, alguns setores da sociedade, como se pode verificar no quadro 25:

Quadro 25

Questões discordantes sobre as novas diretrizes curriculares dos cursos de graduação

Principais questões discordantes	Propostas do governo e seus aliados/formuladores	Propostas da sociedade brasileira organizada em torno dos interesses da classe trabalhadora
Fundamentação filosófica	O foco está no perfil, na competência, nas habilidades, no individualismo, na adaptação ao mercado de trabalho.	O foco está nos objetivos-avaliação da formação humana, profissional, com base nas necessidades da sociedade em transformação, no mundo do trabalho.
Referências éticas (móvel da conduta humana e profissional)	O capital, o mercado mundializado, a globalização da economia.	A luta histórica da classe trabalhadora pela emancipação econômica, social e cultural das classes.
Primado	Da técnica, propostas neotecnicistas caracterizadas pela sofisticação tecnológica; da utilização dos materiais instrucionais; dos pacotes instrucionais; dos *kits*.	O conhecimento e o saber socialmente produzidos e socializados, em processos interativos, produtivos, dialógicos, considerando em primeiro lugar o ser humano.
Justificativa	Sintonizar a universidade com uma nova ordem mundial; sintonia com paradigmas do mundo moderno, científico-tecnológico.	Sintonia com as reivindicações e aspirações das massas, pela transformação social do modo de produção capitalista da perspectiva da construção do socialismo.
Idéia do currículo	Centralizado nos parâmetros e diretrizes, sustentando modalidades de avaliação (Provão, Saeb, Enen) e proporções para substituir grades e currículo mínimo.	Currículo com base num padrão unitário de qualidade que assegure uma produção cultural e científica verdadeiramente criadora e conforme as reivindicações e aspirações da maioria da sociedade brasileira.
Organização do conhecimento	Organização do conhecimento em disciplinas, com ênfase na transmissão; uso de tecnologias informacionais.	Produção e organização do conhecimento de forma espiralada, em ciclos, com critérios relacionados com a relevância social.
Meios de ensinar e materiais didáticos	Como substitutos do trabalho docente e para baratear o ensino.	Processos interativos e produtivos, de modo que os meios de produção do ensino e os materiais didáticos sejam dominados por todos os participantes.

Continua

Principais questões discordantes	Propostas do governo e seus aliados/formuladores	Propostas da sociedade brasileira organizada em torno dos interesses da classe trabalhadora
Concepção de formação	Formação propedêutica, em cursos seqüenciais, a superficialidade na formação.	Formação integralizadora, continuada, totalizante, de conjunto e com aprofundamento, com boa base teórica.
Participação docente	Incentivos à docência com bolsas e produtividade atrelada à lógica das tarefas e à terceirização do trabalho docente, com redução de direitos e conquistas trabalhistas.	Gestão democrática, valorizada por reajustes salariais dignos, planos de carreira e política de capacitação docente, condições objetivas de trabalho adequadas.
Concepção de aprendizagem	Aluno como ator principal, construtor, e as novas tecnologias como elemento revolucionário do processo.	Aluno e professor como produtores, consumidores e socializadores do conhecimento científico de relevância social para todos, dominando meios de produção, e circulação democrática do saber.
Compreensão da indissociabilidade ensino-pesquisa-extensão	Impossível para a universidade, mas possível no aluno.	Indissociabilidade como princípio da organização do trabalho pedagógico e de modelo de universidade.
Concepção de currículo	Por disciplinas, extensivo.	Problematizado, intensivo, com base em projetos, pesquisas matriciais, com abordagens qualitativas, pesquisa-ação e pesquisa-participante.
Concepção de reforma curricular	Revisão da estrutura e da natureza do currículo.	Alterações significativas na organização do processo de trabalho pedagógico e nas relações de poder e comunicação.
Visão de formação	Divisão entre formação acadêmica e formação profissional, entre bacharéis e licenciados, entre pesquisadores e aplicadores, com universidades de ensino, de pesquisa e de extensão/ serviços.	Formação integral, sólida base teórica, forjada nas atividades de ensino-pesquisa e extensão, para intervenções nos campos de trabalho a serem expandidos, pela ampliação do poder aquisitivo, distribuição de renda e, por direitos assegurados.

Continua

Principais questões discordantes	**Propostas do governo e seus aliados/formuladores**	**Propostas da sociedade brasileira organizada em torno dos interesses da classe trabalhadora**
Formação de professores	Formação pedagógica imediatista, treinar habilidades desejáveis em curto prazo, em centros fora das universidades.	Formação na universidade, com tempo pedagógico adequado, em condições de trabalho apropriadas para uma sólida formação inicial.
Concepção de perfil profissional	Formação por perfil desejado, acadêmico e profissional, dicotomizado, com base em competências e habilidades ligadas ao mercado de trabalho.	Formação por objetivos-avaliação relacionados a necessidades históricas, à relevância social, ao mundo do trabalho capitalista e à perspectiva de sua superação, de acordo com interesses humanizantes da sociedade brasileira.
Núcleo obrigatório	Definição de percentual máximo comum obrigatório de 50%.	Referência no padrão nacional de qualidade e relevância social
Tempo de integralização curricular	Redução do tempo de formação.	Ampliação da oferta para integralização da formação inicial e continuada, com qualidade social e com recursos-investimentos qualificados.
Compreensão de formação crítica	Compreensão de espírito crítico restrito a dar e receber crítica (consciência intransitiva).	Crítica como práxis social transformadora, implicando consciência transitiva crítica.
Concepção de inovação	Proposta inovadora/reforma.	Proposta reconceptualizadora — alteração no processo de trabalho pedagógico.
Processo de reformas	Processo orientado por comissões de especialistas da SESu e nas IES (direções/burocracia), monitoradas por agências financeiras internacionais (AFIs).	Ampla participação no tempo pedagógico e político necessário para democratizar experiências e envolver amplas parcelas de interessados nas reconceptualizações curriculares.

Continua

Principais questões discordantes	Propostas do governo e seus aliados/formuladores	Propostas da sociedade brasileira organizada em torno dos interesses da classe trabalhadora
Novo ordenamento legal	Aceitação, sem críticas, da nova LDB e do Plano Nacional de Educação, bem como de todas as medidas decorrentes da legislação.	Críticas/revogação da nova LDB e defesa de planos da sociedade civil.
Custos	Previsão de recursos para que comissões elaborem diretrizes de modo a satisfazer prazos fixados por AFIs.	Processo científico permanente, instituído nas IES pela via da avaliação curricular qualitativa e baseado na valorização do magistério superior.
Modelos e padrões de referência para o trabalho docente	Modernização, superexploração, universidade de serviço, docência e pesquisa de resultados, privatizante e terceirizada.	Trabalho autônomo e autonomia criadora, dimensão pública da pesquisa, tanto na realização quanto na destinação de resultados.
Atuação do Estado	Maximizado no controle pedagógico e de gestão, através de contratos de desenvolvimento institucional (organizações sociais), minimizado no financiamento. Perspectiva de controle, pelas diretrizes e parâmetros, apropriação simplista de tecnologias e expropriação do trabalho docente, minimizado na intervenção social e substituído por parcerias e organizações sociais.	Estado compreendido e situado historicamente e, portanto, ordenador do poder econômico, político, militar, ideológico e cultural.

Fonte: Taffarel, 2001:150-151.

Principais distinções entre as novas diretrizes curriculares e os antigos currículos mínimos

O quadro 26 apresenta as principais diferenças entre as novas diretrizes curriculares e os antigos currículos mínimos.

Quadro 26

Diferenças entre os currículos mínimos e as diretrizes curriculares

Pontos a destacar	Currículo mínimo	Diretrizes curriculares
Com relação ao diploma e ao exercício profissional	Estava relacionado com a emissão de um diploma para o exercício profissional, quando de sua elaboração.	Quando de sua elaboração, não se vinculavam nem ao diploma, nem ao exercício profissional.
Com relação à habilitação profissional	Era fixado com base em determinada habilitação profissional, assegurando direitos para o exercício das profissões regulamentadas no país.	As novas diretrizes curriculares têm o objetivo de proporcionar variados tipos de formação e habilitações diferenciadas em um mesmo programa.
Com relação à questão pedagógica	Caracterizava-se principalmente por uma composição curricular rígida, por um excesso de disciplinas obrigatórias e pela extensão desnecessária do tempo de duração dos cursos.	Caracterizam-se por sua flexibilidade de organização curricular, dinamismo de currículo, sua adaptação às novas necessidades do mercado de trabalho, ênfase na formação geral em detrimento da formação específica, e integração entre a graduação e a pós-graduação.
Com relação à formação do novo estudante	Esse tipo de currículo tinha o objetivo de formar um profissional pronto, ou seja, preparado para o mercado de trabalho.	As novas diretrizes têm o fim de formar um profissional adaptável a situações novas e emergentes que a sociedade contemporânea demanda.

Assim, à medida que as comissões de especialistas da SESu forem elaborando as diretrizes curriculares para os cursos de graduação, os currículos mínimos serão progressivamente extintos.

As novas diretrizes curriculares para o curso de ciências contábeis

O curso superior de ciências contábeis não ficará à margem desse processo de remodelação dos currículos dos cursos de graduação. O fato de terem se reiniciado as discussões a respeito do novo currículo de contabilidade, quando ainda nem se formou a primeira turma do anterior, só vem reforçar a fragilidade com que este foi concebido.

Em 3 de abril de 2002 foi aprovado o Parecer CES/CNE nº 146, que dispõe sobre as diretrizes curriculares nacionais dos cursos de graduação em direito, ciências econômicas, administração, *ciências contábeis*, turismo, hotelaria, secretariado executivo, música, dança, teatro e *design*. Tal parecer, homologado em 9 de maio, ainda aguarda resolução.

O parecer adotou duas diretrizes para a composição dos novos currículos: uma comum aos 11 cursos por ele analisados e outra específica para cada curso de graduação. Os principais pontos da *diretriz comum* são:

- *estágio supervisionado:* é um componente curricular obrigatório que pode ser realizado na própria instituição de ensino; tem por objetivo consolidar os conhecimentos teóricos adquiridos no decorrer do curso;
- *atividades complementares:* podem ser realizadas, inclusive, fora do ambiente escolar, sendo constituídas de projetos de pesquisa, monitoria, iniciação científica, projetos de extensão, módulos temáticos, seminários, simpósios, congressos, conferências, palestras etc.;
- *monografia:* um componente curricular opcional.

Já as *diretrizes específicas* dispõem sobre três pontos:

- *o perfil desejado do formando:* o curso superior de ciências contábeis deve formar um profissional consciente de sua responsabilidade social e de sua inter-relação com os outros ramos da ciência e, conseqüentemente, com os outros profissionais;
- *competências e habilidades:* os bacharéis em ciências contábeis devem ser capazes de: a) utilizar adequadamente a terminologia e a linguagem próprias das ciências contábeis e atuariais; b) demonstrar ter visão sistêmica e interdisciplinar da atividade contábil; c) elaborar pareceres e relatórios que contribuam para o desempenho eficiente e eficaz de seus usuários, quaisquer que sejam os modelos organizacionais; d) aplicar adequadamente a legislação inerente às funções contábeis; e) desenvolver, com motivação e através de permanente articulação, a liderança entre equipes multidisciplinares para a captação dos insumos necessári-

os aos controles técnicos, à geração e à disseminação de informações contábeis, com reconhecido nível de precisão; f) exercer suas funções com expressivo domínio das funções contábeis e atuariais, de modo a viabilizar aos agentes econômicos e aos administradores de qualquer segmento produtivo ou institucional o pleno cumprimento de sua responsabilidade quanto ao gerenciamento, aos controles e à prestação de contas da sua gestão perante a sociedade, gerando também informações para a tomada de decisão, a organização de atitudes e a construção de valores orientados para a cidadania; g) desenvolver, analisar e implantar sistemas de informação contábil e de controle gerencial; e h) exercer com ética e proficiência as atribuições e prerrogativas que lhe são prescritas através da legislação específica, revelando domínio adequado dos diferentes modelos organizacionais;

- *conteúdos curriculares:* a composição curricular do curso superior de ciências contábeis deve contemplar os seguintes conteúdos: a) de formação básica: estudos relacionados com outras áreas do conhecimento, sobretudo administração, economia, direito, métodos quantitativos, matemática e estatística; b) de formação profissional: estudos específicos atinentes às teorias da contabilidade, além de suas relações com a atuária, e da auditoria, da controladoria e suas aplicações peculiares aos setores público e privado; e c) de formação teórico-prática: estágio curricular supervisionado, atividades complementares, estudos independentes, conteúdos optativos, prática em laboratório de informática utilizando softwares atualizados para a contabilidade.

O Exame Nacional do Ensino Médio

Em 28 de maio de 1998, foi instituído pela Portaria nº 438 o Exame Nacional do Ensino Médio (Enem). Diferentemente do que ocorre com o Exame Nacional de Cursos, a participação no Enem é voluntária e o aluno do ensino médio, de qualquer modalidade, pode realizar o exame quantas vezes considerar conveniente, mesmo que não esteja concluindo seus estudos.

De acordo com a portaria, o exame tem a finalidade de: a) conferir ao cidadão um parâmetro para auto-avaliação, com vistas à continuidade de sua formação e à sua inserção no mercado de trabalho; b) criar referência nacional para os egressos de qualquer das modalidades do ensino médio; c) fornecer subsídios às diferentes modalidades de acesso à educação superior; e d) constituir-se em modalidade de acesso a cursos profissionalizantes pós-médios.

Segundo a portaria, o exame avalia "as competências e as habilidades desenvolvidas pelos examinados ao longo do ensino fundamental e médio, imprescindíveis à vida acadêmica, ao mundo do trabalho e ao exercício da cidadania, tendo como base a matriz de competências especialmente definida para o exame". As competências e habilidades avaliadas são as seguintes:

- demonstrar domínio básico da norma culta da língua portuguesa e do uso das diferentes linguagens: matemática, artística, científica, entre outras;
- construir e aplicar conceitos das várias áreas do conhecimento para compreensão de fenômenos naturais, de processos histórico-geográficos, da produção tecnológica e das manifestações artísticas;
- selecionar, organizar, relacionar, interpretar dados e informações representados de diferentes formas, para enfrentar situações-problemas segundo uma visão crítica, com vistas à tomada de decisões;
- organizar informações e conhecimentos disponíveis em situações concretas, para a construção de argumentações consistentes;
- recorrer aos conhecimentos desenvolvidos na escola para a elaboração de propostas de intervenção solidária na realidade, considerando a diversidade sociocultural como inerente à condição humana no tempo e no espaço.

A Nova Lei de Diretrizes e Bases da Educação Nacional

Em 20 de dezembro de 1996, foi promulgada a Lei nº 9.394/96 — a Lei de Diretrizes e Bases da Educação Nacional (LDBEN) —, com a finalidade, segundo o disposto no art. 22, XIV, da Constituição Federal, de fixar as diretrizes e bases da educação nacional. Com sua entrada em vigor, a LDB "passou a ser a espinha dorsal de toda a legislação brasileira".[117] Dessa forma, a legislação educacional, como todas as outras, tem a seguinte hierarquização:

Constituição Federal ↓	A lei máxima do país em todos os tipos de assuntos, entre eles a educação.
Lei de Diretrizes e Bases ↓	Hierarquicamente, está abaixo da Constituição Federal e tem a função de fixar as diretrizes e bases da educação nacional, respeitando, sempre, os dispositivos constitucionais.
Decretos, portarias, circulares etc.	Esses instrumentos legais/administrativos estão abaixo da LDB e têm a função de regulamentaros atos constitutivos do processo educativo regular.

A Lei nº 9.394/96, que ficou em discussão no Congresso Federal por oito anos, tem, entre outras, as seguintes características:

- foi de iniciativa exclusiva do Poder Legislativo, contrapondo-se às anteriores, que partiram do Executivo;
- introduziu uma nova composição na educação escolar: a) a educação básica, formada pela educação infantil, pelo ensino fundamental e pelo ensino médio; e b) a educação superior;
- criou os institutos superiores de educação;
- definiu a universidade como uma instituição pluridisciplinar, caracterizada por docentes qualificados, cuja produção institucionalizada na pesquisa, na docência e na extensão exige, minimamente, 1/3 do corpo docente com pós-graduação *stricto sensu* e 1/3 em regime de tempo integral;
- criou os cursos seqüenciais.

O quadro 27 compara a organização do ensino segundo a LDB de 1961, a de 1971 e a LDB atual.

[117] Carneiro, 2000:187.

Quadro 27

A organização do ensino nas LDBs de 1961, 1971 e 1996

Lei nº 4.024/61	Duração (anos)	Lei nº 5.692/71	Duração (anos)	Lei nº 9.394/96	Duração (anos)
Ensino primário	4	Ensino de 1º grau	8	Educação básica:	
Ciclo ginasial do ensino médio	4	Ensino de 2º grau	3 a 4	❑ Educação infantil ❑ Ensino fundamental	Variável 8
Ciclo colegial do ensino médio	3			❑ Ensino médio	3
Ensino superior	Variável	Ensino superior	Variável	Educação superior	Variável
Obs.: a passagem do primário para o ginasial era feita por meio de uma prova de acesso: o exame de admissão; os ciclos ginasial e colegial eram divididos em ramos de ensino: secundário, comercial, industrial, agrícola, normal e outros.		Obs.: com a junção dos antigos primário e ginasial, acabou o exame de admissão; a duração normal do 2º grau era de três anos, mas ultrapassava esse limite quando se tratava de um curso profissionalizante; o ensino de 1º grau e de 2º graus tinha uma carga horária mínima anual de 720 horas e o ano letivo, a duração mínima de 180 dias.		Obs.: os níveis da educação escolar passam a ser dois: educação básica e educação superior; a educação de jovens e adultos, a educação profissional e a educação especial são modalidades de educação; a educação básica, nos níveis fundamental e médio, passa a ter a carga horária mínima de 800 horas anuais, distribuídas em 200 dias letivos anuais, no mínimo.	

Fonte: Carneiro, 2000:28.

A Lei nº 9.394/96 introduziu importantes vantagens, quando comparada com suas antecessoras, principalmente no que diz respeito à questão da flexibilidade.

O Exame de Suficiência

Em 28 de junho de 1999, a Resolução do CFC nº 853/99 instituiu o Exame de Suficiência como um dos requisitos para a obtenção do registro profissional nos conselhos regionais de contabilidade (CRCs).

Conceito

No início da década de 1990, intensificou-se no meio contábil uma discussão acerca da instituição de um exame, nos moldes do aplicado aos diplomados dos cursos de direito, com a finalidade de comprovar se os egressos dos cursos de nível médio e superior estão de fato plenamente capacitados para o exercício profissional das atividades contábeis.

No meio acadêmico, há uma corrente favorável à instituição de exames dessa natureza por parte das organizações profissionais, uma vez que o governo central não tem condições de garantir, com eficiência, a qualidade das instituições de ensino superior em todas as suas especificidades.

Um modo de solucionar esse problema seria dissociar a formação acadêmica da outorga do título profissional. Segundo Schwartzmann, "com isto, as universidades estariam livres para ensinar como preferissem, e seus produtos seriam avaliados externamente".[118]

A autorização legal para o exercício da profissão seria obtida mediante a realização de exames de suficiência, uniformes para todos os graduados, a cargo das associações de classes. O exame funcionaria, portanto, como uma espécie de atestado de qualidade, já que a aprovação dos candidatos demonstraria que haviam obtido os conhecimentos mínimos desejá-

[118] Schwartzmann, 1996:37.

veis para o exercício da profissão contábil. Para analisar mais apropriadamente a essência desse exame faz-se necessário abordar a diferença entre ele e os demais tipos de avaliações existentes, como, por exemplo:

- *o exame vestibular:* ambos têm funções seletivas, mas a finalidade do exame de suficiência é avaliar o nível de conhecimento dos que o realizam com o intuito principal de resguardar a profissão de indívíduos sem a devida formação contábil, enquanto a finalidade da avaliação promovida pelo vestibular é servir de regulador entre a demanda e a oferta de oportunidades educacionais;
- *o Exame Nacional de Cursos:* os dois exames se complementam, já que o foco de avaliação do Provão são os cursos de nível superior e, conseqüentemente, as instituições que os ministram, e o Exame de Suficiência, ou de Ordem, visa unicamente avaliar se os concluintes dos cursos estão em condições de atuar profissionalmente nas áreas em que se formaram;
- *o exame de competência:* sobre a diferença entre esses dois tipos de exames, Koliver diz o seguinte:

> *O Exame de Suficiência não é (...) um exame de competência, porquanto busca, tão-somente, assegurar que todos os nele aprovados disponham dos conhecimentos e habilidades que o diploma que receberam pressupõe. Enfim, insistindo no tema, o Exame de Suficiência, à semelhança do Provão, deverá comprovar se a formação vivida foi suficiente ou não em termos mínimos, diante* da natureza do curso *e as diretrizes estabelecidas para ele pelas autoridades competentes.*
>
> *O Exame de Suficiência não constitui, pois, exame de capacitação que vise a medir a competência para o exercício profissional: esta será função do Exame de Competência, que alcançará sempre conhecimentos gerais, conhecimentos técnicos, habilidades e consciência dos valores profissionais. No caso, os atributos que devem existir em nível adequado para o pleno exercício profissional, isto é, das prerrogativas previstas na legislação. Noutras palavras,*

> *somente no Exame de Competência se pode cogitar da* capacidade *para o exercício das prerrogativas, o que* não é o caso do Exame de Suficiência.[119]

Estruturação do exame

O Exame de Suficiência, ou de Ordem, compõe-se de uma prova para os concluintes dos cursos técnicos de contabilidade e outra para os egressos dos cursos superiores de ciências contábeis. As provas para esses dois níveis de cursos são aplicadas duas vezes ao ano (nos meses de março e setembro), simultaneamente em todo o território nacional, e abrangem as áreas apontadas no quadro 28.

Quadro 28

Disciplinas avaliadas pelo Exame de Suficiência

Prova para técnicos em contabilidade	Prova para bacharéis em ciências contábeis
Contabilidade geral, contabilidade de custos, noções de direito público e privado, matemática, legislação e ética profissional, princípios fundamentais de contabilidade e normas brasileiras de contabilidade, e português.	Contabilidade geral, contabilidade de custos, contabilidade pública, contabilidade gerencial, noções de direito público e privado, matemática financeira, teoria da contabilidade, legislação e ética profissional, princípios fundamentais de contabilidade e normas brasileiras de contabilidade, auditoria contábil, perícia contábil, português, conhecimentos sociais, econômicos e políticos do país.

Para ser aprovado o candidato deve obter, no mínimo, 50% dos pontos possíveis. Até agosto de 2002 já foram realizados cinco exames, com os seguintes indíces de aprovação:

---

119 Koliver, 1999:18-19.

Tabela 23

Realização dos Exames de Suficiência

Exames	Inscritos					Ausentes				Aprovados				Reprovados			
	Nº	CT	%	TC	%	CT	%	TC	%	CT	%	TC	%	CT	%	TC	%
1º exame	3.583	1.626	45,38	1.957	54,62	79	4,86	200	10,22	1.358	87,78	1.328	75,58	189	12,22	429	24,42
2º exame	9.166	4.244	46,30	4.922	53,70	219	5,16	335	6,81	2.563	63,68	2.275	49,60	1.462	36,32	2.312	50,40
3º exame	15.352	8.603	56,04	6.749	43,96	483	5,61	509	7,54	5.991	73,78	1.902	30,48	2.129	26,22	4.338	69,52
4º exame	17.227	8.673	50,35	8.554	49,65	541	6,24	650	7,60	4.865	59,83	3.305	41,81	3.267	40,17	4.599	58,19
5º exame	21.690	12.295	56,69	9.395	43,31	906	7,37	1.005	10,70	6.741	59,19	5.100	60,79	4.648	40,81	3.290	39,21

Fonte: Conselho Federal de Contabilidade.
CT = contador; TC = técnico.
1º Exame de Suficiência — 26 de março de 2000.
2º Exame de Suficiência — 27 de setembro de 2000.
3º Exame de Suficiência — 25 de março de 2001.
4º Exame de Suficiência — 30 de setembro de 2001.
5º Exame de Suficiência — 14 de abril de 2002.

Como se pode observar, a média de reprovação desse exame gira em torno de 40%.

O exame como um dos promotores do aumento da qualidade do ensino

O Exame de Suficiência, além de ser utilizado como um dos requisitos para a obtenção do título profissional, deveria também servir de estímulo às instituições de ensino superior, para que estas melhorassem a qualidade de seus serviços e para que os futuros contadores pudessem optar por aquelas instituições que proporcionassem o melhor ensino e não, apenas, um mero diploma. Mas, ao contrário do que acontece com a OAB e com o Exame Nacional de Cursos, e apesar do anseio de grande parte do meio acadêmico da área contábil, até o momento o CFC não fez qualquer menção de divulgar um *ranking* com o desempenho das instituições de ensino avaliadas pelo Exame de Suficiência. O CFC divulga apenas as notas dos participantes do exame, prejudicando com isso, principalmente, os postulantes aos cursos da área contábil, visto que ficam sem um parâmetro para escolher a instituição pela qual desejam se formar.

Apesar da necessidade de alguns ajustes, como o citado acima, o estabelecimento de um exame dessa magnitude beneficia toda a sociedade, já que suscita a melhoria da qualidade pedagógica das instituições de ensino, o que acaba resultando na formação de estudantes com melhores atributos.

Programas de pós-graduação na área contábil

A escassez de mestrados e doutorados

Nos últimos anos, foram criados — e regulamentados pela Capes — cinco programas de pós-graduação em ciências contábeis em nível de mestrado, que, somados aos três instituídos no período do regime militar, compõem, em 2002, um total de oito programas de mestrado e um de doutorado na área contábil no país. O quadro 29 apresenta as informações mais importantes atinentes a esses programas:

Quadro 29

Programas de pós-graduação na área contábil reconhecidos pela Capes — 2002

Instituição	UF	Especialização	Nível	Conceito
Fundação Visconde de Cairu (FVC)	BA	Gestão empresarial Gestão pública	M	3
Universidade de Brasília (UnB)	DF	Mensuração contábil	M	3
Universidade Federal do Rio de Janeiro (UFRJ)	RJ	Ciências contábeis	M	3
Universidade do Estado do Rio de Janeiro (Uerj)	RJ	Auditoria Contabilidade financeira Contabilidade gerencial	M	3
Universidade do Vale do Rio dos Sinos (Unisinos)	RS	Contabilidade Controladoria	M	3
Pontifícia Universidade Católica de São Paulo (PUC-SP)	SP	Ciências contábeis e financeiras	M	3
Universidade de São Paulo (USP)	SP	Contabilidade Controladoria	M/D	3
Faculdade de Ciências Econômicas de São Paulo (Facesp)	SP	Controladoria Contabilidade estratégica Ensino da contabilidade	M	3

Mesmo com a criação de cinco novos programas nestes últimos anos, a situação da ciência contábil é sem dúvida lamentável quando comparada à de outras áreas da ciência. Isto porque, apesar de ter saltado do 20º lugar, em 1998, para o 5º, em 2002, no *ranking* de cursos de graduação com maior número de matrículas, quando se analisa o número de programas de pós-graduação, a área contábil ocupa as últimas posições, à frente apenas do recém-criado curso de fisioterapia. Vejamos o que nos mostra a tabela 24.

Tabela 24

Comparação entre as ciências contábeis e as 19 áreas do saber com maior número de matrículas

Curso	Matrículas 1998	Mestrado acadêmico	Mestrado profissional	Doutorado
Direito	292.728	40	—	13
Administração	257.408	28	11	11
Engenharia	150.217	181	19	95
Pedagogia	139.893	62	—	26
Ciências contábeis	**122.427**	**8**	—	**1**
Letras	108.746	58	1	37
Comunicação social	74.567	16	—	10
Ciências econômicas	66.992	32	8	15
Psicologia	61.103	42	—	21
Medicina	50.879	149	5	128
Educação física	50.468	10	—	5
Ciências[1]	45.234			
Processamento de dados[2]	43.701			
História	42.324	28	—	19
Odontologia	40.850	67	10	45
Ciências da computação	37.738	26	3	10
Ciências biológicas	36.789	158	4	112
Matemática	34.936	25	—	16
Fisioterapia	34.383	2	—	1
Enfermagem	33.543	19	1	10

[1] Como o curso de "ciências" engloba as áreas de biologia, matemática, física e química, será descartado para efeito de comparação.

[2] O curso de processamento de dados, segundo a estrutura fornecida pela Capes para os programas de pós-graduação, faz parte da área de ciências da computação.

Até mesmo as áreas da graduação que tiveram a mesma origem que o curso superior de ciências contábeis — ou seja, os cursos comerciais — apresentam desenvolvimento bem superior, como se pode observar a seguir:

- ciências econômicas: 32 mestrados acadêmicos, oito profissionais e 15 doutorados;
- administração: 28 mestrados acadêmicos, 11 profissionais e 11 doutorados;
- comunicação social: 16 mestrados acadêmicos e 10 doutorados;

- estatística: seis mestrados acadêmicos e dois doutorados;
- ciências contábeis: oito mestrados acadêmicos e um doutorado.

A necessidade de novos programas de pós-graduação

A instituição de programas de pós-graduação é, atualmente, uma necessidade inquestionável, tendo em vista as profundas transformações por que passa a sociedade contemporânea. Isso se deve, basicamente, a dois motivos: uma ramificação maior das ciências, processo intensificado a partir da II Guerra Mundial e que continua evoluindo, principalmente graças a grandes avanços tecnológicos; e pelo acúmulo de conhecimentos que tais ciências colocaram à disposição de seus usuários nas últimas décadas.

De acordo com o Parecer nº 977/65, de 3 de dezembro de 1965, havia três motivos fundamentais para a instituição de programas de pós-graduação:

- formar professorado competente que possa atender à expansão quantitativa do nosso ensino superior, garantindo ao mesmo tempo a elevação dos níveis de qualidade;
- estimular o desenvolvimento da pesquisa científica por meio da preparação adequada de pesquisadores;
- assegurar o treinamento eficaz de técnicos e trabalhadores intelectuais do mais alto padrão para atender às necessidades do desenvolvimento nacional em todos os setores.

Como a ciência contábil ainda se encontra em total defasagem em relação às demais ciências, torna-se impossível avaliar o quanto de professores, profissionais com alta capacitação técnica e pesquisadores ela deixou de formar nos últimos anos e, principalmente, o efeito da falta desses profissionais no desenvolvimento da educação contábil no país, mas fica fácil deduzir que as conseqüências desse erro de estratégia, tanto no campo profissional quanto no acadêmico, podem levar décadas para serem corrigidas e equalizadas.

Apenas recentemente, o CFC, através da Resolução nº 878, de 18 de abril de 2000, tomou algumas medidas para tentar solucionar essa questão. São os seguintes os objetivos declarados nessa resolução:

- atender ao dispositivo da Lei de Diretrizes e Bases da Educação Nacional, que estabelece metas mínimas a serem alcançadas pelas instituições universitárias no que diz respeito à titulação de professores com mestrado e doutorado na área de especialização do curso;
- incrementar a formação de um número maior de pós-graduandos no nível *stricto sensu*, em virtude da carência de indivíduos com tal titulação no país;
- promover a disseminação de programas de pós-graduação, mediante uma melhor distribuição geográfica, visto que os atuais se encontram nos grandes centros urbanos do país, o que dificulta a formação de alunos que não vivem nesses locais.

Para atender a essas metas, o Conselho Federal de Contabilidade instituiu o programa Excelência na Contabilidade, no qual, através de convênios com as instituições de ensino superior, o CFC entra com os recursos financeiros e essas instituições com os outros meios necessários para a consecução dos objetivos do programa. Para disponibilizar tais recursos, o CFC faz as seguintes exigências:

- que o organizador, coordenador, ou interveniente seja o Conselho Federal de Contabilidade ou um dos conselhos regionais de contabilidade, em convênio com instituição de ensino de reconhecida capacidade na formação acadêmica e de pós-graduação, a critério do CFC;
- que os alunos sejam exclusivamente profissionais com registro devidamente comprovado e em situação regular junto ao Conselho Regional de Contabilidade;
- que seja apresentado, preferencialmente com antecedência mínima de 120 dias, à câmara técnica do Conselho Federal de Contabilidade, o projeto para o curso pretendido, com todos os detalhes acadêmicos (disciplinas, professores, titulação, currículo, orçamentos de custo e financeiro, convênio a ser celebrado).

A tabela 25 mostra a expansão do curso superior de ciências contábeis nos últimos anos.

Tabela 25

Nº de instituições de ensino superior que ministram cursos de ciências contábeis, por região — 1997-2001

Regiões	1997	1998	1999	2000	2001
Norte	17	22	23	24	29
Centro-Oeste	35	37	43	46	66
Nordeste	40	38	46	60	81
Sudeste	158	154	188	197	234
Sul	99	105	107	106	121
Total	**349**	**356**	**407**	**433**	**531**

Fonte: Conselhos regionais de contabilidade.

Em 2002, de acordo com o Inep, havia 657 cursos de graduação em ciências contábeis no país, assim distribuídos, segundo as regiões: Norte: 38 cursos; Nordeste: 110 cursos; Centro-Oeste: 85 cursos; Sudeste: 271 cursos; e Sul: 153 cursos.

Assim, de 1997 a 2002 houve uma expansão de 88% no número de cursos de ciências contábeis ministrados nas instituições de ensino superior do país. Esse crescimento desmedido é um dos principais responsáveis pela difícil situação em que o ensino dessa ciência se encontra na atualidade.

Antes da Lei de Diretrizes e Bases da Educação Nacional, promulgada em 20 de dezembro de 1996, sob o nº 9.394, havia em todo o território nacional um número razoável de cursos. Após a lei, o MEC homologou todos os cursos que foram abertos pelas novas universidades, à vontade, sem qualquer crivo, o que comprometeu a qualidade do ensino.

A perda de qualidade no ensino de contabilidade

Como conseqüência direta dessa situação, encontra-se hoje uma série de profissionais da área contábil, sem um minímo de qualificação pedagógica, ministrando aulas nas instituições de ensino superior do país. "O que se tem é que profissionais são alçados ao magistério mais como um *bico* a ser exercido nos intervalos de tempo que o trabalho em seu escritório lhes permite."[120]

[120] Carneiro, 2002:25.

Para o ensino contábil, os efeitos dessa circunstância são desastrosos, pois como esses profissionais não têm qualquer formação pedagógica, suas aulas acabam seguindo o modelo estereotipado de seus próprios professores, que também não tinham formação. Dessa forma, o que se verifica no momento em termos de corpo docente é a cópia da cópia, mas com um agravante, pois, à medida que os "clones" vão se sucedendo, a tendência é que os últimos sejam cada vez mais deficientes quando comparados às primeiras cópias do original.

É difícil prognosticar uma solução para essa situação em curto espaço de tempo, pois pode levar décadas até que esta seja resolvida de modo a atender satisfatoriamente às necessidades dos estudantes dos cursos de contabilidade.

A expansão desenfreada dos cursos de ciências contábeis

Outro agravante da situação da educação contábil foi a expansão dos cursos ter-se dado principalmente por iniciativa do setor privado, pois, de 1995 a 1999, esse setor respondeu por 73,6% dos cursos de ciências contábeis em funcionamento no país, chegando esse percentual a 77% em 2000.

Tabela 26

Número de cursos de ciências contábeis, por natureza da instituição — 1995-2000

Natureza da instituição	1995	1996	1997	1998	1999	2000
Federal	43	42	40	40	42	53
Municipal	33	35	35	36	39	46
Estadual	29	34	37	38	19	15
Particular	247	273	274	292	358	380
Total	352	384	386	406	458	494

Fonte: Instituto Nacional de Estudos e Pesquisas Educacionais (Inep).

Este, entre outros, é um dos motivos pelos quais a educação de nível superior na área contábil se encontra em dificuldades, porque são, em geral, as instituições públicas que têm as melhores condições de ensino, no que diz respeito a recursos materiais e humanos.

O descaso das instituições públicas com o curso superior de ciências contábeis não é um fato novo, pois isso ocorre desde sua origem, nas academias do comércio. A educação voltada para a área contábil sempre dependeu da iniciativa privada, tanto no que concerne a sua criação quanto a sua expansão: "em 1959, das 1.256 escolas comerciais existentes, 90% eram mantidas por empresas particulares, quase 6% pelos municípios; nas primeiras estudavam 92% do total dos alunos (171.994) e nas segundas quase 5%".[121]

A iniciativa privada investe nesse curso por vários motivos:

- a estruturação de tal curso tem um custo relativamente baixo;
- sua clientela, apesar da grande maioria ser de origem modesta, é constituída, em geral, por indíviduos que já trabalham na área do curso e que almejam melhorar sua qualificação e, com isso, obter uma posição mais vantajosa no mercado de trabalho;
- a grande demanda de estudantes, pelo fato de o curso proporcionar profissionalização imediata.

De 1997 a 2002, houve um aumento, em termos absolutos, de 308 novos cursos de ciências contábeis no país. Esse dado é deveras preocupante, pois com o número de programas de pós-graduação existentes na área contábil torna-se praticamente impossível acompanhar esse crescimento com um mínimo de qualidade no que diz respeito tanto à formação do corpo docente, quanto à diversificação das atividades de pesquisa. Somando-se os mestres e doutores formados por todos os programas de pós-graduação reconhecidos pela Capes na área contábil, chega-se apenas a aproximadamente a metade do número de cursos atualmente existentes no país. Isso dá uma média de um mestre/doutor para cada dois cursos superiores de ciências contábeis, o que é lamentável para um curso que ocupa o quinto lugar em número de matrículas nesse nível de ensino.

Recentemente, uma pesquisa realizada em 256 instituições de ensino superior de todo o país que oferecem cursos de ciências contábeis levantou os seguintes dados:

---

[121] Werebe, 1970:167.

- o corpo docente integrante dessas instituições de ensino tem a seguinte formação acadêmica: 59% possuem apenas cursos de especialização, 22% têm somente o curso de graduação; 15% dos professores são mestres e só 4% possuem o título de doutor;
- o regime de trabalho do corpo docente dessas instituições é o seguinte: 63% do corpo docente trabalham em regime horista ou menos de 20 horas por semana; 21% em tempo parcial (de 20 a 39 horas semanais); e somente 16% trabalham em tempo integral.

Os novos rumos da educação brasileira

O aumento das matrículas nos cursos de nível superior

Depois de a década de 1980 ter registrado números irrelevantes no que diz respeito à expansão das matrículas nos cursos de nível superior, a partir dos anos 1990 a situação mudou, visto que a demanda de alunos por esse nível de ensino voltou a apresentar um crescimento expressivo. Vejamos alguns dados referentes aos anos de 1990 e 2000:

Tabela 27

Dados referentes às instituições de ensino superior — 2000 e 1990

Dados gerais	2000	1990	Diferença (%)
Nº de instituições de ensino superior	1.180	918	↑ 1,3
Nº de inscrições no vestibular	3.286.293	1.905.498	↑ 172,5
Nº de matrículas	2.694.245	1.540.080	↑ 174,9
Nº de concluintes das IES	324.734	230.271	↑ 141,0

Desde 1995, vem-se verificando um aumento anual no número de matrículas da ordem de 8,9%, sendo que de 1999 para 2000 esse aumento foi de 14%. Se essa taxa se mantiver nos primeiros anos do século XXI, haverá no país mais de 3 milhões de alunos matriculados em cursos de graduação.

Com esse percentual de aumento a partir de 1995, a década de 1990 só fica atrás das décadas de 1960 e 70, que apresentaram uma expansão média anual de 18% no período 1962-69 e de 13% entre 1970-79, uma vez que a década de 1980 ficou praticamente estagnada e no período 1991-94 o aumento do número de matrículas foi de apenas 2% ao ano.

Analisando-se esses dados, conclui-se que os ciclos de expansão das matrículas nos cursos de nível superior estão diretamente relacionados com os períodos em que a economia brasileira se encontrava em crescimento, ou pelo menos na expectativa de que tal acontecesse.

O gráfico 1 apresenta, em termos quantitativos, a demanda de alunos pelos cursos de nível superior no período 1962-98. Embora a oferta de matrículas nas instituições de ensino superior tenha apresentado exuberante crescimento a partir das décadas de 1960 e 70, o que continuou ocorrendo depois, em meados da década de 1990, como pode ser observado no gráfico, ela ainda é insuficiente para atender à nova demanda originada da acentuada expansão do ensino de nível médio.

De 1995 a 2000, o número de ingressantes na educação de nível superior teve um crescimento de 63%, com a matrícula de 3,8 milhões de novos estudantes. Só em 2000, houve o ingresso de 830 mil alunos. Mas esses números ainda não são suficientes para atender aos egressos dos cursos de nível médio, pois, apenas em 1999, concluíram esse grau de ensino 1,8 milhão de alunos. De 1994 a 1999, a matrícula nesse nível de ensino cresceu 57,4% (chegando a um total de 7.767 mil estudantes matriculados só em 1999) e o esperado é que esse ritmo de expansão se mantenha até 2005.

Além destes, deve-se também levar em conta os estudantes que concluíram o ensino médio nos anos anteriores e que depois de um período sem estudar voltaram a procurar os cursos de graduação a fim de ascenderem socialmente.

Para atender a essa crescente demanda têm sido adotadas várias alternativas a fim de facilitar o acesso desses estudantes ao sistema educacional de nível superior brasileiro, como:

- a possibilidade de as faculdades integradas se tornarem centros universitários;

Gráfico 1

Evolução das estatísticas do ensino superior — Brasil — 1962-98

Em mil alunos

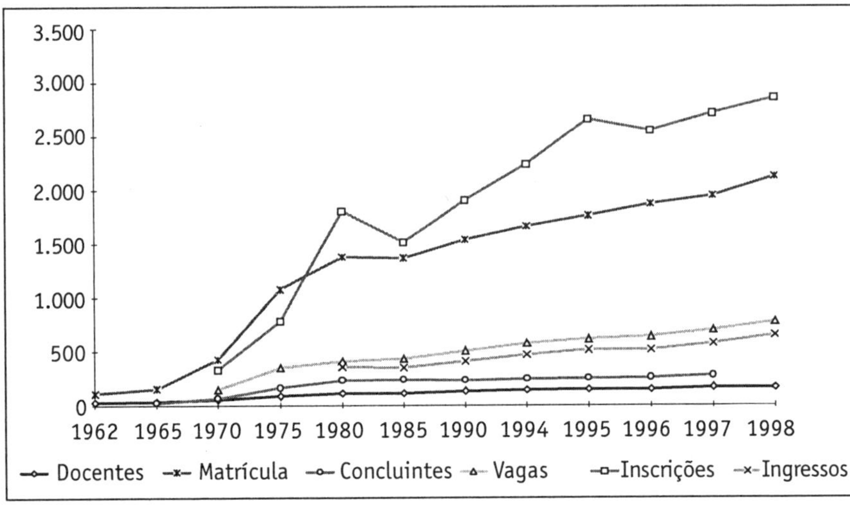

Fonte: MEC/Inep/Seec.

- a criação de uma variedade de formas de acesso aos cursos de graduação: atualmente, além do tradicional exame vestibular, existem distintas formas de ingresso nas instituições de ensino superior, a saber: o Exame Nacional do Ensino Médio (Enem); avaliação seriada no ensino médio; e testes, provas, avaliações de conhecimentos;
- a introdução de cursos de ensino superior a distância: uma nova modalidade pedagógica que terá nos próximos anos ampla margem de crescimento, em virtude, principalmente, de sua grande capacidade de atendimento a baixo custo por aluno.

O Plano Nacional de Educação (PNE)

Em 1998, foi elaborado o Plano Nacional de Educação (PNE), que atende a um dispositivo da Constituição de 1988 e é composto de vários níveis — educação básica, subdividida em educação infantil, ensino fundamental e ensino médio, e educação superior — e modalidades de ensino — educação de jovens e adultos, educação a distância e tecnologias educacionais, educação tecnológica e formação profissional, educação especial, educação indígena.

Um plano dessa magnitude para um país extenso, populoso e socialmente diversificado como é o Brasil deve ser observado com certa cautela, principalmente devido ao delicado momento econômico-financeiro — com controle de gastos públicos, redirecionamento dos gastos sociais para setores supostamente mais carentes e necessidade de obtenção de superávit fiscal — que o país vem atravessando.

Metas do PNE

No que diz respeito especificamente à graduação, esse plano tem como objetivo principal fazer com que 30% da população de 18 a 24 anos estejam matriculados em algum curso de nível superior até 2008, ou seja, a expectativa é atingir essa meta num prazo de 10 anos. Para isso, o sistema atual deverá crescer a uma taxa média anual de 12%.

Atualmente, o sistema de ensino superior brasileiro atende apenas a 12,7% dos jovens nessa faixa etária — uma das taxas mais baixas do mundo. De acordo com o Inep, isso se deve sobretudo ao fato de haver no país um elevado índice de distorção idade-série tanto no ensino fundamental quanto no ensino médio, que em 2001 chegavam, respectivamente, a 50,8 e 45,5%.

Essa situação acaba criando também uma distorção na educação de nível superior, pois a idade média dos alunos no sistema é 25 anos, quando o ideal seria 21, se a maioria dos estudantes iniciasse seu curso aos 18-19 anos de idade.

Para que o país atinja a meta a que se propõe são necessários: a) *vontade política* por parte de todos os agentes do processo, ou seja, governo, iniciativa privada e sociedade em geral; b) *investimentos em recursos materiais* (infra-estrutura) *e humanos* (capacitação do corpo docente), principalmente mediante a expansão dos programas de pós-graduação; e c) *definição de programas que viabilizem esse processo.*

Uma questão de vontade política

A vontade política pode ser aferida analisando-se a expansão dos cursos de graduação no país entre 1995 e 2000, segundo o Censo da Educação Superior de 2000: instituições estaduais — 100%, instituições privadas — 89%, instituições federais — 30%, instituições municipais — 17%.

Em 2000, havia no país 10.585 cursos de graduação, assim distribuídos: 6.564 da iniciativa privada (62,01%), 1.996 da rede federal (18,86%), 1.755 da rede estadual (16,58%) e 270 da rede municipal (2,55%).

Cumpre destacar que, mesmo com a continuação do processo de aglutinação iniciado na década de 1980, a grande maioria desses cursos ainda é ministrada em institutos isolados, como se pode observar no gráfico 2.

Gráfico 2

Distribuição percentual das instituições, por natureza — Brasil, 1998

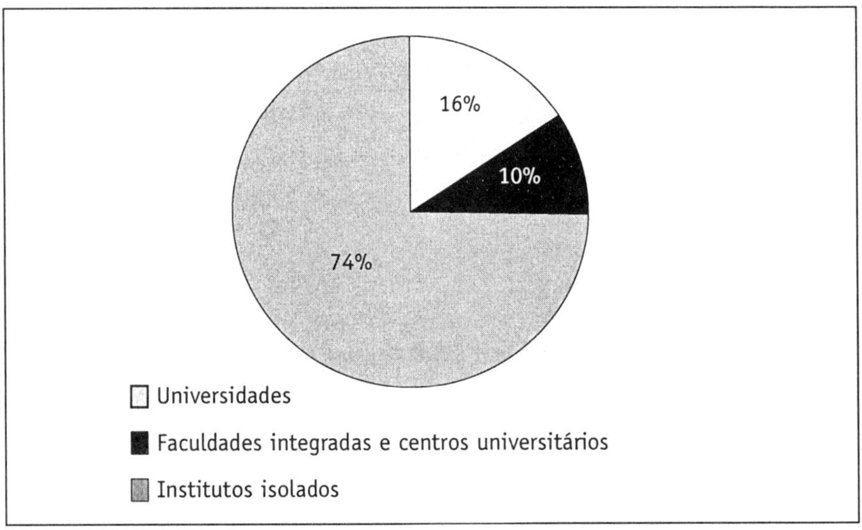

Fonte: MEC/Inep/Seec.

É preciso que órgãos como o MEC e o CNE se empenhem para que, no novo ciclo de retomada do processo de ampliação das vagas no ensino superior, essa ampliação se dê com a criação de novas universidades ou com a expansão das já existentes e não com a mera criação de institutos isolados, como ocorreu de forma predominante nas últimas décadas.

Investimentos em recursos materiais e humanos

Os investimentos em recursos materiais são de suma importância para que as instituições desenvolvam um trabalho pedagógico de qualidade. O MEC, através de seu sistema de avaliação do ensino superior, tem contribuído sobremaneira para a melhoria da qualidade dessas instituições, pois, desde que as avaliações começaram a ser feitas, verificou-se que os estabelecimentos de ensino passaram a investir mais recursos em laboratórios de informática, bibliotecas e em suas instalações físicas de modo geral.

A melhoria da qualificação do corpo docente está diretamente relacionada com a expansão dos programas de mestrado e doutorado, que de 1994 a 1999 apresentaram um aumento no número de matrículas da ordem de 23,5 e 58,4% respectivamente.

De 1990 a 1998, houve uma significativa melhora na qualificação geral do corpo docente das instituições de ensino superior do país, pois:

- o percentual de professores sem pós-graduação caiu de 34,5% para 18,7%;
- o percentual de professores com especialização teve um pequeno aumento, passando de 31,6% para 34,9%;
- o percentual de professores com título de mestre subiu de 21,1% para 27,5%;
- o percentual de professores doutores variou de 12,9% para 18,8%.

Em 2000, pela primeira vez, a maioria dos professores (51%) tinha titulação de mestre ou doutor: dos 183,2 mil professores do ensino superior, 54,6 mil (30%) eram mestres e 39,5 mil (21%), doutores.

Em 1999, 43% do corpo docente dos estabelecimentos privados eram mestres ou doutores, percentual que subia para 58,5% nas instituições públicas estaduais e para 67,5% nas federais. Esses dados revelam que, ao contrário do ocorrido nas décadas de 1960 e 70, a expansão dos últimos anos se deu sem perda de qualidade, porque as instituições procuraram elevar seu padrão de ensino.

As instituições públicas — sobretudo as federais e estaduais —, mesmo sendo a minoria no somatório dos cursos de graduação existentes em 1998 — 42,73% contra 57,27% da iniciativa privada —, tinham um corpo docente mais qualificado, como mostra a tabela 28:

Tabela 28
Titulação do corpo docente de instituições públicas e privadas — 1998

Titulação	Instituições públicas (%)	Instituições privadas (%)
Doutorado	28,1	9,3
Mestrado	30,0	25,1
Especialização	24,8	45,3
Graduação	17,1	20,3

Fonte: MEC/Inep/Seec.

Programas de educação a distância

Como exemplo de programas viáveis e inovadores que podem auxiliar o governo a cumprir sua meta no tocante à qualificação do corpo docente de nível superior, pode-se citar a educação a distância, pois, além de ela se utilizar de metodologias alternativas, apresenta também uma série de vantagens, como:

- maior diversificação dos cursos oferecidos;
- melhor utilização da capacidade instalada, através da criação do *campus virtual*;
- melhor utilização dos recursos existentes, tanto financeiros, quanto materiais e humanos, visto que serão otimizados ao serem postos ao alcance de um número bem maior de alunos.

Além disso, é praticamente impossível que os cursos presenciais cumpram essa meta no prazo previsto, porque a capacidade física instalada é insuficiente para dar vazão à demanda originada pelo progressivo aumento dos alunos egressos dos cursos de nível médio. A educação a distância tem a vantagem de poder atender ao mesmo tempo uma grande quantidade de estudantes a um custo por aluno, a médio prazo, bem inferior.

O uso do ensino a distância pelas instituições de ensino superior poderá, num futuro bem próximo, ser um meio eficaz de democratizar a educação desse nível no país.

Em 1999, um grupo de professores, em nome de algumas das mais importantes universidades públicas do país, começaram a se reunir para elaborar um sistema de cooperação institucional que funcionaria como uma rede interuniversitária pública, voltada para a produção de cursos de ensino a distância. Alguns meses depois, em 23 de agosto de 2000, o projeto se converteria no consórcio UniRede, atualmente composto por 69 instituições públicas. O consórcio tem por objetivo promover uma maior democratização do acesso à educação e, para tanto, oferece cursos a distância de pós-graduação, graduação, extensão e educação continuada.

Os cursos de graduação cujo funcionamento já foi autorizado pelo MEC na modalidade de educação a distância são:

- Universidade Federal do Pará: matemática, nas modalidades bacharelado e licenciatura plena;
- Universidade Federal do Ceará: biologia, física, matemática e química, na modalidade licenciatura plena;
- Universidade Federal de Mato Grosso: educação básica: 1ª à 4ª série, licenciatura plena;
- Universidade Federal do Paraná: graduação em pedagogia, licenciatura plena, com habilitações para magistério dos anos iniciais do ensino fundamental e magistério da educação infantil;
- Universidade do Estado de Santa Catarina: curso de pedagogia, na modalidade licenciatura plena.

Como se pode ver, ainda não há qualquer menção à possibilidade de se instituir um curso superior de ciências contábeis a distância.

Os avanços na área educacional

De 1994 a 2000 houve importantes avanços na área educacional, como:

- a significativa diminuição do índice de analfabetismo em todas as faixas etárias:

Tabela 29

Índice de analfabetismo por grupos de idade — 1994-2000

Ano	Faixa etária (em anos)						
	15 ou +	15 a 19	20 a 24	25 a 29	30 a 39	40 a 49	50 ou +
1994	16,0	7,5	8,0	9,3	11,3	17,5	33,5
2000	13,6	5,0	6,7	8,0	10,2	13,9	29,4

Fonte: IBGE. Pnad 1994 e Censo Demográfico 2000. Cálculo efetuado pelo MEC/Inep.
Nota: exclusive a população rural em 1994.

- a instituição do Fundef, que vem promovendo a disseminação do acesso ao ensino de nível fundamental à população das regiões mais pobres do país. Em 2002, estavam matriculados nesse nível de ensino 35.233.996 alunos;
- a acentuada expansão do ensino fundamental e médio, possibilitada principalmente pela maior participação dos governos estaduais e municipais no ensino de nível básico. Em 2002, havia 35.233.996 estudantes matriculados no ensino fundamental e 8.783.737 no ensino médio.

Os dados educacionais de 1999 indicavam que a taxa de escolarização do ensino fundamental chegava a 95,4% e a do ensino médio era de apenas 32,6%, como se pode observar na tabela 30:

Tabela 30

Taxas de escolarização e de atendimento, por nível de ensino — 1994-99

Ano	Taxa de escolarização				Taxa de atendimento	
	Ensino fundamental		Ensino médio			
	Bruta	Líquida	Bruta	Líquida	7 a 14 anos	15 a 17 anos
1994	110,2	87,5	47,6	20,8	92,7	68,7
1999	130,5	95,4	74,8	32,6	97,0	84,5

Fonte: MEC/Inep.

As matrículas no ensino médio tiveram nos últimos anos do século XX um aumento de 53,05% se comparadas às de 1996. Entretanto, apesar desse avanço na educação de nível médio, o percentual de alunos na faixa etária dos 15-17 anos que freqüentam esse grau de ensino ainda é irrelevante quando confrontado com os dos países desenvolvidos. Para se ter uma idéia, em 1999, no Brasil, a percentagem de estudantes de nível médio nessa faixa etária era 32,6%, enquanto, em média, nos países da Organização para a Cooperação e o Desenvolvimento Econômico (OCDE), este percentual chegava a 80%.

Nesse mesmo período também houve significativos avanços quantitativos e qualitativos em todos os indicadores dos cursos de graduação e de pós-graduação.

Mas ainda há muito por fazer em termos educacionais para que o Brasil acabe com a defasagem existente em relação às nações mais desenvolvidas. Para que o país saia do estado de subdesenvolvimento em que se encontra, suas autoridades devem colocar a questão educacional como meta prioritária de qualquer governo, independentemente da orientação político-ideológica, pois só assim se poderão resolver as mazelas sociais que tanto nos afetam.

Nesse processo, além da extensão da educação em todos os seus níveis, é de suma importância a expansão do sistema educacional de nível superior, na esfera tanto dos programas de pós-graduação quanto de graduação, porque a disseminação desse grau de ensino às várias camadas sociais possibilitaria ao país desenvolver com maior propriedade a ciência e a tecnologia, condição essencial para o desenvolvimento independente de uma nação; elevar a qualidade de vida da população; e reduzir a exclusão social e cultural. Com tais medidas o país conseguiria se inserir no grupo das nações desenvolvidas e, acima de tudo, resolveria um de seus problemas mais graves: a desigualdade social, questão que remonta ao Brasil Colônia.

PARTE IV

CONCLUSÃO

11

O desenvolvimento da educação contábil

Na realidade política, econômica e social do país, até o início do século XIX os estudos ligados à educação contábil não tinham qualquer possibilidade de desenvolvimento, porque os cursos aqui ministrados voltavam-se ou para a formação de sacerdotes ou para preparar jovens para o ingresso na Universidade de Coimbra, em Portugal, onde havia cursos superiores laicos, destacando-se o de direito.

Outro fator que impossibilitava o desenvolvimento da educação contábil no Brasil até esse período era a pouca tradição de Portugal em estudos na área do comércio.

O marquês de Pombal, ciente dessa deficiência, criou em Lisboa, em 1759, a primeira escola voltada para os estudos comerciais do mundo. Esta foi a origem de vários cursos de nível superior da atualidade, como administração, ciências contábeis, economia, estatística, marketing etc. Contudo, um curso desse tipo no Brasil só surgiria em 1809, quando d. João VI criou a "Aula de Comércio da Corte".

Enquanto outras nações se desenvolviam tanto na área comercial quanto na industrial, o Brasil se encontrava à margem desse processo, pois sua economia estava totalmente voltada para o setor primário. Essa situação, evidentemente, acabou se refletindo de forma negativa na evolução da educação contábil no Brasil, porque, num país onde importantes setores da economia, como a indústria e o comércio, recebem pouca atenção por parte das autoridades públicas, não há campo para o desenvolvimento de uma educação cuja expansão está diretamente relacionada com o desenvolvimento das atividades econômicas de uma nação.

No período joanino, devido ao ambiente inóspito que caracterizou essa época da história, eram raras as escolas que ministravam cursos na área comercial. Essa situação contrastava com o que ocorria nas principais nações do mundo, pois nos países europeus e até mesmo nos do continente americano — como Estados Unidos e Argentina — havia uma acelerada expansão do número de instituições que ministravam tal curso.

Essa conjuntura só começaria a mudar, lenta e gradualmente, a partir do fim da escravidão, no último quartel do século XIX, quando milhares de imigrantes de países europeus vieram para o Brasil a fim de substituir a mão-de-obra escrava. A vinda desses imigrantes contribuiu para que, algumas décadas depois, fossem alteradas as principais bases da economia e o Brasil alcançasse o *status* de nação industrializada.

A partir da década de 1930, quando o país entrou efetivamente num processo de industrialização, é que os cursos da área comercial, até então desprestigiados e em pequeno número, se tornaram mais numerosos e angariaram maior prestígio social.

As reformas educacionais realizadas em 1930 por Getúlio Vargas atingiram também o ensino comercial, cujos cursos foram reestruturados. A educação comercial não ficou alheia à revolução industrial que ocorreu no período de permanência de Vargas no poder, pelo contrário, já que, a partir de então, foi gradativamente ganhando importância para a continuidade desse processo.

A relevância dessa modalidade educacional ficou evidenciada em virtude da dependência dos registros contábeis para o efetivo controle das transações comerciais subseqüentes ao processo industrial.

O quadro 30 mostra os principais acontecimentos políticos, econômicos, sociais e educacionais da história do Brasil desde 1500 até o final do século XX, destacando a educação contábil. Já o quadro 31 apresenta um resumo dos períodos de mesmo perfil político, econômico e social e as conseqüências desses contextos na educação, em geral, e na educação contábil, em particular.

Quadro 30

Os principais acontecimentos políticos, econômicos, sociais e educacionais da história do Brasil

Época	Política — Economia — Sociedade	Educação	Educação contábil
De 1500 a 1549	❑ Expedições guarda-costas ❑ Capitanias hereditárias ❑ Exploração do pau-brasil ❑ Não havia sociedade genuinamente brasileira	❑ Não há registro de qualquer tipo de trabalho educacional realizado na colônia	❑ Não formalizada no Brasil
De 1549 a 1759	❑ Governo geral ❑ Início da colonização ❑ Economia: grande lavoura ❑ Mão-de-obra escrava ❑ Classes sociais: nativos, negros e colonos.	❑ Os jesuítas iniciam o processo educacional ❑ Duas diretrizes educacionais: a formação cultural dos indígenas e a da elite colonial	❑ Não formalizada no Brasil
De 1760 a 1807	❑ Reformas pombalinas ❑ Extração de minerais como principal atividade econômica ❑ Não houve alterações nas classes sociais	❑ Os jesuítas são expulsos do Brasil ❑ Nenhum projeto eficiente de educação ❑ Sem sistema educacional estruturado	❑ Criação da primeira escola para estudos comerciais em Lisboa ❑ Não formalizada no Brasil
De 1808 a 1821	❑ Vinda da família real ❑ Brasil passa à categoria de Reino Unido ❑ Abertura dos portos às nações amigas ❑ Não houve alterações nas classes sociais	❑ Introdução da educação de nível superior não-eclesiástica ❑ Sem sistema educacional estruturado	❑ Fundada a Aula de Comércio da Corte

Continua

Época	Política — Economia — Sociedade	Educação	Educação contábil
De 1822 a 1888	❑ Independência do Brasil ❑ Café: principal produto da economia ❑ Fim da escravidão ❑ Não houve alterações nas classes sociais ❑ Início da corrente imigratória	❑ Sem sistema educacional estruturado	❑ Criação do Instituto Comercial do Rio de Janeiro ❑ Reduzida demanda educacional
De 1889 a 1929	❑ Proclamação da República ❑ Economia: exportação de produtos agrícolas e importação de produtos industrializados ❑ Início da industrialização ❑ Imigrantes de diversas nacionalidades ❑ Início da urbanização ❑ Surgimento de novas classes sociais	❑ Aumento da demanda pela educação ❑ Sistema educacional dual ❑ Desigualdade socioeducacional ❑ Primeiras universidades brasileiras ❑ Várias reformas educacionais	❑ Criação da Escola Prática de Comércio de São Paulo e da Academia de Comércio do Rio de Janeiro ❑ Decreto nº 17.329, de 28 de maio de 1926, regulamenta os cursos comerciais ❑ Reduzido número de instituições educacionais
De 1930 a 1936	❑ Golpe de 1930 ❑ Progressistas assumem a hegemonia política ❑ Expansão da indústria ❑ Crescente participação do Estado na economia	❑ Manifesto dos pioneiros da Educação Nova ❑ Reforma Francisco Campos ❑ Instrução da população com vistas ao capitalismo	❑ Decreto nº 20.158, de 30 de julho de 1931, organiza o ensino comercial e regulamenta a profissão de contador ❑ Aumento da demanda educacional
De 1937 a 1945	❑ Ditadura de Vargas ❑ Desenvolvimento das atividades industriais ❑ Evolução da contabilidade ❑ II Guerra Mundial ❑ Dinamização das classes sociais	❑ Reforma Capanema ❑ Expansão da rede escolar ❑ Maior democratização no acesso à educação	❑ Decreto-lei nº 6.141, de 28 de dezembro de 1943, regulamenta o ensino comercial ❑ Criação do curso superior de ciências contábeis

Continua

Época	Política — Economia — Sociedade	Educação	Educação contábil
De 1945 a 1964	❑ Políticas de cunho populistas ❑ Instalação de grandes empresas no país ❑ Criação das primeiras indústrias de base ❑ Surgimento das primeiras firmas multinacionais de auditoria	❑ Aumento da demanda educacional nos níveis médio e superior ❑ Nível primário deficiente ❑ Leis de equivalência para o nível médio ❑ Lei de Diretrizes e Bases da Educação de 1961 ❑ Criação da Universidade de Brasília	❑ Instituição do currículo mínimo na área contábil ❑ Acentuado aumento da demanda pela educação contábil
De 1964 a 1984	❑ Golpe militar ❑ Instituição dos atos institucionais ❑ Internacionalização da economia ❑ Criação da CVM ❑ Lei nº 6.404/76, das sociedades por ações	❑ Usaid no sistema educacional ❑ Reforma universitária ❑ Acentuada expansão das instituições isoladas de ensino superior ❑ Aumento da demanda de cursos superiores ❑ Reforma do ensino médio	❑ Instituição dos primeiros programas de pós-graduação na área contábil ❑ Expansão dos cursos de ciências contábeis ❑ Perda de qualidade na educação contábil
De 1985 em diante	❑ Redemocratização do país ❑ Globalização ❑ Maior conscientização da população	❑ Exame Nacional de Cursos ❑ Avaliação das condições de oferta dos cursos de graduação ❑ Lei de Diretrizes e Bases da Educação Nacional de 1996	❑ Currículo mínimo de 1992 ❑ Aumento significativo dos cursos superiores na área contábil ❑ Novas diretrizes curriculares para os cursos de ciências contábeis ❑ Exame de Suficiência

Quadro 31

Resumo dos períodos de mesmo perfil político, econômico e social e as conseqüências para a educação em geral e a educação contábil

Época	Política — Economia — Sociedade	Educação	Educação contábil
De 1500 a 1807	❑ Política e economia: atendimento dos interesses portugueses ❑ Sociedade: desligada dos problemas locais	❑ Sistema educacional ineficiente e dual ❑ População com baixo nível de escolaridade ❑ Reduzida demanda educacional	❑ Não formalizada no Brasil ❑ Criação da primeira escola para estudos comerciais em Lisboa
De 1808 a 1888	❑ Política e economia: centrada no Brasil ❑ Sociedade: desigual, porém voltada para os problemas internos	❑ Sistema educacional ineficiente e dual ❑ Primeiros cursos de nível superior não-eclesiásticos ❑ População com baixo nível de escolaridade ❑ Reduzida demanda educacional	❑ Fundada a Aula de Comércio da Corte ❑ Criação do Instituto Comercial do Rio de Janeiro ❑ Reduzida demanda educacional
De 1889 a 1929	❑ Política e economia: fase transitória entre o modelo aristocrata e o progressista ❑ Sociedade: início da dinamização	❑ Sistema educacional dual ❑ População com baixo nível de escolaridade ❑ Reformas educacionais ❑ Primeiras universidades brasileiras ❑ Reduzida demanda educacional	❑ Criação da Escola Prática de Comércio de São Paulo e da Academia de Comércio do Rio de Janeiro ❑ Regulamentação do curso comercial ❑ Pequena demanda educacional

Continua

Época	Política — Economia — Sociedade	Educação	Educação contábil
De 1930 a 1964	❑ Política: progressistas assumem o poder ❑ Economia: maior intervenção do Estado e crescente participação da indústria no PIB ❑ Sociedade: intensificação do processo de dinamização das classes sociais	❑ Reivindicações educacionais ❑ Aumento da demanda educacional ❑ Reformas educacionais ❑ Expansão da rede de ensino ❑ Lei de Diretrizes e Bases da Educação	❑ Reestruturação da educação comercial ❑ Aumento da demanda ❑ Regulamentação da profissão ❑ Criação do curso superior de ciências contábeis
De 1964 a 1984	❑ Política: ditatorial ❑ Economia: em expansão e internacionalizada ❑ Sociedade: retraída	❑ Usaid no sistema educacional ❑ Reformas educacionais ❑ Relevante aumento da demanda educacional	❑ Primeiros programas de pós-graduação ❑ Expansão dos cursos de nível superior ❑ Perda da qualidade educacional
A partir de 1985	❑ Política: redemocratizada ❑ Economia: globalizada ❑ Sociedade: mais cidadã	❑ Maior participação dos governos ❑ Exame Nacional de Cursos ❑ Avaliação das condições de oferta dos cursos de graduação ❑ Lei de Diretrizes e Bases da Educação Nacional de 1996	❑ Reestruturação curricular ❑ Relevante expansão dos cursos de nível superior ❑ Exame de Suficiência

12

Considerações finais

Com base na pesquisa realizada, pode-se concluir que a educação na área contábil não obteve o mesmo grau de desenvolvimento verificado nas outras ciências, considerando-se os avanços obtidos na educação como um todo. Vários foram os motivos que determinaram tal defasagem.

A expansão desenfreada das instituições de nível superior, sem um mínimo de estrutura, afetou o curso superior de ciências contábeis. Isso se deu devido, principalmente, ao baixo custo de instalação e manutenção dos cursos dessa área e, paralelamente, a uma acentuada procura por tais cursos, em face de seus concluintes conseguirem, atualmente, colocação mais imediata no mercado de trabalho.

A área contábil, quando comparada às demais ciências, continua alijada dos programas de pós-graduação, sobretudo no que diz respeito a mestrado e doutorado, uma vez que, em dezembro de 2002, contava apenas com oito mestrados acadêmicos e somente um doutorado.

São basicamente duas as principais conseqüências desse fato: um reduzido contingente de pesquisadores e, conseqüentemente, um escasso número de pesquisas na área contábil, e poucos docentes qualificados para ministrar cursos de nível superior, o que, por sinal, resulta na baixa qualidade da educação oferecida pelas instituições desse nível de ensino.

Vários setores estão empenhados em corrigir os problemas educacionais na área contábil, mas os efeitos de tais iniciativas se fazem sentir de forma lenta e gradual, de modo que, na atualidade, apenas uns poucos resultados práticos podem ser vislumbrados de forma efetiva.

A preocupação com a melhoria da qualidade dos cursos e dos formandos nas instituições de ensino superior é evidente, dada a criação de uma série de avaliações institucionais tanto por parte do poder público quanto da sociedade civil, podendo-se citar o Exame Nacional de Cursos, a Avaliação das Condições de Oferta e o Exame de Suficiência.

Várias medidas são tomadas para reduzir o déficit educacional no Brasil. Na área contábil, são necessários investimentos maciços em pesquisas, criação de programas de pós-graduação, incentivos à titulação dos docentes, entre outros.

Hoje, mensura-se o grau de importância de determinada ciência por sua aplicabilidade e efetividade na resolução dos problemas reais da sociedade. Nesse ambiente, a ciência contábil deve estar preparada para atender às novas exigências socioeconômicas.

Bibliografia

Livros e artigos

ALMEIDA, Maria A. V. de. História da educação brasileira: o problema de sua periodização. *Revista Brasileira de Estudos Pedagógicos,* Brasília, v. 69, n. 161, p. 112-141, jan./abr. 1998.

ALVES, Nilda; VILLARDI, Raquel (Orgs.). *Múltiplas leituras da nova LDB:* Lei de Diretrizes e Bases da Educação Nacional (Lei nº 9.394/96). Rio de Janeiro: Qualitymark, Dunya, 1997.

ANDRADE, Rui O. Bernardes de. *O ensino de administração pública:* histórico e diagnóstico (reflexões sobre a formação do administrador). 1995. Dissertação (Mestrado) — FGV/Escola Brasileira de Administração Pública, Rio de Janeiro, 1995.

ARAGÓN, Virgilio Alvarez. Situação e desafios da pós-graduação na América Latina. Trad. Neide Luzia de Resende. *Cadernos de Pesquisa,* São Paulo, n. 105, p. 11-51, nov. 1998.

ARANHA, Maria L. A. *História da educação.* 2. ed. São Paulo: Moderna, 1996.

AZEVEDO, Fernando de. A transmissão da cultura. In: *A cultura brasileira.* 5. ed. São Paulo: Melhoramentos; Brasília: INL, 1976.

BASTOS, Wilson de Lima. *Academia de Comércio de Juiz de Fora, o primeiro instituto superior de comércio no Brasil:* subsídios para a história e a historiografia. Juiz de Fora, MG: Paraibuna, 1982.

BÉDARD, Roger. Análise da formação de recursos humanos num mundo com tecnologias em mudança acelerada. *Tecnologia Educacional,* Rio de Janeiro, v. 25, n. 138, p. 15-20, set./out. 1997.

BORDIGNON, Genuíno. Natureza dos conselhos de educação. *Educação Brasileira,* Brasília, v. 22, n. 45, p. 57-83, jul./dez. 2000.

BOTOMÉ, Sílvio P. Qualificação de cientistas e professores de nível superior para o desenvolvimento científico, tecnológico e universitário do país por meio de mestrados e doutorados descentralizados: avaliação de uma experiência. *Educação Brasileira,* Brasília, v. 20, n. 41, p. 49-77, jul./dez. 1998.

BOUDENS, Emile. *O ensino comercial.* Nanuque, MG: E. Boudens, 1986.

CAMARGO, Ynel A. de. O ensino de contabilidade e o futuro da profissão. *Revista do Conselho Regional de Contabilidade do Rio Grande do Sul,* Porto Alegre, n. 66, p. 39-46, 1991.

CAMPOS, Maria M.; FÁVERO, Osmar. A pesquisa em educação no Brasil. *Cadernos de Pesquisa,* São Paulo, n. 88, p. 5-17, fev. 1994.

CANABRAVA, Alice Piffer. Escolas de comércio: a conquista da validade propedêutica. *Revista Brasileira de Contabilidade,* Brasília, v. 55, p. 23-28, out./dez. 1985.

CARNEIRO, João M. Aveiro. Os cursos de ciências contábeis: algumas reflexões. *Pensar Contábil,* Rio de Janeiro, n. 14, p. 25-26, nov./jan. 2002.

———; CARNEIRO, Iara E. E. *Estrutura e funcionamento do ensino superior na área da saúde.* São Paulo: Atheneu, 1996.

CARNEIRO, Moacir A. *LDB fácil:* leitura crítico-compreensiva artigo a artigo. 5. ed. Petrópolis, RJ: Vozes, 2000.

CASTRO, C. L. M. de. Mestrando. Doutorando. Quem? *Revista Brasileira de Estudos Pedagógicos,* Brasília, v. 63, n. 146, p. 313-326, jan./abr. 1980.

CATANI, Afrânio Mendes; OLIVEIRA, João F. de Oliveira; DOURADO, Luiz Fernandes. Política educacional, mudanças no mundo do trabalho e reforma curricular dos cursos de graduação no Brasil. *Educação & Sociedade,* São Paulo, n. 75, p. 67-83, ago. 2001.

CHAGAS, Valnir. *O ensino de 1º e 2º graus: antes, agora e depois?* 2. ed. São Paulo: Saraiva, 1980.

COELHO, Cláudio U. Ferreira. *O ensino superior de contabilidade e o mercado de trabalho:* uma análise no município do Rio de Janeiro. 2000. Dissertação (Mestrado) — Universidade Federal do Rio de Janeiro, Rio de Janeiro, 2000.

COSTA, Rosemar de J. *A evolução do ensino superior de ciências contábeis no Brasil.* 1995. Dissertação (Mestrado) — Universidade do Estado do Rio de Janeiro, Rio de Janeiro, 1995.

COUTO, Ana Maria do. *A influência norte-americana no sistema contábil brasileiro:* elementos para se repensar a história da contabilidade no Brasil. 1989. Dissertação (Mestrado) — Universidade do Estado do Rio de Janeiro, Rio de Janeiro, 1989.

CUNHA, Luiz Antônio. *A universidade temporã.* Rio de Janeiro: Civilização Brasileira, 1980.

———. *Educação e desenvolvimento social no Brasil.* 8. ed. Rio de Janeiro: Francisco Alves, 1985.

———. *A universidade reformada.* Rio de Janeiro: Francisco Alves, 1988a.

———. Qual universidade? *Educação & Sociedade,* São Paulo, n. 31, p. 105-128, dez. 1988b.

———. *A universidade crítica:* o ensino superior na República populista. 2. ed. Rio de Janeiro: F. Alves, 1989a.

———. *Qual universidade?* São Paulo: Cortez, Autores Associados, 1989b.

CURY, Carlos R. J. Reforma universitária na nova Lei de Diretrizes e Bases da Educação Nacional? *Cadernos de Pesquisa,* São Paulo, n. 101, p. 3-19, jul. 1997.

D'AURIA, Francisco. Escola Brasileira de Contabilidade. *Revista Brasileira de Contabilidade,* Brasília, n. 9, p. 33-39/56-59, nov. 1920.

DAVIES, Nicholas. Plano nacional de educação: muito discurso, nenhum recurso. *Universidade e Sociedade,* São Paulo, v. 11, n. 25, dez. 2001.

DIAS FILHO, José M.; SANTOS, Ariovaldo dos. Perspectivas e tendências da contabilidade para o século XXI. In: CONGRESSO BRASILEIRO DE CONTABILIDADE. *Anais...* Goiânia, 2000.

ELLIOT, Lígia Gomes. Exame nacional de cursos: da polêmica a ações. *Ensaio,* Rio de Janeiro, v. 4, n. 13, p. 393-402, out./dez. 1996.

FAUSTO, Boris (Dir.). *História geral da civilização brasileira.* 4. ed. Rio de Janeiro: Bertrand Brasil, 1990. t. III: o Brasil republicano, v. 2: sociedade e instituições.

———. *História geral da civilização brasileira.* 3. ed. Rio de Janeiro: Bertrand Brasil, 1995. t. III: o Brasil republicano, v. 4: economia e cultura.

———. *História geral da civilização brasileira*. 6. ed. Rio de Janeiro: Civilização Brasileira, 1996. t. III: o Brasil republicano, v. 3: sociedade e política.

———. *História geral da civilização brasileira*. 6. ed. Rio de Janeiro: BCD União de Editoras, 1997. t. III: o Brasil republicano, v. 1: estrutura de poder e economia.

FÁVERO, Maria de L. de A. *Da universidade "modernizada" à universidade disciplinada:* Atcon e Meira Mattos. São Paulo: Cortez, Autores Associados, 1991.

FÁVERO, Osmar (Org.). *A educação nas constituintes brasileiras 1823-1988*. Campinas, SP: Autores Associados, 1996.

FAZENDA, Ivani Catarina Arantes. *Educação no Brasil, anos 60:* o pacto do silêncio. São Paulo: Loyola, 1988.

FERNANDES, Florestan. Reforma universitária e mudança social. *Revista Brasileira de Estudos Pedagógicos,* Brasília, v. 73, n. 175, p. 523-546, set./dez. 1992.

FERREIRA JÚNIOR, Amarilio; BITTAR, Marisa. Educação jesuítica e crianças negras no Brasil colonial. *Revista Brasileira de Estudos Pedagógicos,* Brasília, v. 80, n. 196, p. 472-482, set./dez. 1999.

FONSECA, Dirce Mendes da. *O pensamento privatista em educação*. Campinas, SP: Papirus, 1992.

FRANCO, Hilário. Aprimoramento técnico e cultural de professores e valorização profissional. *Revista Brasileira de Contabilidade,* Brasília, v. 21, n. 81, p. 54-63, 1992.

———; MARRA, Ernesto. *Auditoria contábil*. 2. ed. São Paulo: Atlas, 1992.

GHIRALDELLI JÚNIOR, Paulo. *História da educação*. São Paulo: Cortez, 1991.

GRANJEIRO, Gilvan Tavares. *Opiniões e expectativas de professores e alunos do curso de ciências contábeis da Universidade Federal da Paraíba:* um exame das propostas de Gomes e Handel. 1989. Dissertação (Mestrado). Rio de Janeiro, 1989.

GUERRA, Francisco de A. A. O ensino técnico em contabilidade não mais habilita à profissão. *Pensar Contábil,* Rio de Janeiro, n. 8, maio/jul. 2000.

HISTÓRIA da educação. In: *Biblioteca virtual de educação*. Disponível em: <http://bve.cibec.inep.gov.br/ac_rap.asp?cat=73&nome=História%20da%20Educação. Acesso em: 10 out. 2001.

HISTÓRIA da educação no Brasil. Disponível em: <http://home.iis.com.br/~jbello/hejesu.htm>. Acesso em: 10 out. 2001.

HOLANDA, Sérgio Buarque de (Dir.). *História geral da civilização brasileira.* 7. ed. Rio de Janeiro: Difel, 1985a. t. I: a época colonial, v. 1: do descobrimento à expansão territorial.

———. *História geral da civilização brasileira.* 5. ed. Rio de Janeiro: Difel, 1985b. t. II: o Brasil monárquico, v. 3: reações e transações.

———. *História geral da civilização brasileira.* 4. ed. Rio de Janeiro: Difel, 1985c. t. II: o Brasil monárquico, v. 4: declínio e queda do império.

———. *História geral da civilização brasileira.* 7. ed. Rio de Janeiro: Bertrand Brasil, 1993. t. I: a época colonial, v. 2: administração, economia, sociedade.

IUDÍCIBUS, Sérgio; MARION, José Carlos. *Contabilidade comercial.* São Paulo: Atlas, 1994.

KOLIVER, Olívio. O aproveitamento de disciplinas e a formação do contador. *Revista do Conselho Regional de Contabilidade do Rio Grande do Sul,* Porto Alegre, v. 22, n. 73, p. 11-18, abr./jun. 1993.

———. O exame de suficiência e as prerrogativas profissionais. *Revista Brasileira de Contabilidade,* Brasília, v. 120, p. 17-24, 1999.

KRAEMER, Maria E. Pereira. Provão: o desafio na qualidade e avaliação dos cursos de ciências contábeis. *Revista Brasileira de Contabilidade,* Brasília, v. 134, n. 31-38, mar./abr. 2002.

KUNSCH, Margarida M. Krohling. *Universidade e comunicação na edificação da sociedade.* São Paulo: Loyola, 1992.

LAMOUNIER, Bolívar; CARNEIRO, Dionísio Dias; ABREU, Marcelo de Paiva. *50 anos de Brasil, 50 anos de Fundação Getulio Vargas.* Rio de Janeiro: FGV, 1994.

LEI ORGÂNICA do Ensino Comercial e Instruções Complementares. Rio de Janeiro: Agusa, 1956.

LEITE, Denise; MOROSINI, Marília. Universidade no Brasil: a idéia e a prática. *Revista Brasileira de Estudos Pedagógicos,* Brasília, v. 73, n. 174, p. 242-254, maio/ago. 1992.

LEITE, Maria T. Lopes. *Financiamento da educação no Brasil.* 2000. Dissertação (Mestrado) — Universidade do Estado do Rio de Janeiro, Rio de Janeiro, 2000.

LIMA, Lauro de Oliveira. *Estórias da educação no Brasil:* de Pombal a Passarinho. 3. ed. Rio de Janeiro: Brasília, [197-].

MADEIRA, Geová J. O currículo pleno do curso de ciências contábeis a partir da Resolução nº 03/92. *Contabilidade Vista & Revista*, Belo Horizonte, v. 7, n. 2, p. 40-48, dez. 1996.

———. Algumas reflexões: a nova reforma curricular. *Contabilidade Vista & Revista*, Belo Horizonte, v. 9, n. 1, p. 59-60, mar. 1998.

MARCON, Silvino. O currículo de ciências contábeis prepara o contador para os desafios da atualidade? *Revista do Conselho Regional de Contabilidade do Rio Grande do Sul*, Porto Alegre, n. 55, p. 48-50, 1989.

MARCONI, Marina de A.; LAKATOS, Eva Maria. *Fundamentos de metodologia científica*. 4. ed. São Paulo: Atlas, 1991.

———. *Técnicas de pesquisa:* planejamento e execução de pesquisas, amostragens e técnicas de pesquisas, elaboração, análise e interpretação de dados. 4. ed. São Paulo: Atlas, 1999.

MARION, José Carlos. *O ensino da contabilidade*. São Paulo: Atlas, 1996.

———; ROBLES JÚNIOR, Antonio. A busca da qualidade no ensino superior de contabilidade no Brasil. *Contabilidade Vista & Revista*, Belo Horizonte, v. 9, n. 3, p. 13-24, set. 1998.

MARQUES, Juracy C. Pós-graduação, reforma ou ruptura em busca da contextualização, da concretude e do realismo utópico. *Educação Brasileira*, Brasília, v. 11, n. 22, p. 35-69, 1989.

———. Uma concepção de currículo para moldar o futuro. *Educação Brasileira*, Brasília, v. 20, n. 40, p. 93-105, 1998.

MARTINS, Carlos Benedito. O novo ensino superior privado no Brasil (1964-1980). *Revista Brasileira de Estudos Pedagógicos*, Brasília, v. 70, n. 165, p. 159-188, maio/ago. 1989a.

———. Surgimento e expansão dos cursos de administração no Brasil (1952-1983). *Educação & Sociedade*, São Paulo, n. 34, p. 75-102, dez. 1989b.

———. Notas sobre o ensino superior atual. *Universidade e Sociedade*, São Paulo, v. 1, n. 2, p. 30-35, nov. 1991.

MARTINS, Ricardo C. de Rezende. A pós-graduação no Brasil: uma análise do período 1970-90. *Educação Brasileira*, Brasília, v. 13, n. 27, p. 93-119, 1991.

MARTINS, Wilson T. S. *História do pensamento contábil*. Salvador: Bahia Fiscal, 1996.

MATTOS, José J. A. 100 edições: 817 artigos publicados. *Revista do Conselho Regional de Contabilidade do Rio Grande do Sul,* Porto Alegre, n. 100, p. 6-7, 2000.

MENDONÇA, Marcos Carneiro de. *Aula do commercio*. Rio de Janeiro: Xerox, 1982.

MENEZES NETO, Paulo E. de. Vestibular e exame de ordem: uma análise crítica. *Ensaio,* Rio de Janeiro, v. 3, n. 8, p. 317-322, jul./set. 1995.

MORAES, Ana Shirley de França. Contribuições da reforma universitária para o aumento da demanda de trabalhadores da classe média ao ensino superior brasileiro. *Educação Brasileira,* Brasília, v. 21, n. 43, p. 139-157, jul./dez. 1999.

NAGLE, Jorge. *Educação e sociedade na Primeira República*. São Paulo: EPU, 1976.

———. *História geral da civilização brasileira*. 2. ed. Rio de Janeiro: Difel, 1978.

NOGUEIRA, Sonia M. de Almeida. A descentralização determinada pelo ato adicional de 1834 e suas conseqüências para o desenvolvimento da educação no Império – uma abordagem. *Ensaio,* Rio de Janeiro, v. 7, n. 22, p. 65-82, jan./mar. 1999.

OLIVEN, Arabela Campos. Arquipélago de competência: universidades brasileiras na década de 90. *Cadernos de Pesquisa,* São Paulo, n. 86, p. 75-78, ago. 1993.

PACHECO FILHO, José, G. O ensino nos cursos de ciências contábeis: algumas observações da realidade brasileira. *Revista Brasileira de Contabilidade,* Brasília, n. 71, p. 48-50, 1989.

PAIM, Antônio; SCHWARTZMANN, Simon. *A universidade que não houve:* antecedentes da ciência e educação superior no Brasil (uma perspectiva comparada). Disponível em:<http://bve.cibec.inep.gov.br/ac_rap.asp?cat=73&nome=História%20da%20 Educação. Acesso em: 20 dez. 2001.

PEIXOTO, Maria do C. de L. Formação do pesquisador na pós-graduação: análise da estrutura organizacional de programas de duas áreas do conhecimento. *Educação Brasileira,* Brasília, v. 17, n. 34, p. 125-144, 1995.

PINTO, Álvaro Vieira. *A questão da universidade*. São Paulo: Cortez, Autores Associados, 1986.

REIS, José Carlos. *As identidades do Brasil:* de Varnhagen a FHC. Rio de Janeiro: FGV, 1999.

RIBEIRO, Darcy. *A universidade necessária*. 4. ed. Rio de Janeiro: Paz e Terra, 1982.

RIBEIRO, Maria L. S. *História da educação brasileira:* a organização escolar. 15. ed. Campinas, SP: Autores Associados, 1998.

RODRIGUES, Alberto Almada. A história da profissão contábil e das instituições de ensino, profissionais e culturais da ciência contábil no Brasil. *Revista do Conselho Regional de Contabilidade do Rio Grande do Sul,* Porto Alegre, n. 43, p. 34-52, 1985.

———. Cinqüentenário da Lei de Regência da Profissão Contábil no Brasil. *Revista de Contabilidade do Conselho Regional de Contabilidade do Rio Grande do Sul,* Porto Alegre, v. 25, n. 86, p. 43-45, jul./set. 1996.

ROMANELLI, Geraldo. O significado da educação superior para duas gerações de famílias de camadas médias. *Revista Brasileira de Estudos Pedagógicos,* Brasília, v. 76, n. 184, p. 445-476, set./dez. 1995.

ROMANELLI, Otaíza de Oliveira. *História da educação no Brasil*. 13. ed. Petrópolis: Vozes, 1991.

———. *História da educação no Brasil*. 20. ed. Petrópolis: Vozes, 1998.

ROSSATO, Ricardo. População e educação superior: indicadores básicos. *Educação Brasileira,* Brasília, v. 19, n. 38, p. 55-72, 1997.

SANTOS, Cássio Miranda dos. O acesso ao ensino superior no Brasil: a questão da elitização. *Ensaio,* Rio de Janeiro, v. 6, n. 19, p. 237-258, abr./jun. 1998.

SAVIANI, Dermeval. *A nova Lei da Educação:* trajetória, limites e perspectivas. 4. ed. Campinas, SP: Autores Associados, 1998.

SCHMIDT, Paulo. O exame de capacitação profissional e habilitação profissional do contador. *Revista do Conselho Regional de Contabilidade do Rio Grande do Sul,* Porto Alegre, v. 24, n. 80, p. 36-40, jan./mar. 1995.

SCHWARTZMANN, Simon. O ensino superior no Brasil: a busca de alternativas. *Educação Brasileira,* Brasília, v. 18, n. 37, p. 11-45, 1996.

SENAC. *Educação para o comércio*. Rio de Janeiro: Senac, 1959.

SEVÁ, Ataliba Amadeu. Como o contabilista ingressou nos cursos superiores. *Revista Brasileira de Contabilidade,* Brasília, n. 16, p. 53-55, jan./mar. 1976.

SEVERINO, Antônio Joaquim. *Metodologia do trabalho científico*. 21. ed. rev. e ampl. São Paulo: Cortez, 2000.

SGUISSARDI, Valdemar. Para avaliar propostas de avaliação do ensino superior. *Revista Brasileira de Estudos Pedagógicos,* Brasília, v. 76, n. 184, p. 549-578, set./dez. 1995.

SILVA, Antônio Carlos R. da. Mudanças de paradigmas no ensino da contabilidade. In: CONGRESSO BRASILEIRO DE CONTABILIDADE. *Anais* ... Goiânia, 2000.

SILVA, Francisco de A. *História do Brasil.* São Paulo: Moderna, 1992.

SOUZA, Paulo Nathanael P. *Estrutura e funcionamento do ensino superior brasileiro.* São Paulo: Pioneira, 1991.

———. *LDB e ensino superior:* estrutura e funcionamento. São Paulo: Pioneira, 1997.

TAFFAREL, Celi N. Zulke. Formação profissional e diretrizes curriculares: do arranhão à gangrena. *Universidade e Sociedade,* São Paulo, v. 11, n. 25, p. 144-156, dez. 2001.

TEIXEIRA, Anísio. *Ensino superior no Brasil:* análise e interpretação de sua evolução até 1969. Rio de Janeiro: FGV, 1989.

VARELLA, Marcio; SOARES, José. Provão fortalece a qualidade do ensino de contabilidade. *Revista Brasileira de Contabilidade,* Brasília, n. 131, p. 17-20, set./out. 2001.

VASCONCELOS, Nanci P. de. Uma contribuição para a melhoria da qualidade do ensino em ciências contábeis: uma abordagem sistêmica. *Revista Brasileira de Contabilidade,* Brasília, n. 125, p. 30-36, set./out. 2000.

XAVIER, Maria E. *História da educação:* a escola no Brasil. São Paulo: FTD, 1994.

XIMENES, Daniel de Aquino. Avaliação das condições de oferta: análise da avaliação de desempenho de cursos de graduação. *Educação Brasileira,* Brasília, v. 21, n. 43, p. 219-235, jul./dez. 1999.

WATANABLE, Ippo. Cinqüentenário da criação do CFC e CRCs. *Revista Brasileira de Contabilidade,* Brasília, n. 99, p. 20-29, 1996.

WEREBE, Maria J. Garcia. *Grandezas e misérias do ensino no Brasil.* São Paulo: Difel, 1970.

YAZBECK, Dalva Carolina de M. A universidade moderna em diferentes contextos nacionais. *Educação Brasileira,* Brasília, v. 21, n. 43, p. 171-189, jul./dez. 1999.

ZIMMER, Lauro Ribas; NEIVA, Cláudio Cordeiro; LAPA, Jair dos Santos. Resultados do "provão" em Santa Catarina. *Ensaio,* Rio de Janeiro, v. 6, n. 18, p. 85-110, jan./mar. 1998.

Sites

<http://www.capes.gov./oqueecapes/apresentacao.htm>. Acesso em: 15 fev. 2002.

<http://www.cnpq.br/sobreocnpq/index.htm>. Acesso em: 15 fev. 2002.

<http://www.educacaosuperior.inep.gov.br/cur_pesq_regiao.stm>. Acesso em: 15 set. 2002.

<http://www.fapesp.org.br>. Acesso em: 15 fev. 2002.

<http://www.fejesp.com.br>. Acesso em: 20 abr. 2002.

<http://www.ibracon.com.br>. Acesso em: 8 out. 2002.

<http://www.inep.gov.br/enc/default.htm>. Acesso em: 15 set. 2002.

<http://www.inep.gov.br/enc/diretrizes.htm>. Acesso em: 15 set. 2002.

<http://www.inep.gov.br/imprensa/noticias/edusuperior/provao/arquivo.htm>. Acesso em: 15 set. 2002.

<http://www.inep.gov.br/noticias/news.htm>. Acesso em: 15 set. 2002.

<http://www.mec.gov.br/sesu/jornal/htm>. Acesso em: 20 set. 2002.

<http://www.mec.gov.br/sesu/diretriz.shtm>. Acesso em: 20 set. 2002.

<http://www.mec.gov.br/sesu/planograd.shtm>. Acesso em: 15 set. 2002.